教育部教学科研一体化外语教学研究虚拟教研室集体成果

TEACHING BOOSTERS
FOR THE FOREIGN LANGUAGE CLASSROOM

外语教学妙招

张文忠　李玉平　主编

外语教学与研究出版社
FOREIGN LANGUAGE TEACHING AND RESEARCH PRESS
北京 BEIJING

图书在版编目（CIP）数据

外语教学妙招：汉文、英文 / 张文忠，李玉平主编. —— 北京：外语教学与
研究出版社，2024. 6（2025. 3 重印）. —— ISBN 978-7-5213-5440-9

I. H09

中国国家版本馆 CIP 数据核字第 2024UC4806 号

外语教学妙招

WAIYU JIAOXUE MIAOZHAO

出 版 人	王　芳
责任编辑	李海萍
责任校对	闫　璟
封面设计	覃一彪
出版发行	外语教学与研究出版社
社　　址	北京市西三环北路 19 号（100089）
网　　址	https://www.fltrp.com
印　　刷	河北虎彩印刷有限公司
开　　本	710×1000　1/16
印　　张	17.25
字　　数	299 千字
版　　次	2024 年 6 月第 1 版
印　　次	2025 年 3 月第 5 次印刷
书　　号	ISBN 978-7-5213-5440-9
定　　价	68.90 元

如有图书采购需求，图书内容或印刷装订等问题，侵权、盗版书籍等线索，请拨打以下电话或关注官方服务号：
客服电话：400 898 7008
官方服务号：微信搜索并关注公众号"外研社官方服务号"
外研社购书网址：https://fltrp.tmall.com

物料号：354400001

编委会名单

主　编：张文忠　李玉平

副主编：王冬焱　刘　佳

编委会成员：

张　晨　侯典峰　李玮琦

邵　艳　翟　宇　裴鑫鑫

前　言

　　外语教学中存在诸多令师生困扰的现象，如部分学生对外语学习缺乏兴趣、学习动机低下、学习主动性差、学习时间和投入不足等问题；在课堂教学中，还存在教学手段单一、教学观念滞后、师生情感沟通缺乏、课堂交互性不足、教学效率低下等各种问题。其中一些问题涉及外语教学的宏观层面，如缺乏外语使用环境、学用分离，高校某些专业课程多、学生过度参与课外活动，导致学生在课外的外语投入时间少、学习效果差等现象；另一些问题则涉及外语教学的微观层面，例如课堂教学设计沿袭传统教学模式，教师以讲解为主，学生被动接受知识，课堂活动不能调动学生积极参与。类似这些问题导致外语教学出现课堂教学效能不高、学生外语学习积极主动性和自我效能感低、教师的工作满足感差等一系列较为严重的问题。

　　如何有效解决这些问题，需要外语教学实践者和研究者共同努力与探索。源自宏观层面的问题需要教学管理者和研究者在宏观层面的科学决策加以解决，如教育政策的积极引导和扶持、外语测试手段的正向反拨效应、鼓励相关学科之间的合作交流、促进外语教育研究的深度和广度等；源自微观层面的问题则需要一线教师在教学实践中通过具体方法解决，如改进教学活动设计、应用有良好效果的教学策略、运用恰当的课堂测试手段、用科学的方法提升自身专业素养、增加与学生的良性互动和情感交流等。

　　总的来说，外语教学问题虽不少，解决办法却更多。《外语教学妙招》肇始于以南开大学赋权增能型外语教学团队（基层教学组织）为主的教育部教学科研一体化外语教学研究虚拟教研室向国内数十所院校共建教学单位、外语创新教育基地以及大中小学一线教师征集的教学妙招，"聚沙成塔，集腋成裘"，遂成此书。

　　这些外语教学妙招的来源各自精彩：可能是外语教师在阅读国内外教育理论文章时受启发而构思成形，也可能是因参加教学工作坊、观察同行实践课程而生成的活动设计，抑或是长期受困于具体教学问题、冥思苦想解决这些问题的方法而灵感迸发，形成新的教学思路。

虽然妙招的形成原因不一而足，可能只是因缘际遇偶得之，但有一个共同特点：均取材于课堂实践，由热爱教学的一线外语教师将教学理论知识融入课堂，把教学经验升华为课堂妙招。妙招之"妙"，妙在其设计，妙在其功效。凡所收录，均有实践基础。贡献者基于理论和实践创造性地使用某些教学策略，设计出恰当的外语教学活动，解决一些教学实践中出现的实际问题，并取得了良好的课堂应用效果。

这本着眼于微观课堂教学的小册子肇始于赋权增能型外语教学团队的教改努力和外语教育公益服务，形成于团队基于外语教育学框架开展外语教与学实践研究的过程，其形成过程见证了"外语教育学"二级学科的诞生；同时，这也促成大中小学外语同人分享经验，我们得以收集这些外语教学妙招，结集成册，在更大范围内传播和分享一线外语教师的教学经验和智慧，助力外语教师提升课堂教学效果，一定程度上是对赋权增能教育理路的实践。在此，我们特别向诸位贡献妙招的多语种外语教育同人和在教学实践中检验妙招功效的同人致以诚挚谢意，也期盼有更多同人应用妙招，检验妙招的实效，挖掘更多高效实用的教学妙招！希望这本小册子有助于外语教师提升教学素养，整体提升外语教学水平，为我国外语教育学的发展尽绵薄之力。

张文忠　李玉平
南开大学外国语学院
2024 年 2 月

目　录

第一章
外语教学妙招概述

一、什么是教学妙招?

外语教学涉及面广,各个层面、各个维度,特别是教学实践方面,均可能出现这样那样的问题,而解决这些问题的方法亦多种多样。外语教师既是教学问题的发现者和亲历者,也是解决这些问题的主体和发起人。本书主要内容来自全国各地的一线外语教师在课堂教学实践中运用智慧总结和探索出来的能有效解决实际问题的教学策略和教学活动设计,因此本书的书名为《外语教学妙招》(*Teaching Boosters for the Foreign Language Classroom*)。这些活动设计不仅是外语教学实践中的重要组成部分,也是一线外语教师进行课堂教学改革创新的成果,既能够有效提升课堂教学效能,还有助于改善和优化外语课堂生态。

本书中的教学妙招包括各类外语课程的教学活动,涉及语言知识与技能类课程、文化知识类课程以及跨专业交叉类课程的教学设计。这些外语教学妙招还针对外语教学的不同维度和层面,既有具体教学内容相关的教学设计,也有课堂管理类的妙招;有增强学生学习自我效能感的妙招,也有助力增强学习动机和学习兴趣的妙招;有的妙招既可用于课堂教学,也可用于学生课外的自主学习。

例如,第二章"外语口语与听力教学妙招"中的第九个妙招"4/3/2 口语流利法",这个妙招是由英语教师 K. Maurice 发明的一种教学活动设计,是一种能提高口语流利度的语言训练方法。Maurice 于 1983 年在 *TESOL Newsletter* 第 17 卷第 4 期发表题为 "The Fluency Workshop" 的文章,介绍了 "4/3/2 Technique",称之为

"4/3/2流利增进法"（Maurice，1983），其中的4/3/2是指时间，表示三次重复同一内容时所规定的时间由4分钟减到3分钟再减到2分钟。学生"两两结对"分成三轮进行口语练习：第一轮由其中一位学生就某个熟悉的话题向另一个伙伴讲述4分钟，然后两人互换角色；第二轮在第一轮完成后交换练习伙伴，练习者就同一话题与新伙伴重复上述步骤，每个人讲述时间限定为3分钟；第三轮再次交换练习伙伴，重复上述步骤，第三轮的时间缩短至2分钟。这样，在三轮的练习中，每个练习者就其熟悉的同一话题分别讲给三个不同的对象，而每多讲一轮，所给的时间就少1分钟。

本书编者之一任教武汉大学时曾在实践中应用过4/3/2口语流利法，还根据讲述内容的变化使用过3/2.5/2、2/1.5/1等不同的活动变体，该活动颇受学生欢迎，课堂教学效果良好。该妙招的实践过程、应用效果和教学建议于2002年发表在《现代外语》第4期，之后这一妙招得到国内外多位英语教师和学者进一步实践、验证和研究（如De Jong & Perfetti，2011；Price，2014；周爱洁，2002，2006；孟凡韶，2009等）。由此可见，对于一线外语教学而言，妙招使用不仅必要，在教学实践中有实用价值，而且还为一线教师开展教学学术活动提供研究思路、研究素材和研究主题。

一言以蔽之，本书中的外语教学妙招共有四个主要特点：1）源于一线外语教师的课堂实践；2）是外语教学理论和经验相结合的产物；3）能够帮助教师和学生解决一些具体的外语教学方面的实际问题；4）已被实践验证且取得了良好的课堂教学效果。

二、妙招研究

外语教学妙招凝聚了一线外语教师的实践智慧，为外语课堂增添活力，提高效能。作为授课教师、外语学习引路人，"知其然"重要，用其解决问题更重要。外语教师（尤其是高校外语教师、中小学外语教师、教研员等）兼具教学实践者和研究者双重角色，即"教师—研究者"，所以"知其所以然"同样重要。

因此，研究外语教学妙招、检验并推广这些妙招，是教师教学实践和学术研究中的重要内容，这一点从经验丰富的资深教师对经验不足的新手教师进行"传帮带"这一外语教育传统中可得到证明。研究和实践教学妙招既可成为外语师资培养和在职培训的重要内容，同时也是广大在职教师在专业发展方面的一条可行且有效的重要途径。

再以4/3/2口语流利法为例，这一教学设计不仅可以帮助一线教师和学生解决英语口语教与学中的流利度问题，在提出后曾引起二语习得研究者的广泛关注，并在教学实践和研究中被其他同人加以应用和进一步检验。例如，Nation（1989）曾经援引二语习得理论介绍过这一方法；Arevart & Nation（1991）对来自16个国家、不同文化背景的20名受试进行了4/3/2口语流利法实验，确证了重复讲述对增进口语流利度的积极作用。他们的研究结果显示，大多数受试的流利度（以语速为测量指标）有显著提高，且重复两次比重复一次效果更好；多次重复同一材料内容使练习者的流利性和准确性表现超出平时所能达到的水准。4/3/2口语流利法还被Tam（1997）加以调整，用于中国大学助教的英语口语培训，同样也证明这一方法在提高外语口语流利度方面具有良好的教学效果。

　　教师在这种教学相关的学术研究活动中所承担的角色还是研究者，因而研究教学方法的应用效果和认识教学规律在这一过程中相得益彰并完美结合，服务于外语教育。再以4/3/2口语流利法为例，该方法为何有效？其产生效果的理据是什么？在实践应用中有何局限？这些问题需要基于实践的研究，运用数据和思辨才能找到答案。张文忠（2002）在实践中应用4/3/2口语流利法，同时基于4/3/2口语流利法的三个重要因素（即不同的对象、重复的内容和递减的时间）反思该教学妙招的理论基础、作用机理和"能为与不能为"，探讨这一方法在实践应用中可能出现的一些具体问题。4/3/2口语流利法的基本理论源自既符合经验常识又具有心理现实性的技能获得重复练习，上述这三个因素以不同的方式促进英语口语流利度的有效提升。

　　上述部分均为技术层面的讨论，实际上任何妙招策略的应用都有理论和实践前提，会涉及诸多因素；对每个妙招的深度研究自然也需要考虑相关因素，要跳出"就事论事"的窠臼。比如，4/3/2口语流利法的目标清晰但难免单一，短期训练效果明显，长期效果尚未得到进一步验证，其训练效果能否随着时间和年龄等因素的影响而迁移亦未可知，这些未知的问题也为其他学者开展进一步的研究留有空间。教学妙招在被付诸实践时会提升外语课堂效果和学习效能，这是师生共同的追求，不会因存在未决的问题而受影响；同时，对教学妙招进行实践应用、理论探讨、有益补充甚至是质疑，所产生的结果也将会有助于学者更深刻地认识这一教学妙招，最终使之得到完善和优化。

　　毫无疑问，外语教学妙招的推广应用和研究意义重大。广大外语教师可通过不断实践和验证知晓其应用条件、应用效果、给师生带来何种情感体验及功用与局限，与其他同人交流和传播教学妙招将会为相关研究提供更丰富的数据，验证这些妙招的效果或者找到这些妙招在实践中可能出现的问题，进而对妙招进行升级换代，使这些教学妙招的实践应用更有理据，甚或通过课堂实践和行动研究进一步形成外语教学理论，如"续理论"的发展和形成就是这方面的典范[1]，为我国外语教育的理论发展和创新做贡献。

三、妙招交流与应用

外语教学发展离不开实践应用。外语教师置身于具体的教学情境，面向形形色色的学生，可能面临多种多样的教学问题，需要运用具有针对性的教学策略提高教学水平和教学效能。这其中包含向其他同人进行交流和学习，但囿于个人经验与视野，所掌握的有效教学方法和策略终归有限，这或许在一定程度上使众多一线教师不满足于当前的教学现状。通过在外语教师中开展妙招共享、学习和推广应用，必然有助于教学效能的提升，同时也会进一步助力教师的专业发展。

"他山之石，可以攻玉。"外语教师教学中掌握的妙招越多，实践应用越多，课堂教学和学生的学习效果就越好。教师除了在教学实践中有意识地积累和丰富自己的妙招库，另一个可行的办法便是与同行共同学习交流。在收集和共享教学妙招的同时，南开大学赋权增能外语教学团队也组织创新教育基地的教师在课堂上开展教学妙招实验，鼓励一线教师创新性地进行教学妙招实践，并且不定期进行教学妙招的实践汇报。分享和共享教学妙招带来了令人欣喜的结果，得到众多一线教师的支持，受到各类学校外语教师的普遍欢迎。这也从侧面反映了一线教师对优秀教学经验和教学策略的需求，同时体现了传播外语教学妙招的重要意义。

毋庸置疑，外语教学妙招的价值在于应用，而且应用越广，其价值体现就越充分。从已收集发布的教学妙招及应用效果来看，大多基于国内外先进的教学理论或教学模式，亦不乏结合中国本土课堂教学而产生的原创成果，可谓汇集了全国高校及中小学外语教师的课堂实践精华，是教学理论和课堂实践的结晶。教学妙招案例丰富，全都经过课堂实践的验证，经过不断调整和改进，对我国各个层次的外语教学实践具有重要的借鉴意义。此类优秀的教学妙招若能在更大的范围得到传播和实践，必然会助力我国的外语教学，提升外语课堂的教学效果，最终有助于推动我国外语教育学科的进一步发展。

教学妙招在实践应用时可按照课程和课型需要、学生水平和班级容量等具体

1　广东外语外贸大学王初明教授提出的"续理论"堪称将教学实践和科学研究相结合的典范。续理论是基于"以读促写"的"写长法"的实证研究发展而成。王初明教授2007年之前重点研究"写长法"，之后的研究集中在外语学习中的互动和语境因素的促学研究，自2012年开始重点探讨和开发"读后续写"方法，最终申报了"创立'续理论'高效学外语"项目（"续理论"后来简称"续论"），并获得国家级教学成果奖二等奖。续理论是外语教学实践和科学研究的结晶，是我国二语习得理论的创新成果，对外语教育有着重要的理论指导意义和实践价值。

情况进行适当的调适，更鼓励各位同人在实践中对妙招进行检验和修订。本书中的教学妙招主要取材于"赋权增能型外语教学"微信公众号[1]已推送的内容，通过修订、增减和润色，从妙招的名称到教学活动设计和学生规范都得到了优化和完善；妙招的构成部分和格式进行了统一调整，实现了教学妙招的升级换代。这些妙招不仅可用于提升课堂效果和教学效能（部分妙招已经由多所高校教师进行实践检验并推文发布），还可以作为教学学术研究的主题或教学实验的干预手段，从课堂教学实践和学术研究两个方面助力广大外语教师的专业发展。

四、主要内容

本书分六章，共有127个妙招。第一章为外语教学妙招概述，说明外语教学妙招的缘起，界定外语教学妙招，探讨妙招应用与研究的价值和意义。第二章为外语口语与听力教学妙招，包括外语口语、听力等课堂内外的教学和学习活动设计。第三章为外语阅读与写作教学妙招，包括外语阅读、写作或者阅读写作相结合、写作与口语活动相结合的各种课堂设计。第四章为翻译、语言文化和外语教育教学妙招，包括翻译教学、外语文化、文学教学、词汇学、语言学等不同课型的教学设计。教学设计既有外语通识课程的课堂活动设计，也有外语专业课程的课堂活动设计；课堂活动以英语课堂教学活动为主，也包括俄语、韩语、法语课堂教学活动。第五章为外语词汇与语法教学妙招，主要是针对词汇的学习和记忆、提升语法教学效能的课堂活动设计。第六章为外语课堂管理与学习妙招，用于帮助教师和学生组织课堂和课外的语言学习活动和自我管理。

每个教学妙招由"妙招简介""适用范围""活动目标""实践步骤"和"应用效果和/或建议"五个部分构成。第一部分"妙招简介"主要介绍妙招的活动内容、课堂设计的理论框架、妙招来源等；第二部分"适用范围"简要介绍妙招所适用的学生语言水平、班级规模、可能的使用范围等相关建议；第三部分的"活动目标"明确教学妙招在实践中可能达到的预期目标；第四部分"实践步骤"采用图文并茂的形式，既有具体操作步骤，还配有课堂教学图片和课程资料、图表或应用实例等；第五部分主要介绍妙招的应用效果和教学应用建议。

---

[1] "赋权增能型外语教学"微信公众号公益平台由南开大学外国语学院张文忠教授创建，由赋权增能型英语教学团队运营，服务全国外语教师的教学和研究。公众号于2020年12月31日注册，命名为"赋权增能型个性化研究式英语教学"；2021年01月01日更名为"赋权增能型外语教学"，并沿用至今。公众号的宗旨是"恪守公能，赋权增能，教学学术，融合发展"。公众号共有九大板块：1）教学任务／活动设计；2）帮你选题；3）思政元素随堂用；4）外语教／学妙招；5）教学精英榜；6）教研团队专报；7）虚拟教研室专报；8）外语课程建设；9）外语教学与研究资源。投稿邮箱：fuquanzengneng@126.com

第二章
外语口语和听力教学妙招

　　口语和听力是外语教学中不可或缺的重要组成部分，是外语学习者进行跨语言沟通必备的两大基本技能。听说能力是学生外语水平的重要组成部分，在很大程度上能够直观地反映学生的实际外语水平。在语言教学和语言测试中，听说能力是语言能力发展的两大重要指标。就外语学习的本质而言，学生的口语和听力技能的发展是重中之重。

　　然而，对于中国的外语学习者（特别是英语学生）而言，一方面，除了在课堂上有相对简单的、服务于教学目的的听说训练之外，在日常工作和生活中很少用到听说技能；另一方面，在学校教育中的外语测试，特别是我国大部分地区的中考和高考，听力所占的比重很少，甚至在有些地区听说测试占比为零，可以说外语口语学习和测试在大学之前是基本缺失的。因此，大多数学生往往忽视听说能力训练，相比其他语言技能，听说能力也是他们外语学习中最弱的和最难提高的技能。由此可见，外语听说能力的培养需要优秀的教学活动设计来引导和督促学生有效地训练和发展听说技能。

　　优秀的口语和听力教学活动设计能有效地引导和规范学生进行课堂内外的学习和训练，提升听说教学的效能。现有的教学实践及妙招检验活动显示，采用外语听说教学妙招能有效地提高课堂活力，促进学生语言的有效输入和产出，激发学生的学习兴趣，提升其课堂参与度和交际意愿，能有效地改善学生的自我效能感，从而促进学生的外语听说能力发展。

　　本章总共包括39个外语听说教学妙招，主要针对大学和中小学的外语听说课堂上的常见问题，基于中国学生外语学习的心理特点和个性化发展的需求，遵循"具体问题具体解决"（Local solutions to local problems）的指导原则，都是有创见的优秀教学活动设计。

这些教学妙招所涉及的活动主题包罗万象，既有课堂破冰活动，也有课堂内容深度学习活动，还有课后复习活动。从外语口语表达流利度和准确度到外语语音教学，从听说课堂热身活动到听说课堂内外管理，从听说课堂上师生互动到生生互动的活动，从口语表达语篇逻辑能力培养到口语交际意愿提升，等等，外语听说教学的各个方面均有涉猎，都在一线外语教师的教学实践中产生了良好的课堂教学效果，并得到了学生的积极参与和正面回馈。

第一招　"吉祥三宝"破冰法

"吉祥三宝"进英语课堂，
新学期开启一场破冰之旅，
拉近师生和生生之间的距离。

妙招简介

"吉祥三宝"破冰法（Alpha-Beta-Gamma Ice-Breaking Activity）是指在新学期之初师生共同展示对自己有特殊意义、见证自我成长、能够唤醒美好回忆的三件个人物品，即"吉祥三宝"（Alpha-Beta-Gamma in my life），通过用英语分享其背后的故事实现师生间、生生间有效"破冰"，疗愈"假期后综合征"。本妙招的设计受到南开大学张文忠（2020）"赋权增能教育理路"（Right Oempower Approach to Education）的启发，旨在激发学生的学习兴趣，调动学习积极性，为营造良好的外语课堂生态打下良好的情感基础。

适用范围

本妙招适用于各个学段外语课程的学期之初，特别适用于外语听力和口语课程，学生具有基本的口语表达能力即可，班级规模不限。

活动目标

目标1：通过介绍生活中的美好经历为新学期第一课破冰，有效激发学生的英语学习兴趣以及参加课堂活动的主动性和积极性。

目标2：增进师生和班级成员之间的了解，拉近彼此的心理距离，有利于班级凝聚力的形成，为新学期的小组学习活动打下良好的基础。

实践步骤

第一步，课前准备。教师在课前通过校园网络平台给整个班级发布通知，请每位学生准备便于携带或展示的"吉祥三宝"。

第二步，课上分组。教师将学生分成若干小组，为了保证每个小组成员有充分的交流时间，小组成员不宜过多，以三到四人为佳。

第三步，教师示范。教师用外语与学生们分享自己的"吉祥三宝"及其背后的故事，为班级分享做示范，同时拉近师生之间的心理距离。

第四步，学生分享。小组内的每位成员依次与小组其他成员分享自己的"吉祥三宝"及其背后的故事。学生分享时，教师巡视和旁听，以了解学生的经历和语言水平。这个环节大致进行15分钟左右。

第五步，小组荐宝。组内分享结束后，请每组学生投票选出一件让他们印象最为深刻的宝贝，向全班推荐。这个环节可视班级规模和教学进度进行调整。

应用效果

"吉祥三宝"破冰法课堂教学效果显著。课上学生展示的宝贝，从"海报、手办、球衣、韩语书"再到"葫芦丝"，令人目不暇接，耳目一新。课堂活动开始后，整个教室里没有一个游离在外的"独狼"，全班同学精神振奋，刚上课时的拘谨和陌生感一扫而空，完全沉浸在用英语进行分享的欢乐之中。最后的"荐宝"环节将整个活动推向"燃点"。在小组成员的极力推荐下，"韩语书小姐姐"即兴用韩国语进行自我介绍，"切尔西小迷弟"用正宗伦敦音分享了难忘的现场观赛体验。新学期伊始，"吉祥三宝"破冰活动不仅快速地"激活"了学生有些打卷儿的舌头，使学生的大脑迅速调整到英语频道，还消除了师生间的陌生感，拉近了学生之间的距离，为新学期的英语学习开了个好头。

（南开大学简悦供稿）

第二招　Bingo 卡片破冰法

一张 Bingo 卡片，
打破畏惧的藩篱，
体验语言沟通的乐趣！

妙招简介

Bingo 卡片破冰法是一种借助 Bingo 卡片活动[1]激发学生外语交流兴趣的方法，旨在促进学生表达观点、深入讨论并勇敢地与陌生人交流。Bingo 卡片一般由标题、导语和题集三个部分构成。其中，标题通过简练的语言点明主题；导语部分简述活动内容，代入感强，营造轻松氛围；题集由一个个不同的小任务组成，任务难易程度适中，兼具趣味性，语言描述句式工整、通俗易懂，能够激发学生参与兴趣。

适用范围

本妙招适用于各个学段的外语课程学习，特别是外语口语课堂，教师可根据学生的语言和认知水平，调整 Bingo 卡片中题目（任务）和语言表达难度即可用于外语课堂，也适用于课堂外的语言交流场景，比如在外语角常规活动中使用此方法拉近参与者之间的距离，打破冷场的尴尬局面，还可应用于英语演讲社团活动，给观众发放 Bingo 卡片填写，能够更好地普及基本英语演讲规则和惯用语等。

活动目标

目标1：通过 Bingo 卡片激发学生的外语交流兴趣，拉近学生之间的心理距离，为外语课堂破冰。

目标2：鼓励学生勇于用外语表达观点，对问题进行深入思考和讨论，培养学生的"社牛"体质。

实践步骤

下面通过两个实例来说明 Bingo 卡片破冰法的具体步骤：1）Self-Love Bingo 活动；2）Human Bingo 活动。

1　Bingo 卡片活动是一种填格子游戏，其中 Bingo 这个英文单词的词义为"猜对了"。Bingo 这种游戏形式的历史可以追溯到 16 世纪，在 20 世纪的美国真正流行起来，深受美国人喜爱。游戏的获胜者在获胜时喊出"Bingo"，可以理解为"我得到了"，Bingo 游戏也因此而得名。Bingo 活动也经常用于交际场合，当别人对讲话人的观点准确理解时，讲话人可能会回应说，"Bingo, you're right!"。

实例一：Self-Love Bingo 活动[1]

　　第一步，氛围渲染。参与者围坐一团，制作一些爱心、郁金香手工，之后大家推选一个活动主持人，讲述 Self-Love Bingo 卡片活动的意义，即帮助大家更好地爱自己、爱他人。

　　第二步，敞开心扉。主持人请大家在卡片中间填写一项自己认为最能体现 Self-Love 的行为（参见图1），然后讲述自己的答案（如笔者写的是"Smile to myself and all"），并讲述了微笑给我带来的积极影响。

图1　以 Self-love 为主题的 Self-Bingo 卡片实例

　　第三步，畅所欲言。主持人随机挑一些题目，请大家讲述各自的答案，或者以自己的形式回应题目，完成一项后打钩标记。具体项目如下：

- Try something new;
- Text a friend or relative and share gratitude and love;

1　2022年2月，笔者参加了埃塞克斯大学社团组织的线下 Self-Love 系列活动，包括送祝福、做手工和参与 Self-Love Bingo 活动，活动效果极佳。

- Set a goal, achieve it, and then reward yourself;
- Tell someone you love him/her;
- List 5 things you love about someone else;
- No screens for an hour;
- Share a happy event in your life.

在实施 "Tell someone you love him/her" 这一任务时，参与者直接对毗邻的参与者说 "I love you"，并拥抱对方。整个问答过程顺畅、温馨，大家真挚交流且不吝啬表达自己的友善。

第四步，主题升华。学生分享自己的收获和感悟，主持人总结发言。

实例二：Human Bingo 活动[1]

第一步，氛围渲染。会场摆放着各国的国旗，显示屏上播放一副世界地图，还提供了各式比萨和饮料，供参与者随意取用。之后，教师给每人发放一张题为 "Human Bingo" 的卡片和一支圆珠笔，告知游戏规则，即最快填写完 Bingo 卡片的前几位学生会有礼品，然后教师说一声 "Let's begin!"，游戏开始。

第二步，沉浸式互动。参与者迅速走动起来，互相提问，填写答案，延伸对话。在互动过程中，大家认识新朋友，了解各国的不同文化，摆脱 "社恐"，具备了 "社牛" 体质。具体项目包括：

Find someone who
- Ate pizza in the last 2 days;
- can speak more than 3 languages;
- has a dog;
- has more than 2 siblings;
- is wearing odd socks;
- can play a musical instrument.

第四步，提交卡片。提交 Human Bingo 卡片（见图2），领取礼品。之后大家接着品尝食物，继续讨论刚才未完成的话题。甚至在活动结束后，学生走在校园中，碰见活动中认识的小伙伴，仍会互相打招呼。

1　2022年3月，笔者在埃塞克斯大学参加了各国交换生见面交流会，主办方精心布置了会场，并使用 Human Bingo 卡片帮助大家沟通交流、互相认识。这一活动设计无疑是一个有效交际的优秀案例。

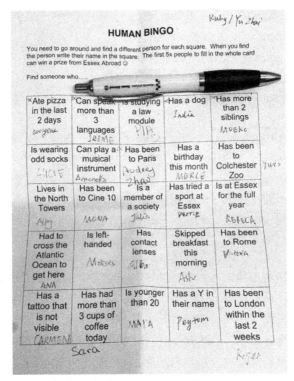

图 2　Human Bingo 卡片实例

应用效果

借助 Bingo 卡片开展的外语教学活动具有趣味性，易于上手。教师可以将知识、技能等教学目标投射到现实生活中，学生互动更加自然、更加深入，能够克服胆怯的心情，快速高效地走出"舒适区"进行交流，在讨论和实施一个个题目（任务）中，加深对知识的理解，提高语言表达和沟通能力。

（南开大学翟宇供稿）

第三招　"一分钟"破冰法

开学第一课＝大型社死现场？

No way! Carpe diem!

真情实意一分钟，外语课堂快速破冰！

妙招简介

"一分钟"破冰法（One-Minute Ice-Breaking Activity）是指教师在外语教学课堂上借助暖心的语言问候、有温度的图片、真诚的自我介绍快速调动师生之间的积极情绪，拉近师生的心理距离，迅速建立师生感情，为打造良好的语言课堂生态奠定基础。

适用范围

本妙招可用于各个学段的英语听力和口语课程、阅读和写作课程，特别是适合新学期初或者课堂的热身活动，学生水平和班级规模不限。

活动目标

目标1：在新学期第一课打造良好的"第一印象"，建立积极正面的师生情感，为外语课堂教学奠定良好的情感基础。

目标2：通过实例向学生展示英文问候方式、如何进行自我介绍，真诚的互动有助于提升英语课堂活力和班级凝聚力。

实践步骤

以大学英语课程教学为例，具体操作如下。第一步，暖心问候。一声问候暖人心。在第一堂课上，教师面带笑容、热情真诚地跟学生问候："Hello, everyone, finally see you here!"，并进行眼神交流。微笑和温暖的眼神会帮助处于陌生环境的学生缓解焦虑和担忧，为之后的破冰奠定基础。

第二步，图片传情。张张图片传真情。课前，教师通过学校官网、社交平台、现场观摩等渠道收集大学新生的相关信息和图片，如高考及录取信息、关于新生报到的新闻、军训报道等，然后配以书信、诗句或其他形式的推文，上传至微博、QQ动态或微信朋友圈，表达对大学新生的期待和祝福。课上，教师展示或播放相关图片和汉英双语寄语。比如：

- 相识是一种缘分，相处是一种默契，相助是一种境界。
- Coming together is a beginning, so let's be passionate!
- Staying together is progress, so let's be patient!
- Working together is success, so let's be persistent!

第三步，课堂介绍。初次介绍寻共鸣。教师可根据自己和所教班级及专业的具体情况设计自我介绍，找到师生之间的关联点，寻求与学生的共鸣。教师自我介绍示例如下：

- I have a son, so I love boys very much. (寻求和男生的关联)
- I have no daughter. That is my biggest regret in my life. Oh, there are so many girls in our class, I feel so much delighted. YOU are all my girls. (拉近与女生的关系)
- But, I would rather to be your SISTER than your MOTHER. (转换身份，缩短师生的心理距离)
- So, from today on, please call me Linda. (提供与学生平等的称呼)
- Let's work together as a team. I'm more than willing to keep company with you along the journey of learning English, so trust me and follow me! (引入正题)

应用效果

"一分钟"破冰法能迅速营造温馨的课堂氛围，学生对教师的生疏感在问候和交流中消融，有利于调动起全班学生的情绪，为顺利开展英语教学打下稳固的情感基础。"一分钟"破冰法为大学新生营造一种安全、轻松、平等、和谐和温暖的课堂氛围，可以拉近师生间的心理距离。如果教师新学期第一课一亮相就全程"飙"英语，有可能产生适得其反的效果。教师可巧用或混用英语、普通话、方言、网络语言、时尚用语等各种语言来拉近师生的心理距离，有助于构建默契的师生合作关系，有益于有效促进师生间的交流。

（广西民族大学李静供稿）

第四招 "口口相传"口语训练法

口口相传，传递信息；
生生互动，提升口语。

妙招简介

"口口相传"训练法是指学生通过口口相传的方式复述句子来训练口语能力的课堂活动设计，旨在鼓励学生张口说话，通过模仿增加口语自信，强化记忆，从而激发他们的英语学习兴趣。

适用范围

本妙招适用于各个阶段的外语口语课程，可作为课前的热身活动，学生水平不限，班级规模不宜过大。

实践步骤

第一步，准备卡片。教师准备小卡片，每个卡片上都有一句话，由浅入深，由易到难，均是一些日常用语的表达和简单上口的生活化用语（教师可按不同的主题分次进行训练）。

第二步，班级分组。以班级为单位，在教室里给学生固定座位，按纵列座位分成个若干小组。

第三步，口口相传。教师给每个小组的第一排学生发放卡片，该学生看到后马上复述给后面的学生，以此类推，由最后面的学生把听到的句子写到黑板上。该活动可控制在3分钟之内完成。

第四步，比较句子。将黑板上的句子与卡片上的句子进行比较，看是否存在差异。教师也可请全班学生对该句子进行拓展，分享更多类似的表达。

第五步，教师评估。教师把每组成员名单记录在册，给每组打分，作为平时成绩的一部分，以使学生增强团队意识，形成互帮互学的良好学习氛围。

应用效果与建议

"口口相传"训练法可以增加学生的讲话量，强化学生的记忆力，提高注意力和听说的效果。模仿也对学生的英语口语表达起着重要的作用，可以培养学生良好的英语表达能力。教师还可以在此基础上进行拓展，随着训练内容的深入，逐渐过渡到较长且较复杂的句子。例如，可以扩展到经典美文段落的句句传颂，把一篇美文段落拆成若干句子，每组负责一句，由第一位学生依次传给后面的学生，每组最后一位学生负责把这句话写到纸上。任务完成后，就是一篇经典美文的呈现。每周一练，必有收获。

（河北师范大学张薇薇供稿）

第五招　"模拟面试"英语口语训练法

课堂"提问—作答—点评"，
模拟面试练习英语口语。

妙招简介

本妙招受单位求职面试的启发，以英语口语训练为目的，对面试环节做了适当的调整和改进，形成"模拟面试"英语口语训练 (Simulated-Interview Speaking Activity) 法。学生在规定面试情境下充当考官 (Interviewer) 或求职者 (Applicant / Interviewee)，求职者面试结束后考官需要就其回答问题的质量作细致的点评，使扮演两个不同角色的学生都能得到口语训练的机会。

适用范围

本妙招适用于大学英语听力和口语教学课程，学生具备初级及以上英语水平、能进行交流即可。班级规模不宜过大，以25到35人为宜。

活动目标

目标1：通过设定具体的语言情境，模拟真实的交际语境，以具体目标为导向组织学生练习口语，有效提升课堂活力。

目标2：通过同伴点评的方式激励学生提升其学习投入力度和努力程度，提升学生的课堂参与度和自我效能感。

实施步骤

第一步，设定情境。教师可根据课程的具体内容和学生水平设定恰当的面试情境 (如中学英语教师面试、公司招聘面试、心理咨询师面试等)。

第二步，分配角色和任务。教师将班级分成小组，建议6人一组，其中3人扮演考官，另外3人扮演求职者。分组时考虑学生的口语水平、性别等因素，有助于保证模拟面试的顺利进行和学习效果。

第三步，面试准备。"考官"和"求职者"独立查阅与面试情境相关的英文资料，不允许互通信息。但是，为了避免问题重复，三位考官可以交流各自准备的问题，必要时可相互订正。一般来说，考官可准备6到10个问题以及相应的参考答案，求职者预测考官可能会提到的问题，如自我介绍、工作经历等，做好英文作答的准备。

第四步，模拟面试。三位考官依次向每位求职者提问。面试结束后，三位考官就求职者的作答表现进行细致的点评，例如，哪个问题回答得比较好，哪个问题回答不全面、信息有误等，所以考官除了带着问题来参加活动，还要记录、分析和点评，这些过程对考官来说也是口语练习活动。

应用效果

学生通过模拟面试活动的前期准备工作，搜集、归纳和总结英文资料，增加了英语信息的输入练习。在模拟面试过程中通过"提问-作答-点评"锻炼了学生的英语表达流畅性和准确度，通过练习使学生的口语表达更加自信从容，同时学生的心理素质也得到了锻炼，有助于为未来求职做好心理建设。

（天津师范大学徐君英供稿）

第六招 "矛与盾之争"口语练习法

化解"矛与盾之争"，
一起练习英语口语，
提升批判性思维能力。

妙招简介

在英语教学过程中，为了培养学生的英语综合能力，教师经常就某个话题与学生进行互动。这些话题可能与教学内容相关，也可以紧跟当今社会热点问题和国际局势。"矛与盾之争"口语练习法 (Pro-Con / Spear-Shield Speaking Activity) 通过"以子之矛，攻子之盾"的方式，把讨论过程中的互动双方变成学生，借助正方、反方英语辩论和现场交传的形式，使学生在整理和表达不同观点时培养看待事物的整体观和全局观，化解自己的负面情绪，同时提高自己的英语表达能力、演讲能力和交传口译能力。

适用范围

本妙招适用于英语专业口语课程、精读课程、口译课程，或者其他涉及语言互动的外语教学活动，教师可依据具体的活动目标和教学内容进行调适和实施。要求学生具有一定的英语口语表达能力，班级规模不限。

活动目标

目标1：把课堂交给学生，通过辩论的方式增强课堂活力和生生互动，培养学生在外语学习中的主体意识和学习自主性，在分析和讨论中提高学生的听说和阅读等英语综合能力。

目标2：学生在辩论中从不同视角分析和讨论问题，在锻炼和提高口语表达能力的同时提高批判性思维能力。

目标3：通过话题互动推动学生的社会化进程，促使学生了解社会，帮助学生对可能存在的负面情绪进行干预和疏解，促进学生的心理健康，在英语口语课堂活动中有机融入思政元素。

实践步骤

实施"矛与盾之争"法，让教师把课堂表达机会还给学生，教师的职责是组织管理和协调整个互动过程，互动双方都是学生。教师不再是权威的知识传授者，而是一个聆听者、协调者和组织者。

第一步，寻找话题。教师首先针对学生可能关注的某种社会现象或者某种方针政策可能存在的问题，确定课堂互动话题。比如，疫情严重时期很多高校实施了封闭管理措施。在社会各方面都解封的情况下，学生仍然不能自由出入校园，因此有些学生出现了抱怨牢骚的情绪，这对学生个人和学校都可能存在不利影响。

第二步，确定话题。教师可通过初步讨论找出具有代表性的四位学生作为辩论正方，确定辩论主题（如"学生的权利和责任"），再通过自愿原则或者教师选拔找出另外四位学生作为辩论反方，阐述学校仍未解封的理由和依据。辩论双方可提前在班级内招募拥趸、组建智囊团，分工合作准备课堂辩论。

第三步，课堂辩论。在辩论过程中，正、反双方的学生按照英语辩论赛的赛制和规则进行互动。要求学生全程尽量使用英语进行交流。在某些情况下，可依据学生实际情况允许使用汉语，但在学生发言结束后，要由其指定译员进行现场交传。口译课堂还可以用"双语交传"的方式进行辩论。

第四步，总结点评。辩论结束后，教师总结双方的观点，点评学生的语言表达和现场表现，引导学生在学习中关注和锻炼批判性思维能力，树立正确的全局观和整体观，在困境中保持平和的心态和顽强乐观的人生态度。

应用效果

面对有个性、有文化、有思想的大学生群体，在互动过程中，如果教师单向给学生灌输观点和信息，一方面会剥夺学生的表达机会，不利于学生的语言交际能力发展；另一方面，教师作为单独的个体，观点难以做到全面、客观和有力，不但容易引起学生的反感和漠视，而且也不符合语言学习的交际本质。通过"矛与盾之争"口语练习法，既可以给予学生表达观点、疏解情绪的机会，也可以让学生自己看到不同的视角和不同的观点，促进学生进行自主反思和总结。此方法既可以在外语教学过程中关注学生的心理健康，也可以调动学生参与课堂互动的热情，提高学生的英语综合能力。

（青岛农业大学杨磊供稿）

第七招　Spell & Spin 竞赛

英语语音学习单调枯燥？
英语正音效果差强人意？
利用 Spell & Spin 竞赛，
提升学生语音练习兴趣。

妙招简介

本妙招的设计源自少儿英语学习中的转盘拼词游戏 Spin & Spell 竞赛[1]，将两个单词互换位置、活动顺序和活动内容加以调整而形成。在 Spell & Spin 竞赛活动中，Spell 仍然指"Spell a word"（拼单词），是本妙招中的第一个环节，即利用给出的首字母拼单词，但 Spin 不再是转动转盘的意思，而是指"Spin a story"（编故事），是第二个环节，即发挥想象力创编一个故事。

英语前元音是正音教学中的重点与难点之一，仅仅依靠教师讲解和学生单一的跟读和模仿练习，很难提升学生的学习兴趣和积极性以及重视四个前元音之间的区别。Spell & Spin 竞赛能够充分调动学生的学习积极性，让他们在实际使用中操练语音，从而夯实课堂正音教学效果。

适用范围

本妙招稍加调整可应用于各级、各类英语口语教学或语音教学课程（可将活动中第一个环节中的正音对象和对应的辅音字母等根据教学内容和特定学情进行调整，如学生在语言输出中可能出现一些有共性的语音问题时），学生水平和班级规模不限。

1　参见 Learning Games: Spin to Spell | Education World, https://www.educationworld.com/a_lesson/learninggame/learninggame036b.shtml（2024 年 2 月 18 日读取）。

活动目标

目标 1：通过拼词游戏增强学生之间的互动，给枯燥的正音练习和课堂教学增加趣味，提升语音课堂活力。

目标 2：用讲故事的方式鼓励学生在实际的语言输出中操练所学的语音知识，增强课堂正音教学效果，提升课堂学习效能。

实践步骤

第一步，拼单词。首先，根据班级人数将全班分成两三队，每队分配一个英文字母，建议选择发音难度较小且能组成较多单词的辅音字母（如 b、c、s、t 等）。然后，每队派出一名代表，在规定的时间内将能想到的所有以本队所拿到的字母开头且含有前元音的英语单词写到黑板上。本队成员可以随时喊出想到的单词，但是不允许使用词典。应规定所写单词不包含屈折变化，不包括专有名词，数字也须作特殊要求（如 six、sixteen、sixty 符合要求，但 sixty-one 等及序数词不包含在内）。最后，各队之间展开竞赛，写出正确且符合要求的单词数量最多的获胜。在核对单词、计算结果的过程中，教师朗读单词，请学生注意相应元音及单词的发音，也可邀请学生代表朗读，队间互评。

第二步，编故事。当学生还在为本队的表现兴奋或遗憾时，教师宣布本活动还有第二个环节，即利用尽可能多的本队所写出的单词串联成一个有情节、有趣味、有想象力的故事。编故事时可以加词，同时鼓励使用更多符合第一个环节要求的单词。如果队员人数偏多，可分成更多小组，以小组为单位进行讨论、构思。在活动过程中，教师可在教室内巡视，关注各组的讨论，及时纠正学生的前元音发音和单词读音。根据具体情况，故事的分享可采取不同形式。比如，可要求每位学生都熟悉并能够流利讲出本组的故事，然后重新分组，确保每个新的小组中都有来自第一个环节中不同队伍的学生，学生在新小组中分享各自创作的故事。也可以各组选出代表在班级进行展示，大家评选出最喜爱的故事。

应用效果

本活动能够让学生在"玩中学""做中学"，增强对语音学习的兴趣。同时，拼单词竞赛要求学生应用单词拼写与发音规律，有助于他们更好地掌握单词读音；分享故事让学生有机会实际操练前元音的发音，使他们更加关注前元音在音长、张口程度及舌位高低方面的不同特点，从而能够更准确地区分英语前元音。

此外，教师还可以根据活动目标的具体需要和学生水平调整活动中的练习内容。例如，在第一个环节中可根据学生在发音方面的特定问题（如辅音发音问题、语调问题等）加以调整，在第二个环节中可以根据学生的水平和活动目标采用不同的故事分享方式。总之，该妙招稍加调整即可适用于各级各类外语课堂教学。

（南开大学王冬焱供稿）

第八招　一分钟演讲法

"一分钟演讲法"，
有效提升口才与自信，
为外语学习注入强劲活力！

妙招简介

一分钟演讲法（One-Minute Public Speaking Activity）是受"麦肯锡30秒电梯游说法则"（Elevator Pitch，简称"电梯法则"）的启发，结合一分钟管理法设计而成。电梯法则是由美国著名的投资管理机构麦肯锡公司独创的培训方法，要求员工能在电梯运行起止的30秒内把某一结果表达清楚。一分钟管理法则出自《一分钟经理人》（*The One Minute Manager*）一书，强调"一分钟目标、一分钟赞美、一分钟更正"三个方面。一分钟演讲法包括一分钟目标、一分钟演讲和一分钟总结三个环节，旨在解决学生在进行课堂展示中出现的演讲能力不足、时间管理意识欠缺的问题。

适用范围

本妙招可用于初中、高中和大学不同外语学习阶段，包括初中、高中的拓展课、大学的口语课以及各类课型的课前演讲活动，班级规模不限。

活动目标

目标1：通过在一分钟内完成主题展示帮助学生掌握英语演讲的基本技能、常用句法及表达方法，同时锻炼学生选词造句的能力。

目标2：通过限时演讲的方式帮助学生培养英语口语表达能力时直奔主题的语篇思维模式，能够流利、准确、有理有据地表达个人观点。

实施步骤

以英语演讲课程为例，假定教师计划按照不同演讲类型（如介绍性演讲、说服性演讲、仪式性演讲等）开展课堂教学，一分钟演讲法可以作为讲解每种演讲类型前的预热活动，即引导学生围绕某一演讲类型进行课前自学，并根据自己的理解设计和实施"一分钟目标、一分钟演讲和一分钟总结"活动。

假定预热活动围绕仪式性演讲类型展开。该类型的演讲是指在各种仪式和庆典活动中进行的演讲，如毕业典礼、开幕式和颁奖典礼等。

第一步，设定一分钟目标。学生个人或小组共同制定演讲目标，并简明扼要地将目标描述出来，使学生快速明确目标，做好聆听演讲和参与互动的准备。仪式性演讲预热活动的目标设定既要遵循"直奔主题、框架思维和凝练语言"三个原则，又要体现仪式性演讲的表达特点，并尽量具体化、量化。例如：1) 使用庄重、庆祝和感恩的语气；2) 使用仪式性演讲的常用表达至少两次；3) 时间控制在一分钟内；4) 忘词次数不超过两次。在课堂上用一分钟时间将所制定的目标讲述给同学们，并请他们在互动中提出批评和建议。

第二步，展示一分钟演讲。学生自拟演讲稿，由个人或小组推选一人进行课堂演讲，在一分钟内完成演讲。在仪式性演讲预热活动的演讲展示环节中，要创设真实的仪式场景，如毕业典礼，并赋予学生扮演演讲嘉宾角色、其他学生扮演毕业生或参会人等角色的权利。可以根据活动目的或学生水平，适当延长演讲时间（1到3分钟为宜）。

第三步，进行一分钟总结。在演讲后的互动环节中，比照设定的目标，学生观众就一分钟演讲的表现进行评价，包括指出问题、给予改进建议和分享收获等，同时展示人或小组进行自评。教师适时对学生的讨论进行点拨，推动讨论深入开展，并注意控制互动时长（5到10分钟为宜）。最后，由展示人或小组整理出一份活动总结，并在一分钟内宣读给学生，为后续师生有针对性地解决仪式性演讲学习中的疑难点提供参考。

应用效果

正所谓"台上一分钟，台下十年功"，一分钟演讲法能够激励学生设定目标、认真练习，在演讲前充分准备，在演讲中能够做到自信展示，提高时间管理意识，实现语言使用能力和逻辑思维能力的双重提升。为了提升活动效果，可以要求学生反复多次预演，在课前将演讲稿及预演录像上传至课程学习平台，教师抽查并及时反馈指导。

（南开大学翟宇供稿）

第九招　4/3/2 口语流利法 [1]

不同的对象，同样的话题内容；
递减的时间，打造流利的口语！

妙招简介

4/3/2 口语流利法（4/3/2 Fluency Activity）最早由 Maurice（1983）设计，指外语学生将熟悉的同一话题讲给三个不同的对象听，每多讲一次，所给的时间就少1分钟，即从4分钟先递减到3分钟再递减到2分钟，旨在提高外语学生口语流利性。活动中的重复讲述不是机械地重复讲述，而是一种创造性、有意义的重复讲述。在练习中，学生要将自己的观点讲给不同的听众，并将信息进行相应的浓缩。

适用范围

本妙招既可用于外语听说课，学生水平和班级规模不限，也可用于学生在课外进行口语自主训练；可以单独进行，也可以和其他人合作练习口语。

活动目标

目标1：通过课堂上组织学生依次与多个不同的语伴（language partner）进行互动交流，讲述同一主题，不优化口语表达质量，保证课堂生生互动的效果，提升学生口语表达自信心和流利度。

目标2：提升外语课堂上学生的参与度和积极性，增强口语教学课堂活力，提高学生口语交际自我效能感和交际意愿。

实践步骤

第一步，介绍方法。教师先介绍4/3/2口语练习方法，可根据课程的具体教学内容和学生水平提供相关的话题，组织学生组成练习小组，事先确定交换伙伴的顺序（或正向或反向依次进行），为下一步进行4/3/2口语练习做好准备。

第二步，课堂练习。课堂练习分为三轮，第一轮是4分钟练习。小组中一人就所选话题向伙伴讲述4分钟，然后交换角色，再听伙伴就其所选话题讲4分钟。伙伴可相互借鉴，相互学习。第二轮是3分钟练习。小组成员交换练习伙伴，练习者就同一话题与新伙伴重复上述步骤。与第一轮不同的是，第二次讲述的时间

1　本妙招已发表于《4/3/2口语练习法之能为与不能为》，《现代外语》2002年第4期，第418-422页。

限定为3分钟。第三轮是2分钟练习。学生再次交换练习伙伴，重复上述步骤，时间缩短至2分钟（如图1所示）。

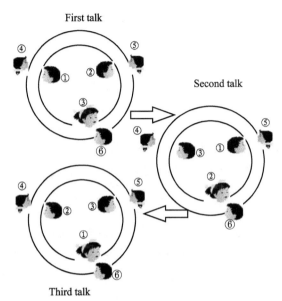

（注：①②③为说者，④⑤⑥为听众，说者面向听众讲述）

图1　4/3/2口语活动示意图（周爱洁，2002）

应用效果

4/3/2口语活动较受学生欢迎，能有效提升英语口语表达的流利度。值得注意的是，这种有意义的重述可以促使学生将学到的知识变成程序化知识（procedural knowledge），促进学生语言提取自动化（automaticity），进而提升语言输出的流利度（周爱洁，2002）。

在具体应用中教师可根据学生的具体情况和具体需求进行改编，设计出个性化的口语练习活动。张文忠（2002）、周爱洁（2002，2006）、孟凡韶（2009）等一线教师曾将这一方法付诸实践，进行了多轮课堂实验并发表了相关研究报告，研究结果表明，学生重复机会越多，语言流利度和准确性就越高。Price（2014）将4/3/2模式进一步拓展到语言评估领域。4/3/2口语流利法的有效性由此可见一斑。

（南开大学张文忠供稿）

第十招　SEE-I 表达法

用 SEE-I 模式，为口语活动搭起脚手架，
理清语言表达思路，提升学生思辨能力。

妙招简介

SEE-I 是由美国思辨研究专家 Richard Paul 和 Linda Elder 提出，是一种用批判性思维模式来组织思路和语言的方法。SEE-I 表达法（SEE-I Technique）旨在科学指导学生阐释清楚某一观点、理念或者想法，帮助学生理清思路、锻炼其思辨能力。其中，SEE-I 分别代表 State（陈述）、Elaborate（阐述）、Exemplify（举例）和 Illustrate（举例说明）。具体来说，学生首先对某一概念观点、理念或者想法进行简洁陈述（S），然后用自己的话进一步阐述概念要表达的观点、理念或者想法（E），再辅以有力的例子与（或）相反的例子对观点进行论证和支持（E），最后通过隐喻、类比等修辞手法或图表、图画等强化或者升华概念（I）。

适用范围

SEE-I 法适用于外语口语、写作、即兴演讲训练等多种课程类型，也可用于学生在口语和写作方面的自主学习，在课外自主按照 SEE-I 模式进行语言输出练习。学生需要有一定的外语水平，班级规模不限。

活动目标

目标 1：针对学生口语表达时"无从开口"的困局，帮助学生提升外语口语水平，锻炼其逻辑思维能力和辩证思维能力。

目标 2：规范学生的语言输出，帮助学生通过不断的范式练习提高语言表达文本的系统性和语言质量。

实践步骤

以口语和即兴演讲课课堂讨论为例，主题为"What is curiosity?"，可按如下步骤进行语言组织和阐释。

第一步，陈述。用一两个句子简要概述观点、理念或者想法，如"Curiosity is the desire to know about something."。

第二步，阐述。用自己的语言进一步解释，如"In other words, it is a state in which you want to learn more about something."。

第三步，举例。提供具体的例子或相反的例子进一步进行佐证，如 "For example, we may feel curious about something in our lives, and Newton's curiosity led him to so many great discoveries."。

第四步，举例说明。借助影像、图片、图表展示理念或者想法，或使用隐喻或者类比的方法进一步说明自己的观点或者理念，如 "It is like a lighthouse which could guide people to find the unknown."。

应用效果

SEE-I 模式可有效帮助学生解决口语表达中出现的"明明心里有理有据，却不知从何说起"的问题，能够丰富口语表达内容，有理有据地阐释问题或展开讨论，也可以解决学生在写作时无从下笔、表达逻辑不清、思路不明的难题。此外，SEE-I 表达法还可以与思维导图、流程图等信息组织图相结合使用，可以使学生更加有效地进行口语表达和书面表达。

（青海大学祁雅婷供稿）

第十一招 "由点到面"口语练习法

"由点到面"练习口语，
循序渐进构思篇章。

妙招简介

"由点到面"口语练习法（Surface-from-Point Speaking Activity）借鉴英语作文的五段式篇章结构，以口语输出的形式锻炼学生对这种英语篇章的构思能力，旨在促进学生开口说英语，快速构思篇章，同时也是专门为了帮助学生练习五段式作文的组织结构和展开段落而设计。特别注意的是，这一口语活动是限时的，学生独自完成活动有一定困难，需要多人以小组合作的方式完成。

适用范围

本妙招适用于大学英语口语课或综合英语课，学生具有初级英语水平、能够进行基本的交流即可，班级规模不限。

活动目标

目标1：引导学生开口说英语，提升学生的口语表达能力，锻炼学生口语表达中的篇章意识和语言组织能力。

目标2：在教师的组织和协调下使学生坚持合作练习，提升团队合作意识，改善外语口语课堂生态。

实践步骤

第一步，头脑风暴。教师根据单元或本节课的教学主题，请每位学生迅速说出一个与主题相关的英语词汇，比如与 friendship、globalization、leadership 相关的英文词汇。

第二步，个人语言陈述。每位学生用单元或本节课教学主题以及自己给出的词造一个句子。比如，学生给出与 friendship 相关的词是 support，那么他的句子可能是"Friendship is a source of support."。

第三步，结对练习。学生告诉伙伴自己为什么需要朋友，或者为什么批判性思维很重要，用故事或自己的亲身经历来支撑自己的观点。

第四步，小组演讲活动。三位学生为一组，用10分钟时间准备一个小组演讲，题目是"Three_____"。要求每位学生负责一段，也就是一个论点。10分钟之后，随机点名学生到前台脱稿演讲。

第五步，话题演讲。小组根据话题演讲，例如设定一个题为"Three reasons why college freshmen need friends"的演讲，教师给出演讲要求，例如"You have 10 minutes to prepare a group speech. Each of you in the group is responsible for the organization and delivery of one reason, but with your joint effort. It should be a well-organized speech as a whole."。教师也可提出更为具体的要求，比如"Each of you must speak about one minute.""There must be a topic sentence for each point. The topic sentence should be supported with an example.""There should be some connection and transition between different points."。教师还可以提供一个简短的开始段落，比如"Your speech should begin with 'Everyone has friends. There are three major reasons why we need friends.'"。

应用效果

这一活动可以锻炼学生快速构思篇章的能力，通过不断练习学生可以深入了解五段式英文作文框架。随着练习次数的增加，在活动的第二个环节，教师可以指导学生使用and、but、however、although、even if、while、as a result of等路标语言（signpost language 或 signposting language）输出语句更长、句法结构更复杂、内容信息量更丰富的句子。

　　在小组活动中，如果小组有两个人，那么可以只做两段；如果有四个人，那么可以做四段，或者请其中一位学生完成开篇和结尾，另外三位学生完成主体段落。这个活动重点是训练学生快速构思语篇和口语表达的能力，在初期有一定的难度。例如，刚开始学生产出的段落可能互不关联，段落之间缺乏联系和过渡，或各自的叙事视角、所使用的人称可能不一致，建议教师面对学生的语言、内容和逻辑等方面错误等多一些宽容和积极的回应，可以每次只给出一两个需要重点改善的方面，而不必面面俱到，以免让学生产生挫败感，影响其交际意愿。在教师的指导下，随着训练次数增多，学生在口语表达过程中会更加默契、顺畅，语言文本的质量会逐渐提高。

（天津商业大学刘艳霞供稿）

第十二招　拆分－合并法

话题拆分－合并，小组协作分工，
学生积极互动，听说能力提升。

妙招简介

　　拆分－合并法（Decomposition-Combination Technique）是指教师先将某一完整的视频材料进行拆解，然后分发给不同的小组进行讨论，最后各小组合作，补全信息并复述内容，通过分工合作的方式帮助学生对相关知识点或话题进行深度理解和掌握。

适用范围

　　本妙招适用于初中、高中及以上的外语视听说课程，学生应具备初级口语表达能力，班级规模不限。

活动目标

　　目标1：通过布置具体视频拆解任务，督促学生在课内外进行精细化听力练习，引导学生根据自身的兴趣和具体水平进行个性化自主学习，培养学生的自主学习能力。

目标2：通过小组分工合作的方式增加外语课堂互动，提高学生参与课堂活动的积极性，锻炼学生的信息分析和整合能力，提升口语课堂学习效能。

实践步骤

第一步，观看视频。以"Asthma"这一话题为例，可以先将它拆解成几个小部分（比如Causes、Symptoms和Treatment三个部分），通过播放视频材料给相应的小组（比如A、B、C三组），规定每个小组关注话题的一部分。

第二步，组内讨论。观看完视频后，各小组内部先进行讨论补充，完善答案（A、B、C小组完成自己负责的部分，各小组学生应能够对自己负责的部分进行复述）。

第三步，组间交流。讨论结束后，各小组成员与另外两组成员交流（如A组里的成员A1寻找B组成员B1和C组成员C1，三人固定合作或轮流合作），了解并补全关于该话题的所有完整信息，各小组学生把自己负责的部分复述一两遍。

第四步，复述内容。最后给所有成员时间进行信息整理，并从三个小组中随机抽取三位学生进行完整的复述，夯实所学的知识。

应用效果与建议

拆分-合并法是一种合作式学习方法，通过分工合作的方式完成对视频材料的深度学习，在信息互补和分享的过程中达到口语输入与输出的目的，能有效地调动学生的参与积极性，活跃视听说课堂的气氛，构建良好的听说课堂生态。拆分-合并法还可以用于外语阅读和写作教学中，将阅读材料拆分、合并，让学生分组学习和讨论，然后各小组将信息综合起来，写出综述文章。

（天津医科大学徐娜娜供稿）

第十三招　TPS口语教学法

我独立思考，我们课堂讨论；
咱生生互动，咱们共同成长！

妙招简介

TPS 口语教学法的全称为 Think-Pair-Share 口语教学法。该方法由马里兰大学 Frank Lyman 于 1981 年首次提出（Lyman，1992），指教师通过组织和引导学生针对某个话题进行自由思考、分组讨论和课堂分享的一种口语教学活动，能有效提升学生的课堂参与度，帮助学生合作练习口语交际和思辨能力。

适用范围

本妙招适用于中高级外语水平的外语学生，可作为口语课前热身活动，或者听力课后学习、应用活动，班级规模不宜过大，中等为佳。

活动目标

目标1：为口语课堂热身，激活学生头脑中先前学到的语言知识，提高学生的课堂参与度，增强班级的课堂活力。

目标2：通过组织和引导学生独立思考、课堂讨论和分享，锻炼学生的公开演讲能力和思辨能力。

目标3：通过 Think-Pair-Share 模式把握外语口语课堂节奏，提高外语课堂教学效能。

实践步骤

在实际教学中，可分如下四步进行。

第一步，头脑风暴（Brainstorming，即 Think 环节）。教师给定一个与学生日常学习生活密切相关的主题词（如 Procrastination）或者提出一个具有一定挑战性、思辨性的问题，要求学生独立思考，进行头脑风暴。学生在 5 分钟内写下能联想到的任何词语或观点，或绘制简单的思维导图。

第二步，分组讨论（Group discussion，即 Pair 环节）。学生可分为两人一组，用 5 分钟左右的时间交流观点，相互学习，丰富对该主题词或问题的认识。

第三步，课堂分享（Class presentation，即 Share 环节）。教师鼓励学生主动分享讨论成果，或者以趣味抽签的方式请学生进行课堂分享，被抽到的学生向全班分享自己的思考、从同伴身上获得的新知识以及两人讨论后的成果。

第四步，教师总结。教师总结点评，对话题讨论进行补充，引导学生进一步思考，从而帮助学生进行系统复习，夯实所学到的语言知识。

应用效果

TPS口语教学法的四个步骤环环相扣，可促使每位学生独立思考，积极主动参与互动，在讨论和分享过程中提升语言组织和表达能力，在独立思考和观点碰撞中提高思辨能力，在协作共享中发现语言学习的乐趣，提高口语课堂效能。

（商丘师范学院董雅莉供稿）

第十四招　"你说我猜"电影名

外语课堂介绍电影，
学习事物如何界定，你说我猜课堂破冰。

妙招简介

"你说我猜"电影名（Movie Guessing Game）通过"一人描述，全班猜"的口语活动，让学生在轻松的交流中掌握定义事物的方法，了解电影的中英文名称。本妙招旨在从兴趣入手，鼓励学生开口发言，锻炼学生用外语清晰描述事物的能力。

适用范围

本妙招可以作为外语口语课堂的热身活动，或学术英语课程中"如何下定义"（How to write a definition）讲解环节或翻译课程中电影译名翻译方法的口语活动。适合初中以上的英语学生，要求学生能进行基本的口头交流，班级规模不限。

活动目标

目标1：通过"你说我猜"电影名活动为口语课堂破冰，活跃课堂，使学生快速进入学习状态，为课堂教学活动的深入开展做准备。

目标2：引导学生掌握事物、术语、概念的界定方法，提升口语表达的准确度。

目标3：通过对电影名原名、译名展开课堂讨论，帮助学生深度学习相关语言文化知识。

实践步骤

第一步，教师讲解相关知识。教师讲解事物的定义方法（如图1所示）并举例说明，比如hamburger可以定义为"a kind of fast food that is made of meat and bread"。

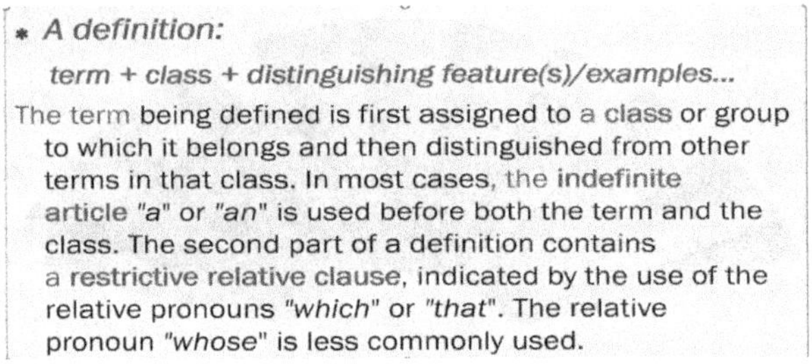

* A definition:

term + class + distinguishing feature(s)/examples...

The term being defined is first assigned to a class or group to which it belongs and then distinguished from other terms in that class. In most cases, the indefinite article "a" or "an" is used before both the term and the class. The second part of a definition contains a restrictive relative clause, indicated by the use of the relative pronouns "which" or "that". The relative pronoun "whose" is less commonly used.

图 1　教师讲解定义方法示例

　　鉴于活动主题为电影名竞猜，教师要提供关于电影类型的英文词汇，如恐怖片（horror film）、戏剧（comedy）、爱情片（romance film）等。

　　第二步，"你说我猜"电影名。该部分的活动可分为三步，前两步学生可以单人进行，也可与其他学生合作完成。首先将一部电影的中英文名称写在纸上，然后使用"下定义"的语言组织方式将电影内容简单描述给全班同学，之后提问"Do you happen to know about the film/movie? What is it?"，最后其他学生举手回答，答对中文名称或英文名称可得1分，中英文名称全部答对可得2分。得分最多的学生可以获得到教师提前准备的小奖品。

　　第三步，学生讨论电影的中英文名称。揭晓答案后，教师可引导全班学生简单分析所涉及的电影名称，比如电影原名是否蕴含文化意义，电影的译名是直译还是意译，翻译是否恰当，是否有更优译名。这一步全班参与，对相关议题展开讨论。

应用效果

　　该妙招兼具知识性和趣味性，学生不仅能够学习事物的定义方法和电影类型的英文名称，同时由于活动主题与生活密切相关，学生参与的积极性高，开口表达的欲望强烈，课堂充满欢声笑语，讨论气氛热烈，对电影译名也有全新认识。该妙招能够提高学生英语学习的动机，增强口语自信。

（南开大学刘佳供稿）

第十五招　"九宫格漫画"多模态口语练习法

口语课堂难开口？话题讨论无法展开？
试试"九宫格漫画"多模态口语练习法吧！

妙招简介

"九宫格漫画"多模态口语练习法（Comics-Based Multi-Modal Speaking Activity）利用九宫格漫画开展多模态口语教学，从视、听、说多感官激发学生的兴趣，组织和引导学生关注相关口语话题展开方法，锻炼发散思维，增强小组学习及反思。

适用范围

本妙招适用于英语口语教学的各个阶段，学生具有初级英语水平即可，班级规模不限。

活动目标

目标1： 通过漫画形式从视、听、说多感官激发学生的学习兴趣，通过漫画排序等真实交际任务提高学生的口语表达积极性，有效提升外语口语课堂活力和教学效果。

目标2： 通过角色扮演和课堂展示强化课堂互动，提高学生的课堂参与度和语言交际意愿。

目标3： 通过总结和相互学习促进和鼓励学生进行反思性学习，巩固强化课堂学习效果。

实践步骤

第一步，准备漫画。教师课前准备与授课主题相关的九宫格漫画，打乱图片顺序（如图片上有配文的话，可利用修图软件将其去除）。

第二步，漫画排序。课上教师给学生展示已被打乱顺序的漫画，学生分小组用英语展开讨论，判断漫画排序是否正确，如有必要重新排序并陈述理由。

第三步，漫画配文。各组针对自己构思的顺序，用英语给漫画配文，然后选派代表读出配文，请其他小组根据听到的内容排列图片顺序，最先抢答对的小组得分。

第四步，角色扮演。教师提供四格漫画原始顺序，并给出原始配文。各小组根据给出的图片顺序和配文自由发挥，设计台词，并进行角色扮演。各组按照上一阶段得分由低到高的顺序上台展示。每组都需要记录其他组在语言、内容和结构方面的闪光点。

第五步，总结点评。教师总结漫画相关主题涉及的词汇和表达方式，并点评各组的表现，突出每组的闪光点。

应用效果

"九宫格漫画"多模态口语练习法通过学生感兴趣的教学材料，开展口语课堂教学活动，学生通过漫画排序、角色扮演不仅练习了口语表达，同时还能锻炼逻辑分析能力。这种口语教学活动能有效促进学生进行课堂互动和交流，学生乐于分享交流，交际意愿强，使口语课堂充满欢乐和笑声，有助于营造良好的课堂氛围。

（湖北工业大学曹欢供稿）

第十六招　口语课堂"王者是谁?"

TA是英语口语交际的焦点人物！
TA有何特点？ TA用英语如何表达？
我们在课堂寻找隐藏的"王者"！

妙招简介

口语课堂"王者是谁?"（Crowning-Touch Speaking Activity）受英国剑桥市Arbury Primary School的Ms. Merriman设计的教学活动启发设计而成。在英语口语课上，班级学生被分成若干小组，每组学生轮流当选今日"王者"。"王者"所在的小组成员用英语提供"王者"的相关信息。对方小组成员根据信息猜测谁是"王者"真人。

适用范围

本妙招适用于中小学英语口语练习，学生具备基础的语言表达能力即可。班级规模适中，人数不宜过多。

活动目标

目标1： 利用低龄学生的好奇心理，激发其外语语言表达欲和学习兴趣，提高他们参与课堂口语活动的积极性。

目标2： 通过课堂分享和交流个人相关信息，促进学生之间相互关注和彼此了解，有助于培养学生外语学习过程中的正面情感体验，进而提升班级凝聚力和口语课堂活力。

实践步骤

本活动分为课前准备和课上两部分，具体实施步骤如下（以三个小组为例）。

第一步，课前准备。首先，教师指定或学生自主选择当日的三位"王者"。各位"王者"和所在小组的成员用英语以问答形式交流自己的相关信息，比如外貌特征、兴趣、特长、性格、优点、经常露出的表情、喜欢的食物、学习情况、参与的活动、获得的奖项等。之后小组成员分工概括"王者"的碎片化信息。

第二步，课堂交流。"王者"所在的小组成员轮流用英语描述今日"王者"的特点。对方的两个小组成员可随时交流讨论，根据提供的线索随时猜"王者"的真身，最先猜对的学生获得"王者"准备的小礼物。

第三步，活动总结。被猜出的"王者"用英文致辞。

应用效果

口语课堂"王者是谁？"是一种有趣的英语课堂小组活动。用英语猜"王者"的身份，既需要学生在课前准备好相关信息，也要求有即兴的语言输出训练，同时还可以促进学生相互了解，在交流中增进感情，丰富语言学习过程中的正面情感体验，有效提升班级凝聚力和课堂活力，为新学期的小组活动打下良好的基础。

（天津师范大学徐承萍供稿）

第十七招　妙用名卡提问法

巧用姓名卡，缓解课堂提问尴尬。

改进教学法，实现课堂生态优化。

妙招简介

妙用名卡提问法（Name-Card Orientating Technique）针对课堂提问环节气氛压抑、没人主动回答问题的课堂现象，请学生当堂制作名卡，教师抽取名卡、随机提问。此妙招不仅能让课堂变得生动有趣、轻松愉快，还能够增进教师对学生的了解、拉近师生关系，尤其适用于学期伊始，教师还不熟悉班级情况之时，也适用于班容量较大的班级，有助于教师了解班级人员情况，方便在课堂上进行师生和生生互动。

适用范围

本妙招适用于中小学英语口语课堂，要求学生具备基础的语言表达能力，也可用在大学英语课堂的大班教学，班级规模不限。

活动目标

目标1： 帮助教师增进对班级学生的了解（如学生的姓名、英语水平、兴趣爱好等），有助于师生之间的课堂互动。

目标2： 提升学生的课堂注意力，有助于教师有效进行班级管理和师生互动，优化课堂生态，提升课堂教学效能。

实践步骤

第一步，课前准备。首先，准备纸张。教师课前准备好名卡用纸，尽量保证规格和尺寸一致，以便后续存放和使用。其次，备好画具。教师提供彩色铅笔和油画棒等，供学生绘制创意名卡。特别推荐油画棒，绘制效果佳且能长期使用。最后，提供样板。教师用自己绘制或者往届学生制作的名卡作为样板，供学生参考，可以在名卡上增加简短的自我介绍。

第二步，课上制作。教师首先展示名卡样板，并简要说明名卡制作要求，然后将名卡用纸发给学生绘制，教师监督、指导，保证字迹清晰、大小合适、画面美观，最后收回名卡和画具。

制作要求举例：1）两人一张A4纸，纵向对折裁开，每人半张；2）正面书写自己的中文名字（字号尽量大），背面描述性格、爱好等个人信息，中英文均可，鼓励个性化设计和配图（参见图1）。

图 1　学生名卡个性化设计和配图示例

第三步，使用名卡。首先，了解学情。教师阅读、欣赏每位学生的名卡，了解学生的基本信息和性格特点等，以便因材施教。其次，随机提问。教师收齐姓名卡后可以当堂抽取，请被抽到的学生进行自我介绍。在之后的课堂上也可以随时采用此方法进行随机提问。此外，在需要学生向其他同学提问的课堂活动中也可以使用名卡，既可以避免学生提前安排"托儿"或者只提问自己熟悉的同学，也可以化解学生不好意思向其他同学提问的尴尬。

应用效果

在制作名卡的过程中，学生"八仙过海，各显神通"，精心设计、书写和绘画，课堂气氛和谐愉悦。教师鼓励学生尽量用英语进行传借画具、讨论交流、互提意见等课堂活动。教师抽取名卡、随机提问时，学生虽然有些压力，但提问环节却因为使用姓名卡而变得更加轻松、流畅，有利于提升课堂教学效能。

（哈尔滨师范大学郝敏供稿）

第十八招　信息传递法

课前预习记笔记，课上信息再传递。

小组比赛围成圈，英语口语有助力。

妙招简介

信息传递法（Passing on the Message）是一种可用于课堂热身的小组活动，即组织学生通过信息传递的方式进行英语语音和听说训练。

适用范围

本妙招可用于英语听说课程、英语语音课程，还可用于其他课型，如英语阅读课上给学生布置预习任务后检查时使用，学生水平和班级规模不限。

活动目标

目标1：督促学生有针对性地进行课前预习，有效保证课堂学习效果，同时还有助于提升学生的批判性思维能力。

目标2：在信息传递和交流中增加课堂上的生生互动，锻炼学生的口语交际能力，在小组活动中提升学生的团队合作意识。

实践步骤

第一步，课前准备。教师提前布置课外作业，要求学生对所要学习的内容进行课前预习，将重要的内容记好笔记，作为课堂上信息传递的内容，为课堂活动做好准备。

第二步，课堂活动。学生按照班级容量的具体情况分成若干小组（小组数量为偶数）。每两个小组一起合作，围成内外两圈（如图1所示）。其中，一位学生将所记的笔记口头传给站在其右边的同学。两个小组同时进行信息交流和传递。

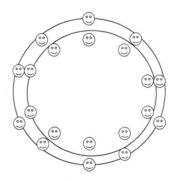

图1 课堂小组活动示意图

第三步，教师评估。教师按照一定的标准（参见表1）对各小组的表现进行点评，同时对所传递的信息内容进行分析和适度拓展。

表1 教师评估表（Teacher's Evaluation Chart）

Evaluation		1	2	3	4	5
Process evaluation	Students are able to make a good preparation before the activity.					
	Students are able to finish the tasks within the time limit.					
Effectiveness evaluation	Students are able to read the text fluently and clearly.					
	Students are able to understand the message and pass it on successfully.					

第四步，学生自评。学生按照特定的标准（参见表2）进行自我评估，反思所学的内容和信息传递中的表现。

表2 学生自评表（Students' Self-Evaluation Chart）

Self-Evaluation	Yes (√)	No (√)
I've made a good preparation.		
I can understand my teammates' message.		
I can tell my teammates the exact information.		

应用效果

信息传递法还被称为"Telephoning"，是指像打电话那样进行信息交流和传递，通过布置信息传递的任务有效地鼓励学生进行课前预习，同时能够在课堂的互动过程中训练学生的听力理解和口语表达能力。作为课堂热身活动，信息传递法是一种能有效增加生生互动、活跃课堂气氛的教学活动设计。

（华北理工大学吴艳供稿）

第十九招 SR反馈学习法

英语课堂展示中缺乏互动，
展示效果不尽人意？
SR反馈学习法可助您一臂之力！

妙招简介

SR反馈学习法（Scale-Rubrics Feedback Learning Strategy）是通过制定具体、精准的评价量规单来引导学生有效参与课堂生生互动的教学方法。本妙招基于《演讲的艺术》（*The Art of Public Speaking*）中Stephen Lucas提到的量规评价标准（Rubrics），包括量表评价标准和描述性评价标准（Lucas, 2007）。教师可结合学生在不同阶段的具体情况和教学要求制定相应的评价标准。

适用范围

本妙招可用于大学外语专业或非外语专业的演讲课、口语课或视听说课程。要求学生具备一定的英语表达能力，授课班容量中等，以25到30人左右为宜。

活动目标

目标1：通过使用具体的反馈评价表来帮助学生明确学习方向和目标，在实践中提高口语表达水平，掌握演讲技巧。

目标2：帮助教师为学生提供有效的纠正反馈（corrective feedback），提升课堂教学效能和学习自我效能感。

目标3：引导学生依据反馈表进行同伴互评，增强生生互动的效果，激发学生的语言学习能动性。

实践步骤

第一步，准备反馈单。教师要求学生每次课前准备一份量规反馈单（见表1）。内容包括反馈者基本信息、反馈内容的分项与评价标准，反馈内容包括从演讲声音控制、眼神交流与肢体语言、语音语调等到论点与论据的完整性、例证的充分程度和批判性思想的挖掘等。

表 1　量规反馈单

反馈内容	具体内容	Excellent	Good	Average	Fair	Poor
Vividness	voice, posture/delivery, eye contact and facial expression etc.					
Persuasion	relevance between arguments, reasoning, and evidence etc.					
Appropriation	wording/figure of speech etc.					
Structure	beginning/body/ending etc.					
Language	accuracy/idea clarification etc.					

还可以在反馈单上设计一些具有针对性的问题，如 "Was the speech well structured? Did the speaker conclude the speech to reinforce the central idea?"，可自问自答，更有针对性地帮助演讲者评判其演讲效果（如图1）。

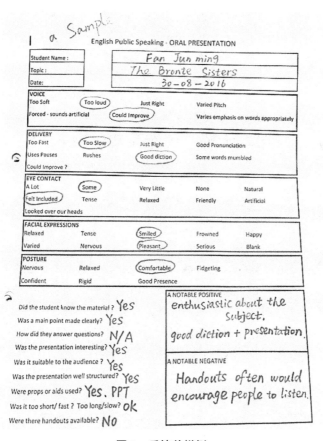

图 1　反馈单样例

第二步，记录反馈单。在演讲者（视频材料或学生现场演讲）进行演讲的过程中，听众可对照量规反馈单上的各分项进行选择和评判，并简要记录演讲者需要改进的问题。

第三步，反馈单口头反馈。展示结束后，听众可参照量规单，依次分小组用英语进行口头反馈。一位演讲者可安排四位学生进行评估反馈，时长以十分钟为宜。反馈内容可以是评论、提问，或给出合理化建议。之后，任课教师对语言表达和展示表现进行适当点评。最后，将量规反馈单交给演讲者本人进一步消化，对演讲语言和演讲技巧进行反思性学习。

应用效果

通过帮助学生制定量规反馈单，学生成为学习主体，其学习自主性和学习效率有显著提升。教师扮演的是学业促进者角色（Facilitator），组织和引导学生展开演讲和反馈等活动。SR反馈单的使用提高了学生的参与度，使同伴互评有据可依，增强了学生的学习能动性，学生更加乐于思考和总结，能够对英语演讲课起到较好的辅助作用。

（洛阳师范学院范俊铭供稿）

第二十招　创作英文口袋书

创作英文口袋书，
学生"做中学"，乐学又增能！

妙招简介

创作英文口袋书（Making a Pocketbook）是指学生以小组为单位、围绕社会热点或兴趣点、共同创作英文口袋书进行外语学习的一种教学活动设计。本妙招旨在引导学生完成真实的、有意义的任务，在完成任务的过程中提升英语口语表达和阅读理解技能。其特点是任务内容可自选，形式有趣，成果呈现方式直观可见，体现学生个性化，易于营造轻松愉悦的课堂学习氛围。

适用范围

本妙招适用于外语口语和阅读课堂，要求学生具有基础的英语口语表达能力，班级规模不宜过大，以30人以内为佳。

活动目标

目标1：通过个性化的口袋书创作，鼓励学生关注社会热点，锻炼其分析问题和思考问题的能力。

目标2：通过在外语课堂上交流和讨论，使学生能够进行批判性思考，有助于全人教育。

目标3：课前创作口袋书，使学生对课堂交流内容有充足的准备，进行口袋书的课堂展示与分享，有助于提升学生的自信，增强课堂互动和交流意愿。

实施步骤

第一步，课前准备。学生提前一周选定具体话题，阅读主题相关文献（包括给定材料和自选材料）。学生自由组建多人小组，构思口袋书的内容结构和插图设计等。

第二步，课上编写口袋书。教师课上给各组学生发放适量的彩纸，给大家示范制作简易口袋书（辅以制作视频），然后给学生发放画笔（学生可自带画笔），各组用英文讨论口袋书的设计思路和细节，确定标题、内容选择、图文搭配等，各展所长，分工协作绘制口袋书，并提醒学生口袋书文字以英文为主、中文为辅。

第三步，课堂展示成品。各组制作完成后自由交换口袋书，相互欣赏。之后，请各小组上台英文展示口袋书，教师和学生对各组成果进行提问、交流和评价。

特别提醒：可加入口袋书竞拍环节，例如课堂展示后向台下观众拍卖各小组的口袋书，"20 RMB a pocket book, who would like to buy? 20 RMB once, 20 RMB twice, 20 RMB three times, this pocket book is sold!"，以此来活跃课堂氛围，提升学生成果展示的成就感。

应用效果

本妙招已在"英语教学法"这门英语专业课上付诸实践。学生通过"做中学"切身体会到任务型教学法带来的学习效能。创作英文口袋书任务形式有趣（如图1的口袋书示例，学生以"Say 'No' to Behaviorist Addiction (BA)"为主题创作的英文口袋书），有助于提升学生的语言交际意愿和集体参与的积极性，有助于对所选话题的全面、深入的讨论。这种真实的任务和成果展示形式（如海报、广告页等）能够使他们获得较高的愉悦感和成就感。

图 1　口袋书示例（郑州商学院外国语学院 16 级英语专业学生制作）

（南开大学翟宇供稿）

第二十一招　故事接龙

故事接龙，课堂破冰；
言语交际，脑力互动！

妙招简介

故事接龙（Chain-Story Telling Activity）是指外语学生通过小组合作、用接龙的方式一起用外语即兴编故事。教师鼓励学生运用新学的外语表达，也可以进行天马行空式的想象，引导学生编一个或离奇、或冒险、或搞笑的故事。

适用范围

本妙招在各个学段的外语听说和课阅读课上均可使用，学生具备基本的语言表达能力即可，班级规模不宜过大。

活动目标

目标1：通过讲故事的方式激励和引导学生进行语言输出和信息交流，提高口语交际能力。

目标2：激活学生头脑中的事实性知识，在真实语境中将所学知识付诸实践，将所学的语言知识在头脑中内化为程序化知识。

目标3：用故事接龙的方式提升英语学习的趣味性，使学生能够享受学习过程和学习乐趣，给学生带来正面的情感体验，同时增加课堂活力和课堂参与度。

实践步骤

第一步，组队接龙。全班以小组为单位准备接龙，两三位学生为一组组建接龙小队，可以自由组队，也可以由教师分配队员。

第二步，故事情境激活。教师给出故事首句，可以与所讲课程主题相关，以具有情境启发性的句子为佳，如"Once upon a time, there was a lake …"。

第三步，故事拓展。小组成员按照 A-B-C-A-B-C 的顺序循环讲故事接龙，每人讲两三句，当某位学生的讲述思路受阻时，同伴可通过提问的方式帮助该生继续推动故事进展。

第四步，故事汇总。小组成员将接龙语句汇集起来，理清思路和逻辑，共同编辑和整合成一个完整的故事。

第五步，分享和评优。不同小组将本组故事分享给全班，由学生投票选出有特色的故事，如"最惊险的故事""最有爱的故事""最温馨的故事""最浪漫的故事"等。

应用效果

故事接龙活动能有效活跃课堂气氛，增强班级和小组的凝聚力。在课堂实践时，教师可根据班级人数进行分组，每组成员不宜过多，通常为两人或三人一组，每人贡献两三句接龙故事，然后各小组合作将故事进行梳理和整合，保证活动的互动性、参与性和趣味性。

（天津师范大学徐承萍供稿）

第二十二招 He-She 面具法

口语表达 he/she 易混淆？

机械操练没效果？

He / She 面具法助您一臂之力。

妙招简介

在口语表达中，一些英语初学者往往混淆人称代词 he 和 she。He-She 面具法（He-She Mask Speaking Activity）的设计初衷就是帮助初学英语的小学三年级学生更好地区分英语人称代词第三人称单数阳性形式 he 与阴性形式 she。本妙招将单纯的语法操练融入真实的交际活动中，激发学生对听说训练的学习兴趣。

适用范围

本妙招可用于英语口语课程和语法课程，适用于英语初学者，特别是在口语表达中经常混淆 he 和 she 的学生。该方法既可在课堂上使用，也可用于学生的课外自主学习，班级规模不限。

活动目标

目标 1：帮助学生在口语表达中正确使用 he 和 she，减少或避免学生受"他"和"她"在汉语口语表达的负迁移影响。

目标 2：将语法学习与真实的交际语境结合起来，通过高频度操练强化 he 和 she 的使用和信息在头脑中的内化，有效提高口语表达的准确性。

目标 3：通过使用面具增强口语课堂的趣味性和生生互动，提高学生对英语口语练习的兴趣。

实践步骤

第一步，建立小组。课前，教师在班内建立若干听说训练小组，确保各组由成绩较好的学生担当首任组长，且同一组内包含语言基础不同的学生，以促进组内互助。

第二步，组内练习。请一位组员戴上面具，组长指着该组员并运用操练句型"Who is this boy? /Who is this girl?"进行提问，其余组员则以操练句型"He is ... / She is ..."进行回答。每位组员轮流担任组长，组织操练。

第三步，全员互动。各组完成训练后，教师邀请各组上台展示。上台的小组成员全部戴上教师准备的有趣的面具，组长指着戴面具的某位学生，用"Who is this boy? /Who is this girl?"提问，台下学生回答"He is ... / She is ..."。如回答正确，组长说 Bingo；若台下学生回答错误，组长则说"No, he is ... / No, she is ..."，同时请该学生摘下面具，揭晓答案。

第四步，评价反馈。教师通过计分制对各小组进行评价，给积极上台展示和台下认真回答的小组加分，并辅以多样化的评语激发学生组间的竞争学习，以鼓励其练习口语表达。

应用效果

He-She 面具法为学生创设了询问对方身份的交际需求，构建了仿真的交际活动，使学生得到大量输入、操练和上台展示的机会。使用本妙招后，学生在听说课堂上的参与度非常高，经过练习能流利地运用操练句型进行交际，并且对he与she的区分有了更为直观的印象。研究结果表明，这种通过直观形象的练习方法对中国学生英语第三人称代词在口语表达中的正确使用方面是有效的（李玉平、韩丽娜，2010）。

（广州市增城开发区小学伍韵诗供稿）

第二十三招　口头日记法

口头日记法，每天五分钟。
打卡练口语，惠及你我他。

妙招简介

口头日记法（Audio Journaling Technique）是将学生分为学习小组，在任课教师或课代表的监管下，进行每天5分钟的"口头日记"打卡，用最简单的"随时说""随口说""随心说"方式来调动他们开口说英语的积极性，使学生在教师的指导和监管下提升英语口语表达水平，拓展英语演讲与辩论能力。

适用范围

本妙招适用于大学一年级新生，特别针对英语书面表达能力尚可但口头表达能力较弱的学生，既可用作口语课堂活动，也可用于学生课外的口语自主学习。

活动目标

目标1：通过口语日记的方法督促学生在课堂内外进行英语口语练习，规范和管理学生的口语操练时间和投入。

目标2：用口头日记的方式降低学生在用外语进行口语表达时的焦虑和压力，提高其口语学习的主观能动性和口语交际意愿。

实践步骤

第一步，介绍方法。教师在课堂上宣讲口头日记法的操作方式、要求和益处，可为学生提供范例，然后在课堂上进行第一次练习。

第二步，明确要求。要求学生每天花5分钟时间自主运用口头日记法练习英语口语，主题和内容不限。全班学生在微信群或其他网络平台上打卡，教师也可以和学生一起打卡，实现教学相长。

第三步，课堂展示。每周英语课一开始即请学生分组上台展示，随口说1分钟英语，教师对展示内容和语言表达进行点评和反馈。

第四步，期末汇报表演。教师可根据学生练习过程中出现的问题对教学方法进行更新和推进。在期末时，组织学生进行口头日记竞赛和汇报表演。

应用效果

学生通过拆分和降低难度的"说英语"方式练习口语，取得了可喜的实际效果。学生对英语口语的亲近程度大大增加，更喜欢和享受"说英语"。在学习小组的打卡竞争、课前展示、定期指导中，教师欣喜地见证了学生在语言学习方面的成长。有的学生从第一个月的每天5分钟开始坚持到期末时每天15分钟，英语口语水平（如语音语调、词汇、语法、主题、逻辑、思维和流利度等方面）得到了明显的提升。

（湖南工商大学梁晓供稿）

第二十四招 "迷你辩论"口语提升法

学生英语课堂口难开？
五个环节，原为提升口语来！

妙招简介

"迷你辩论"口语提升法（Mini-Debate Speaking Activity）旨在引导学生开动脑筋思考问题，张开嘴巴讲英语，改善其开口难、难开口的课堂学习状态，引导和鼓励学生在"领任务、备话题、查资料、迎辩论、上实战"五个环节中充分发挥主观能动性，通过不断的实践练习提高英语口语表达能力。

适用范围

本妙招适用于各个阶段的外语听说课程，学生应具备初级英语口语水平，班级规模不限。

活动目标

目标1：通过组织与教学主题相关的辩论活动将课堂教学内容进行有效拓展，鼓励学生对教学内容进行深入思考、分析和实际应用。

目标2：通过辩论的方式提升学生口语表达的积极性，增强团队合作意识，提高英语课堂活力，同时锻炼学生的逻辑思维和思考能力。

实践步骤

第一步，领取任务。教师组织学生完成分组分工，确定裁判及每个团队中的领队、辩手、资料收集员、观察员、写手和智囊团等角色，明确任务，为下一步的迷你辩论打好基础。

第二步，准备话题。教师根据"延伸教学主题，连接时代故事，触及学生情感"三要素，确定迷你辩论的话题。例如，在完成Business Card教学项目后，作为口语延伸训练，教师可以"E-Bizcards VS Paper Bizcards"为题，组织实施迷你辩论活动。

第三步，查阅资料。各小组通过多渠道查阅、收集相关素材，整理、提炼后形成对论点的佐证材料，为下面的辩论做准备。

第四步，迎接辩论。各小组内部先开展模拟训练，熟悉相关材料，梳理完善论据间的逻辑体系，同时练习英语语音语调、规范辩手的动作姿态等，迎接最终课堂实战环节。

第五步，实战辩论。课堂实战共包含辩手辩论、评委评议、教师点评、颁奖仪式四个环节。在辩论环节，辩手按流程实施辩论；在评议环节，学生评委给出评议结果并阐明评审缘由；在点评环节，教师分享辩论的精彩瞬间，表扬好问题、好观点、好方法，给予学生认可与鼓励，同时对语言表达进行点评和反馈指导；在颁奖环节，教师对表现突出的团队与个人给予证书、徽章或者积分奖励，给学生带来积极正面的情感体验，形成语言学习的良性循环。

应用效果

这种迷你辩论并非正式的辩论，因为活动不以辩论的输赢为目标，对语言的准确性与流利度也不做过高要求，而以实用为主、够用为度，以帮助学生开口讲英语为核心要务。课堂实践证明，"迷你辩论"活动可以充分调动学生的口语表达积极性，打破英语课堂"教师讲、学生听"的被动状态，变单项输入为多向交流，真正使学生成为学习主体。

（宜宾职业技术学院陈艳供稿）

第二十五招　合作式 QQT 学习法

外语学习不能单打独斗，
合作学习结构来帮忙！
Quiz-Quiz-Trade 提升课堂活力，
你问我答锁定学习盟友！

妙招简介

合作式QQT学习法（Cooperative Quiz-Quiz-Trade Technique）是一种促进合作学习的课堂小技巧，以口头问答形式开展小组活动，练习英语口语。此妙招基于Kagan（2009）提出的合作式学习结构（Cooperative Learning Structures）四大原则（PIES）：1）积极互赖（Positive Interdependence）；2）人人尽责（Individual Accountability）；3）参与机会均等（Equal Participation）；4）同时互动（Simultaneous Interaction）。

适用范围

本妙招适用于小学英语及以上阶段的英语口语教学，也可以用作英语阅读课堂的预习或课后拓展活动，要求学生能进行简单的口语问答，班级规模不宜太大，35到40人为最佳。

活动目标

目标1：促进英语口语课堂的合作式学习，增加学生对英语学习的责任感和积极性，提升口语课堂活力和教学效能。

目标2：通过高度结构化的互动模式确保学生在课堂活动中参与机会均等，最大程度上实现学生的公平参与，创建良好的英语课堂生态。

实施步骤

学生课前进行输入练习，如预习课文、准备好相关问题。然后把问题写在卡片（或纸张）上，以备课堂问答活动使用。QQT学习法的课堂实践步骤如下。

第一步，寻找语伴。每位学生站起来（Stand up），一只手拿卡片，另一只手举起（Hand up），在教室随意走动，寻找另一个正在举着手寻找伙伴的学生，二人拍手（Pair up）成为一组。

第二步，互问互答。学生A和学生B阅读对方卡片上的问题，然后相互回答。回答正确，互相鼓励；回答不正确或不完整，互相帮助。在具体实施中，可要求每位学生在卡片背后写上答案或者提示答案的关键词。

第三步，交换语伴。学生A和学生B问答完毕后交换卡片，然后分头举手去找另一位学生完成问答活动，以此往复。活动时长可由教师视具体情况而定。

应用效果

QQT学习法基于美国学者Spencer Kagan提出的合作式学习结构，能非常有效地活跃外语课堂氛围，有利于培养学生的团体合作和竞争意识，也有利于培养学生口语交际和解决问题能力的发展。Kagan的合作式学习结构中还有另一种形式，称为"拍手分享"（Stand up – Hand up – Pair up）。这种形式无需卡片，学生直接进行口头问答。

（浙江工商大学丁仁仑供稿）

第二十六招 移情互动交际法

外语交际不自信？不地道？交际焦虑？
"移情互动"呈现真实交际语境！
精练口语，合作为影视配音，
登公演舞台做学习明星！

妙招简介

移情互动交际法（Empathetically-Interacting Communicative Method）由法国对外法语教育学者Gisèle P. Ducros在20世纪80年代提出，在欧洲、美洲、非洲等多个国家付诸实践，教学效果显著，后得到法语教学法领域同领域专家推崇，风靡法语国家大中小学（Pierra, 2006）。

原版的移情交际教学法以诗歌、戏剧等艺术形式作为教学法设计的承载主体。本妙招基于同样的教学理念进行改编，以优选影视配音为主要形式的教学设计，主要针对学生外语口语不地道、语速慢、交流焦虑等常见难题，巧妙地利用原文影片配音的形式，学生"入"他人（扮演角色）之"皮囊"，"讲"他人之话语，通过移情的方式锻炼口语，从而提升其真实语境下的跨文化交际能力和外语沟通技巧（Ma & Montpellier, 2019）。

适用阶段

本妙招可用于各语种、各学段的外语口语教学，也可作为其他课型（如阅读课）的补充拓展训练活动。学生具备初级语言水平即可，班级规模和课型不限。

活动目标

目标1：通过角色扮演环节缓解外语口语表达过程中产生的交际焦虑，利用原文配音的方式帮助学生进行正确的语言输入和输出。

目标2：根据心理学的移情理论为学生创建真实的跨文化交际语境，选取真实语料，锻炼学生的外语沟通技能。

实践步骤

第一步，选材和分组。学期初，教师可以将所选的原版配音素材（电影、广告、动画、短视频等）发给学生，让学生在规定的时间内完成预览，然后根据学生的兴趣组建不同的配音素材团队，并鼓励学生跨年级组队。

第二步，自排与合排。在给定的计划时间内，团队自拟排练时间表。首先由学生个人根据所扮演角色的台词进行练习和试配。在所有成员完成个人练习后，团队所有成员组织合排。合排过程中需要通过集中训练，在部分消音（保留背景音）的情况下，最终实现多名组员之间口型及语言进度的完美对接，以增强配音者在整个语境中的代入感。

第三步，配音彩排。正式公演之前可以与组织教师商定安排一次彩排。教师根据学生的现场配音作品，提出完善意见，方便学生做最后的调整。

第四步，配音公演。组织各团队进行配音公演。

应用效果与建议

移情互动交际法是一种适应现代学生个性特点、以学生为中心的小组学习模式。笔者在辽宁大学外国语学院法语系开展了十余年的实践，收获颇丰。真实的配音语料为学生提供了最原汁原味的语言交际场景。在配音的过程中，学生通过扮演他人，在体验表演乐趣的同时，克服在语言交际过程中的焦虑，通过合作真正实现真实语境交际（Ma & Montpellier，2019）。

该教学法还可以间接培养学生运用现代科技手段（如消音、小视频剪辑整合）提升其综合科技素养，有效激发学生的学习兴趣，巧用碎片时间练习外语交际能力。建议教师在整体教学活动进度可控的前提下，尽量"赋权"于学生，调动学生的主观能动性，让学生自主选材并制定配音训练计划。另外，鉴于不同国家影片文化背景的巨大差异，建议选择目标语言的原版视频影片作为训练素材，保证准确的语言输入，以达到最佳的学习效果。

（辽宁大学马丽君供稿）

第二十七招　小组展示"海报先行法"

小组展示，海报先行。
焦虑缓冲，信心提升，联动增能！

妙招简介

小组展示"海报先行法"（Poster-Before-Presentation Technique）是笔者从多年参加国内外各类培训、会议和教学工作的实践中所得。通过将海报作为课堂展示活动的脚手架，能切实增加学生语言产出和交际意愿，提升学生的自信心和小组展示效果，起到促学作用。

适用范围

小组展示"海报先行法"可用于英语口语课，广泛适用于各个层次和各级水平的班级，从小学、中学、大学一直到成人职前、职中培训均可使用，班级规模不宜过大。

活动目标

目标1：通过课前准备海报的方式提升学生在课堂展示时的自信，缓解其交际压力和焦虑。

目标2：通过制作海报促进学生对展示内容进行梳理和深度分析，把学习内容在头脑中进行信息加工，促进程序化知识的形成。

实践步骤

第一步，组内讨论。学生形成小组，围绕特定话题在组内进行讨论，然后将讨论结果以要点 (bulletin point) 的形式在海报上列出来。建议使用马克笔，鼓励学生配创意插图，这样呈现效果更佳。

第二步，课堂展示。每个小组选出代表进行口头展示，可将海报贴在黑板上，小组代表以海报为辅发言，其他组员可适当做补充说明。小组发言后，邀请其他小组提问，鼓励学生都参与问答和互动，可给参与度高的小组加分。

第三步，课后回顾。教师要求学生将所有的小组海报上传到线上学习平台，或者张贴到教室中专设的学习成果展示区，以便学生课后继续讨论、消化和复习。

应用效果

小组展示对于学生的口头表达能力、成员协作互助和自信心等都有较高的要求。本妙招在我们惯常使用的课堂展示活动中，加入"海报"元素，可以打通"写作—口语—互动"三个环节。笔者使用该妙招后发现，平时沉默的学生敢说话了，具有绘画、设计天赋的学生也愿意加入进来，课堂气氛活跃了，学生更有成就感，整体应用效果得到了较大的提升。

（新加坡政府学校王宇航供稿）

第二十八招　课堂展示同伴评价法

课堂展示，同伴评价，
有难度，有新意，出奇效。

妙招简介

课堂展示同伴评价法 (Peer-Review Presentation Technique) 通过使用课堂展示同伴评价表 (参见表1)，提升学生的课堂参与度和学生的互动效能。

课堂展示同伴评价表由基本信息、五项打分评价维度和四项描述评价维度构成。基本信息包括展示者姓名、评价者姓名和评价日期。打分评价包括展示内容 (话题是否过宽、是否过于专业等)、语言表达 (语音、语调、流利度、准确性等)、幻灯片设计 (制作是否精美、是否有Power，是否有Point等)、沟通技巧

（是否有眼神、手势等肢体语言）、时间管理（是否在发言要求时间内完成），每个维度的打分区间为0到5分。描述评价指学生可向展示人提出疑问、表达收获、指出存在的问题和改进建议（即GPS）[1]。

表1　课堂展示同伴评价表

Presenter's Name:			My Name:		Date:
Content	Language	Slides	Communication skills	Time management	Total
0-5	0-5	0-5	0-5	0-5	
Questions					
Gains					
Problems					
Suggestions					

适用范围

本妙招适用于初中以上各个学段的外语听说课程。学生具有初级口语表达能力，能够使用课堂展示同伴评价表对同伴的课堂展示进行评价。班级规模不限。

活动目标

目标1：通过课堂展示同伴评价表规范学习过程中的同伴互评标准，提升课堂互动的效果。

目标2：促进学生在学习过程中进行反思，锻炼学生提问题的能力，训练和提升学生的评价思维和分析能力，增强其学习主动性和学习效能。

实践步骤

活动设计以学生为中心，以教师为主导。教师是活动的组织者和协调者，所有不参加展示的学生都是课堂展示的评价者。具体步骤如下。

第一步，熟悉标准。教师提前将课堂展示同伴评价表发给学生，课上讲解评

1　本部分参考文秋芳在外研社组办的教师研修班上提出的撰写反思日志法（GPS），GPS代表Gains（收获）、Problems（问题）和Suggestions（建议）。

价表的设计思路和使用方法，并明确告知学生评价任务所占成绩比例，确保学生重视评价过程，逐渐掌握评价标准，形成评价者的角色意识。

第二步，履行职责。展示开始后，非展示组学生履行评价者职责，边听、边思考、边做笔记。每组展示后留出2到3分钟时间完成评价表，GPS撰写可为单词、短语或句子。之后，评价者对展示组学生进行点评、提问互动。

第三步，评价互享。评价活动结束后，学生共享评价表，反思个人展示，互相学习，不断提高展示技能。

应用效果与建议

课堂展示同伴评价法将客观和主观评价相结合，有助于解决未参与展示的小组学生课堂参与度低、学习效果差的问题，同时还有助于训练和提升学生的评价思维和反思能力。通过担任评价者角色，履行评价者职责，学生不仅帮助同伴指出展示中的问题，如话题过于宽泛、幻灯片制作图文匹配度低、时间控制差、缺乏肢体语言等，而且也能促进自我反思以改进个人展示。

教师可根据学生水平、课型、教学重点等，适当调整评价维度和权重，提醒学生打分区间不易过大，建议控制在0到5分或者0到10分之间。教师还可以引导学生按照自己的标准给每个维度制定合适的子维度，如语言维度下可考虑加入语音、准确性和流利度等；通过规定课堂展示时间，增强学生的时间管理观念，提高课堂效率，如设置时间管理员，可自行制作倒计时牌，在"倒计时3分钟""1分钟""时间到"时分别举牌提示。

（西南交通大学贾蕃供稿）

第二十九招　对口型语音训练法

对口型，训练英语语音语调，
破解连读和弱读难题，
改善口语语音面貌，
提升听说技能！

妙招简介

通过看英剧、美剧或使用配音软件来练习口语和语音语调是很多学生喜欢的英语学习方法，但实际学习效果往往差强人意，和最初预想的目标存在一定差距。对口型语音训练法（Lip-Sync Pronunciation Practice Activity）就是针对这类问题设计而成，指学生在配音初期要选择能够看清人物口型的视频素材，以模仿人物口型作为解决发音难点的突破口，结合所学过的语音知识，通过跟读模仿的方式改善口语语音面貌，促进口语水平的发展。

适用范围

对口型语音训练法可用于外语视听说课堂，也可以用于学生的课外自主学习；可以小组合作训练，也可以单独学习。学生水平和班级规模不限。

活动目标

目标1：为学生的口语学习设定规范动作和具体目标，帮助学生改善口语语音面貌、提高口语表达的准确性，增强口语和语音训练的学习效果。

目标2：强化学生在口语练习中的主体地位，提高学生口语学习中的自主性，改善口语学习效能，进而提升学生的外语学习自信心。

实践步骤

对口型语音训练法以学生为主体、教师为主导，教师引导学生在课堂内外进行语音语调训练。实践步骤如下。

第一步，精心选材。教师帮助学生选择人物口型清晰、情绪饱满、单句长度较短、更有代入感和趣味性的视频片段进行口型模仿和发音练习；同时，为了帮助学生更好地识别句中的连读、音调等，教师可适当讲解口语表达中的语音、语调知识。

第二步，聚焦单句。对口型仿读练习宜逐句进行，练习时既要关注句子发音，又要关注说话人的口型，让学生感受、观察、总结和不断模仿句子中出现的连读、弱读、音调和语调等发音特点，反复练习，争取达到与原声同步，以提升口语准确度和流利度。

第三步，语音竞赛。教师可定期组织学生或由学生自愿开展单句模仿比拼，或者进行配音大赛，以连读、弱读、音调、语调和口型准确性为评价标准，相互纠正，相互学习，人人争做发音"达人"。

应用效果

英语语音和语调是英语口语能力构成的重要因素，学生语音语调的提升和口语语音面貌的改善有助于强化学生积极正面的自我评价形成，提升其学习兴趣和学习动机。对口型语音训练法以学生为中心，在教师组织和引导下练习和规范发音口型，通过坚持跟读、仿读和持续训练不断强化练习，形成口腔肌肉记忆，长期的量变定能给学生带来英语口语水平质的飞跃！

（内蒙古科技大学张春梅供稿）

第三十招 "三无"观影学习法

"三无"观影学习法，

无动作、无声音、无画面，

使口语训练有技巧、有效能、有活力！

妙招简介

"三无"观影学习法 (Motionless-Soundless-Pictureless Movie Method) 旨在利用视频资料提高英语听说、影视鉴赏以及思维能力，其中"三无"指无动作 (Motionless)、无声音 (Soundless)、无画面 (Pictureless)，即在播放视频时定格画面、静音、遮挡画面，然后请学生进行描述、配音、复述等口语活动。本妙招根据北京师范大学王蔷主编的教材《英语教学法教程》中"视频资源"部分列出的三个技巧改编而成（王蔷，2006：289）。

适用范围

本妙招适用于英语听说课、英美文学鉴赏课程，也可以用于学生通过观看视频资料进行自主口语练习活动。要求学生具有初级英语口语表达水平，班级规模不宜过大。

活动目标

目标1：通过"三无"观影学习法使学生摆脱对字幕的过度依赖，充分有效地利用影视资料进行听力和口语练习。

目标2：在原有影视资料的基础上进行口语练习活动，增强外语听说学习乐趣和学习效果，提高学生语言输出的准确性和流利度。

实践步骤

"三无"观影学习法共有三式，可单独使用，亦可自由搭配使用，以实现不同的教学目的，获得不同的学习体验。具体步骤如下。

第一式：无动作——"定格—描述"。播放英文视频如电影 *Pride and Prejudice* 时，定格在男主角 Darcy 和女主角 Elizabeth 跳第一支舞的画面，请学生用英文描述这一画面，分析人物内心，预测接下来的故事发展。

第二式：无声音——"静音—配词"。继续播放视频，老师随机静音，此时学生能看到画面播放，但是听不到视频声音。以男主角 Darcy 第一次向女主角 Elizabeth 表白的场景为例，请学生根据上文发挥想象力，用英文给静音片段中的人物对话配词。之后，通过对比原文和配文之间的差异，分析作者的写作意图，领悟其思想内涵。

第三式：无画面——"遮挡—复述"。学生遮挡画面或者低头不看画面，只听视频声音。请学生用英文复述内容、总结大意并分享观点。建议初学者以笔记辅助听说训练，再稳步进入无笔记辅助阶段。

应用效果

"三无"观影学习法在通过英文电影学习英语的过程中避免学生把注意力集中在故事情节上，或全程盯着字幕的现象，而忽略影片中的语言资源。相比于单纯听音频的听力练习，这种依托于视频资料的视听复述任务更能调动学生的联想力和学习兴趣。遵循"Less is more"原则，选取喜爱的视频片段，开启"三无"观影学习之旅，在电影里的人造真实语境中提高英语听说能力。

（南开大学翟宇供稿）

第三十一招　影子练习法

外语课堂，能动倾听，
全程跟读，如影随形。

妙招简介

影子练习法（Shadowing Listening plus Speaking Activity）最早由加州大学圣地亚哥分校 Donald A. Norman（1969）提出，分为音位跟述（phonemic shadowing）和片

语跟述 (phrase shadowing) 两种影子练习法。后来美国语言学家 Alexander Arguelles 进一步将其推广,并拓展到德国、韩国、中国等多国的外语教学课堂。影子练习法指在外语听说教学中教师组织学生"如影随形"式跟读所听到的音频内容。

适用范围

本妙招既适用于外语听说或口译课堂,也可用于学生的课外自主学习;既可以单独训练听力和口语,也可以组队进行练习。学生的外语水平不限,班级规模中等。

活动目标

目标1:通过模仿跟读的方式提升学生的听说能力,在跟读的同时有效地锻炼和规范学生的口语发音,提高学生口语表达的准确度。

目标2:扩大学生的听力词汇量,锻炼和强化其处理外语信息的能力。

目标3:锻炼学生的短时记忆能力,有助于提升他们的外语听力技能。

实践步骤

第一步,先听录音。教师播放听力资料,组织学生听第一遍录音时,要求学生全神贯注地理解并记忆听到的信息,只听而不输出语言。

第二步,大声跟读。教师播放第二遍录音,学生模仿说话人的节奏和语音语调大声跟读,尽量保持比说话人慢3到5秒,进行如影随形式跟读。

第三步,反复练习。学生反复进行听说练习,直到准确无误,同时能达到一定的流利度,甚至声形兼具。

第四步,教师总结。教师分析和讲解听力中出现的重要语音现象,指导学生针对重点和难点进行练习。

应用效果

影子练习法多在口译训练中使用。若想降低训练难度,可建议学生手拿一份录音的双语文本,听不明白时瞥上几眼译文。若想增加难度,可添加干扰因素,比如让学生边听边写一些不相关的内容来分散注意力。通过这样的训练,学生可以锻炼一心多用,摒除干扰,过滤出语音信息。该方法既能训练学生的听力理解和短时记忆,又有助于学生提升口语发音和流利度,并激活已有词汇。

(天津师范大学冯瑞玲供稿)

第三十二招　"任逍遥"影写五步法

听力练习焦虑，如同拦路之虎！
想当打虎英雄？要有盖世武功！
影写五步大法，赠予少侠校验！

妙招简介

"任逍遥"影写五步法（ANY-Shadowing Dictation Activity）基于口译教学中 Gile 提出的认知负荷模型（Gile & Chai，2011），基于工作记忆和认知过程理论，通过课上、课下相结合的方式达到不同的听力练习效果。本妙招是在传统影子练习的基础上将交互性加以拓展而成，其中的 ANY 包含 ANYbody、ANYwhere 和 ANYtime。

适用范围

本妙招适用于各个学段的外语听说课程，学生具有初级听力和口语表达水平即可，班级规模不限。

活动目标

目标1：在影子跟读法的基础上增强师生互动和生生互动，通过角色互换和同伴互评提高外语听说课堂的活力。

目标2：通过课上、课下相结合的方式循序渐进，根据自己的兴趣和水平自主进行听说技能练习。

实践步骤

本妙招共分为课上和课下两个部分：课上师生互动和课下生生互动。第一部分，课上师生互动。课上师生互动分为准备阶段、练习阶段和练习评估阶段。在准备阶段，进行听写练习前，教师首先与学生通过简单沟通拉近师生，然后向学生介绍听写材料。材料内容由教师根据学生实际水平和培养目标任意选取，建议选择权威语料来源。最后，教师向学生强调练习规则。听写材料5至10句一组，难度、长度、复杂度逐步递增。每句内容不能相似，以减少思维惯性依赖。教师每句只读一次后停顿，学生应先明确句意和表述再动笔，凭记忆写下所听到的句子。

在练习阶段，练习分为两个难度，在难度上采取黄金分割（6:4）。在第一阶

段 (3到6句)，教师朗读每一句话结束停顿时要观察学生整体情况，注意个别现象，尤其是放弃性行为，以便掌控练习的难度和现场反馈。如果一切顺利或进行适当干预和鼓励后，进入第二阶段。在第二阶段 (2到4句)，教师根据学段和能力要求，在3句完成后进行分层心理安慰和干预，将整体练习情绪反馈控制在练习者普遍可以接受的范围内 (不能有大范围放弃性行为)，并保证第二阶段学生心态平和，头脑清晰。

在练习评估阶段，师生通过时间、情感和质量等维度进行自评、互评和点评。可用简单的等级制表述，将学生普遍认为适中、情感反馈温和、完成质量 (正确率) 较满意的练习用作下次练习难度提升的基础；反之，可进行适当调整，控制在可接受的范围内。

第二部分，课下生生互动。学生可以选择熟人 (易) 或陌生人 (难) 进行组队练习，内容和要求不变，以培养学生的自律能力为主。速度和时间可自行掌握，一般控制在15到20秒。朗读者和听写者均要求100%的准确率，对朗读者和听写者均提出质量要求。最后朗读者和听写者互换角色，练习结束后进行互评。

应用效果

本练习设计的初衷是通过随时随地随意搭配即可构成相应的练习场景和伙伴配对，对于听力练习者各项阈值设定具有非常大的兼容性；同时，听力训练目标保持不变，自由设定和固定训练目标相结合，Robust程度或鲁棒性较高 (Nolan，2005)。课堂实践经验表明 (Xu，2017)，两周以上的规律练习可以很好地提升学生对于意义单位的接受能力，句子从8句提升至20句，认知过载现象的出现频率明显下降，听力水平得到提升。不同学段的活动目标有所不同，匹配的能力不同，因此教师可根据具体情况 (如不同课程要求和学生素质) 加以调整。

（天津农学院徐伟供稿）

第三十三招　听说同练康奈尔笔记法

要培养学生的听说实战技能？
外语听力教学时避免"雁过不留痕"？
不妨试一试听说同练康奈尔笔记法！

妙招简介

听说同练康奈尔笔记法 (Connell Note-Taking Technique for Listening and Speaking Practice) 是一种高效记录笔记并根据笔记进行课堂口语问答训练的外语听说课堂教学方法，包括五个笔记流程 (5R)，即记录 (Record)、简化 (Reduce)、背诵 (Recite)、思考 (Reflect) 以及复习 (Review)。本妙招根据康奈尔大学 Walter Pauk 发明的康奈尔笔记法设计而成 (Pauk & Owens, 2010)。该方法操作简单，首先将一张空白笔记纸分为三部分：右上四分之三 (第一部分)，左上四分之一 (第二部分)，下方五分之一 (第三部分) (详见图1)。第一部分记录听课笔记，尽量做到言简意赅，善用缩写和符号；第二部分总结笔记要点；第三部分根据笔记要点进行内容总结。

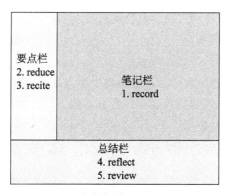

图1 康奈尔笔记法示例图

适用范围

本妙招适用于各个阶段的外语听说课程，也可用于外语阅读课程的拓展活动，学生的水平和班级规模不限。

活动目标

目标1：帮助学生对课堂教学内容进行科学的记录和梳理整合，便于学习和巩固复习，提高他们的课堂听课效率。

目标2：通过记笔记的方式锻炼学生的听力技能，增强学生的概括总结能力。

目标3：通过听说同练康奈尔笔记法加强学生的课堂关注度，提高学生的课堂自我效能感。

实践步骤

第一步，方法讲解。教师介绍康奈尔笔记法的5R笔记流程，并展示示例。

第二步，缩写训练。将常见词汇及其对应的缩写编制成小测试，供学生练习。也可以让学生进行头脑风暴，创建个性化的缩写和符号记录系统。

第三步，听力实战。播放由教师事先准备好的视频或听力材料。这些材料可以是讲座、讨论或影视片段，根据课程具体内容确定。播放次数根据资料难易程度和学生水平而定。让学生边听边使用听说同练康奈尔笔记法记笔记（Record），之后留一定时间让学生整理笔记要点（Reduce），遮住笔记根据要点回忆笔记内容（Recite），理清思路，加深印象，然后进行思考和总结自己的感受或者体会（Reflect），最后在每周课后进行复习反思（Review）。

第四步，口语实战。教师基于听力材料进行提问，学生根据笔记分小组进行内容讨论和观点碰撞，梳理思路，整合语料，回答问题。

应用效果

听说同练康奈尔笔记法可以有效解决学生在听力训练中"记什么、怎么记"的难题，帮助学生有效记录课堂笔记，还能在课下有效提取笔记要点，便于课后复习。这种方法不仅能提高学生的听说课堂学习效率，还能提升其自我效能感，在外语听说训练中激发学生的学习动力，形成良性循环。

（南开大学刘佳供稿）

第三十四招　听力训练小组打卡法

小组合作，听力实操，
计时打卡，教师督导，
勤听勤练，成绩提高。

妙招简介

听力训练小组打卡法（Group Clock-in Listening Practice Activity）是指教师通过组织学生成立英语学习网络小组进行课外听力训练的方法。英语学习网络组是课下学生自愿加入的小组，不属于课堂的教学活动。英语学习是一件需要长期坚持的事情，英语能力的提升是个缓慢的过程，我们只需要每天学习一点点，长期下来，就能看得到明显的效果。

适用范围

本妙招适用于各个学段的英语听说教学，也可用于学生的课外学习管理，学生的水平和班级规模不限。

活动目标

目标1： 利用网络平台和小组合作相结合的方式管理和督促学生的课外听力训练，强化学生的团队合作意识，同时锻炼其课外自主学习的能力。

目标2： 通过听力训练计时和每日打卡促进学生互相监督和相互激励，保证听力训练的时间和投入度，确保听力水平从量变到质变的提高。

实践步骤

第一步，成立小组。教师组织学生成立英语学习网络小组。

第二步，督导训练。督导学生利用听力应用软件里的英文听力资料进行自主听力练习，每日打卡，要求学生每日聆听故事类和非故事类文章的时长必须达到90分钟。

应用效果

笔者的实践结果表明，在听力训练中，很多大学生坚持不下来，半途而废者居多，但只要持之以恒，进步都会非常显著，就算是基础特别差的学生也可最终通过四级考试。基础好的学生坚持一个学期提高100分也是可能的。通过听力训练小组打卡法，不论学生基础如何，如果能坚持一到二个学期，听力考试成绩均会有30分到60分的提高。

（内蒙古科技大学张春梅供稿）

第三十五招　故事听写法

英语课堂学生姗姗来迟？

Take it easy, easy!

不独裁的 Dictatory 来助阵！

妙招简介

"故事听写法"的英文名称 Dictatory 是由"dictation + story"拼缀构成的合成

词，译为"故事听写"，是传统听写的升级版。听写方式是由教师选取一则英文故事在课堂上进行限时听写，每次听写该故事的一个段落，之后由学生针对已获取的信息进行小组讨论，对故事内容进行分析和预测（Myint, 1998）。

适用范围

本妙招适用于具有一定英语基础的初级和中级英语水平学生，可用作英语课堂上的热身活动，也可以针对学生口语输出时常犯的语法错误进行更正性练习，如口语表达时常出现动词过去式的使用错误，可通过持听写和故事复述练习，有针对性地解决问题。班级规模不限。

活动目标

目标1：通过连载式故事听写鼓励学生早进课堂，为外语听说课程进行热身，为进一步开展课堂教学活动做铺垫。

目标2：组织学生针对故事内容进行分析和预测，在真实语境中练习英语口语技能，锻炼学生的想象力和分析能力。

实践步骤

第一步，选择故事。由教师选取一则英文故事，最好有一定悬念的故事情节，将故事按照内容分成若干段落，例如故事"The Son"，这个故事可被分成以下8个小段落，分8次完成（Myint, 1998）。

Day 1: She had received a phone call last night that had made her unable to sleep. He, that is the caller, had told her simply that he would come to see her the following day. He refused to tell her who he was. (42 words)

Day 2: She waited breathlessly in her office. She kept her eyes fixed on the clock. It was nearly time. He had told her that he would come at nine sharp and it was nearly five to nine. Her heart was beating loudly as she waited for him. (46 words)

Day 3: First, she heard his footsteps just outside her door. She had told her secretary to let him in whoever he might be. Slowly, the door opened. Her heart was on fire as slowly someone came into her office. She kept her eyes tightly shut. (44 words)

Day 4: "Hello, mother," said the boy who appeared to be thirteen or fourteen years of age. She was so shocked that she could not speak. She tried once or twice to open her mouth, but no words would come out of it. (40 words)

Day 5: "They told me you'd be surprised to see me," continued this young boy she had never seen before. "What do you mean by calling me mother?" she finally found her voice. "Exactly what it means, you are my mother, aren't you?" said the young stranger. (45 words)

Day 6: She had no answer to that. She was left speechless. She wondered, "Could it be true? Could the boy be telling the truth?" When she was very young, she had given birth to a boy. But she had been told that he was stillborn. (44 words)

Day 7: "Well, mother. Are you going to welcome me or not?" demanded the boy rather coldly. "I really don't know what to say. It's all so sudden, don't you see?" She replied rather weakly. "Perhaps, this will convince you that I am telling the truth." (44 words)

Day 8: It was the wedding ring she had given to her sister long ago. "You were so wrapped up with dad's accident they didn't think you could take care of me. So, they told you I was dead. But I am not. Here I am now." (45 words)

第二步，课堂听写。听写的故事可由教师朗读，也可请班级英语语音语调较好的学生代替教师朗读，增加学生的口语锻炼机会。

第三步，小组讨论。听写完成后，教师课堂展示所听写段落的原文文本，之后学生进行小组讨论，对下一段的内容进行预测和分析。

第四步，故事分享。最后，教师可请一两组学生与全班分享其分析结果，预测下一步的故事情节，增加故事听写的趣味性。

应用效果

用"故事听写"开启英语课堂，学生能快速集中注意力。其后的小组讨论中，学生可以任意发挥创造力和想象力，预测下一段故事内容。这既能练习英语口语，还能锻炼其逻辑分析能力。小组和全班进行故事分享时，时有精彩情节引发一个小高潮，有助于增强课堂活力。

特别提示：1) 选取所听写的故事时，要根据学生的兴趣，保证故事内容对学生有吸引力和趣味性。2) 如果做课堂热身活动，活动时间尽量控制在十分钟左右。

时间不宜过长，以免影响课堂教学进度；若作为更正性练习活动，则可不受时间限制，教师可根据学生在课堂上的具体情况为标准掌握活动时长。3）教师可以在完成整个故事听写后，让学生组成小组，以戏剧表演的方式将完整的故事演绎出来，练习口语。该活动既可以在课堂上进行，也可以制作微视频的形式在课外进行，还可以让学生缩写完整的故事，进行写作练习。

（南开大学李玉平供稿）

第三十六招　口语定向打卡法

Think fast, speak out, and go orienteering!

妙招简介

在大学英语教学实践中，学生接受性语言能力一般来说强于产出性语言能力，即读写能力强于听说能力的现象比较普遍。在即时开展的口语表达练习中，学生时常会"头脑空白"而不知从何说起，或仅能用少量单词与短语回答问题，缺乏使用从句等更为复杂结构的能力，篇章组织能力较弱。在回答"What do you think of …?/ Can you describe …?"一类问题时，这种现象尤为突出。

口语定向打卡法 (Orienteering Mode for Speaking Practice) 受结构化写作 (Structured Writing) 和定向越野运动[1](Orienteering) 的启发，将口语题目拆分成按步骤完成的打卡点，并将打卡点与教室中的具体位置挂钩，为学生提供解题思路的同时，引导学生按步骤、有条理地完成口语练习，亦可用于引导学生关注篇章结构、口头文本重建的教学环节。

适用对象

本妙招适用于普通本科非英语专业或英语专业低年级的视听说或综合课程教学，也适用于大学英语四、六级口试备课指导。学生应具备高中以上英语水平，口语能力中等或较弱，可以产出简单的英语句子，但难以即时组织一段有条理的语篇。班级规模不限。

---

[1] 定向越野起源于瑞典，是指运动员凭借对地图的识别和使用能力，依据组织者预先设计的图上路线，借助于指南针和地图保证运动方向，在野外徒步赛跑，依次逐一到达各个检查点，全程耗时最少者获胜 [引自 https://baike.baidu.com/item/%E5%AE%9A%E5%90%91%E8%B6%8A%E9%87%8E/1528692 (2024 年 2 月 19 日读取)]。

活动目标

目标1：通过口语定向打卡法，帮助学生按照结构化的问题组织语言表达思路，将相对模糊的"说话"任务切分成具体的"打卡点"，引导学生按照模块逐个打卡回答问题，从而产出信息丰富且逻辑清晰的回答。

目标2：帮助学生快速组织信息、形成思路、产出语篇，同时引导学生关注语篇的完整性，有效提高语言输出质量，增强学生的外语学习信心和自我效能感。

实践步骤

下面以《全新版大学进阶英语综合教程》第二册第六单元"Maker Movement in China"中Opener部分的教学为例说明具体操作。

第一步，布置任务。根据教材中提供的创客空间（Makerspace）实景图片（见图1）和所学相关知识，请学生谈谈对创客空间的看法。

1 Try to name as many of the tools in Picture 1 as possible. You may turn to a Chinese-English dictionary for help.
2 Have you ever used any of the tools in Picture 1 to do or make something? If yes, share your experience with your partner.

图1 教材中"创客空间"

第二步，提供模块。为了提升学生的语篇意识，设计下列六个口语练习模块，在每个模块下提供一些实用句型，例如：

1. Introduction/topic sentence

   Let's look at the picture. This is a vivid portrait of…

2. Developing on the key words

   Makers are people who…

   A makerspace is a place for makers to…

3. Getting organized in a location

   As we can see, there are…

   From people to stuff or otherwise…

   Foreground, center, background…

Upper, lower, left, right…

4. Using recent language materials / real-world examples

Maker / tools (anything available)…

One of my best friends once went to such a place and he was very
_____ about it.

5. Adding your comment

What impresses me most here is _____.

The place seems to be a _____ place.

It is full of _____.

6. Making suggestions

It is said there will be a place of this kind near the university / in our
city. I plan to go and have a try someday.

第三步，点位打卡。为了更好地指引学生按照模块完成语篇，为每个模块指定一个现实中的点位，如模块 1 指定为讲台，模块 2 指定为黑板，模块 3 为前排某座位等。要求学生在走向某点位的过程中，观察图片并应用模块中的句型回答问题，走到对应点位并说完句子为完成该点位打卡。学生可以按照指定顺序打卡，也可以按照自己的线路图打卡更多点位。

教学体验

本妙招主要针对口语能力中等或较弱的学生，在模块和句型提示练习中，通过识图与打卡，大部分学生可以围绕每个点位产出至少一句话，水平较好的学生可完成较长语篇。通过将六个口语练习模块对应到物理空间的点位，帮助学生有意识地完成尽可能多的模块，产出更完整的回答，同时有助于语篇逻辑的形成和记忆。通过参与这一课堂活动，原本仅能用一句话描述图片的学生也能产出 30 秒至一分钟的文本信息。

在具体使用中，教师可根据任务分配的时长或学生的语言水平，安排学生个人独立、生生合作或师生合作完成该任务。针对大班教学课堂，可以选择接力棒形式，在两人一组搭档间或多名组员的搭档间传递，完成打卡，也可在师生之间完成交接棒打卡；一人可以完成超过一处打卡，选在任意点位交接。一组打卡完成后，教师可要求其他学生重复上一组打卡路线或选择自己的路线。如果时间充裕，可要求学生反思和讨论哪条路线更为合理，从而引导学生关注句子之间的逻辑和语篇的完整性。

（河南师范大学王东兰供稿）

第三十七招　基于英语习语的"穿越"式口语练习法

解析英语习语，穿越岁月长河，
练习口语，感受语言文化魅力！

妙招简介

基于英语习语的"穿越"式口语练习法(Idiom-Based Time-Traveling Speaking Activity)是指在课堂上通过对英语习语的解析和应用以生生互动的方式开展的一种口语实践活动。英语习语是英语母语使用者长期习用的语言产物，结构简洁，语义精辟，凝聚英语语言历史、文化、地域、社会习俗等重要因素(李玉平，2008)。例如英语习语"wear one's heart on one's sleeve"，意思是"流露感情；喜怒形于色"，该习语的一个词源出处来自中世纪古罗马帝国一年一度纪念神话传说中的天后朱诺(Juno，希腊名字为赫拉，即Hera)的庆祝活动。活动期间，男士通过抓阄的方式抓到写着某位女士名字的便条，这位女士就成为他的女性朋友，为期一年。两人关系一经确定，男士要将便条系在袖子上(Spivack，2013)。本妙招将英语习语中所蕴含的相关文化因素转化为口语交际活动，帮助学生深入学习英语语言，用"穿越"式口语练习法提升口语交际能力。

适用范围

本妙招既可以作为英语课堂热身活动，也可以作为阅读课上的口语交际活动，适用于高中和大学阶段的英语口语、阅读课程，学生需要具有基本的口语交际能力，班级规模不宜过大。

活动目标

目标1：帮助学生深入学习和了解英语习语的含义、用法及其蕴含的文化背景知识，增加语言学习的趣味性。

目标2：通过将英语习语中的文化因素转化成具体的交际情境，使学生"穿越时空"完成口语交际任务，锻炼其口语交际能力。

实践步骤

本妙招基于"wear one's heart on one's sleeve"这一习语中的文化因素、设计课堂口语交际活动，具体步骤如下。

第一步，习语解析。教师讲解习语的含义和出处，激发学生学习兴趣。该习语的其中一个出处如下：

> In the Middle Ages, Emperor Claudius II believed unattached men made better soldiers so he declared marriage illegal. As a concession, he encouraged temporary coupling. Once a year, during a Roman festival honoring Juno, men drew names to determine who would be their lady friend for the coming year. Once established, the man would wear her name on his sleeve for the rest of the festival. (Spivack, 2013)

第二步，准备纸条。学生在纸条上写上自己的个人信息，包括姓名、所在班级或院系名称、简单的自我介绍（包括但不限于自己的性格特征、喜欢的名言警句、研究兴趣、学习目标等）。

第三步，分发纸条。教师将学生的纸条收集后以抓阄的方式发给全班学生，确保每个人都能拿到一个纸条。

第四步，纸面交流。学生在自己抓到的纸条上写上祝福话语和自己的名字。教师可介绍英文名字的正确书写方式，包括字母的大小写等。

第五步，小组分享。各小组学生与组内其他小组成员分享所拿到的纸条信息，并简单推介这位纸面朋友。

第六步，口头交流。教师向全班学生介绍几种见面问候方式，如握手 (hand-shaking)、碰拳 (fist bump)、拥抱 (hug)、举手击掌 (high five 或者 high ten) 等，然后请学生读出字条上的姓名，找到这位纸面朋友，选择一种教师介绍的问候方式。这一步在每位学生都有一位交谈对象时停下来。最后，两位学生以纸条为信物（仿效中世纪传统，参见 "wear one's heart on one's sleeve" 的英文解释）找到各自的朋友进行深度的口头交流（为节省课上时间，最后这一步可以留在课间进行）。

应用效果

基于英语习语的"穿越"式口语练习法将英语习语学习与课堂口语练习结合在一起，既可以作为新学期的破冰活动，也可以用于阅读课上，帮助学生深入了解英语习语的语义、出处并加以应用。活动中，要求学生从准备字条到口头交际全部用英语进行，其中涉及英语读与写、口头交际、身体语言等各方面的练习。班级的每个人都能参与其中，课堂参与度高，学习气氛活跃热烈，有利于提升学生的学习兴趣和动机。

英语习语的出处往往有不同的版本，如 "wear one's heart on one's sleeve" 的另一个出处源自欧洲中世纪的骑士比武大赛 (Jousting Tournament)，骑士会在臂上系一条彩带或头巾，代表某位他心仪的女士，就如同向钟爱的人表明心迹。教师可以依照这一版本设计课堂口语活动，包括讲解和练习与这一版本相关的英语表达和文化词汇，如 knight、chivalry、lady first、raise one's hat to someone 等词汇和相关习俗表达。总而言之，本妙招可借助英语习语学习带学生"穿越"时空，使他们在课堂上快乐地学习语言知识和历史背景知识，感受不同的语言文化，在实践中提高语言技能和表达能力。

（南开大学李玉平供稿）

第三十八招　表情符号听说教学法

英文表情符号内容丰富有趣，
信息表达有文化共性更有特色，
Emoji 口语活动开拓想象空间，
寓教于乐促进学生语言产出。

妙招简介

表情符号听说教学法 (Emoji-Based Speaking Activities) 是基于英国文化教育协会教师 Colm Boyd 总结的在英语课堂上使用表情符号所设计的外语教学活动，以产出为导向，将表情符号 (参见图1) 引入外语听说课堂，采取不同的口语输出活动，激发学生的学习兴趣，增强其语言产出，进而提高学生的整体英语听说水平。

目前，全球大多数的社交平台用户都会使用 emoji，这些表情符号承载着极具代表性的人类感情和情绪表达，替我们在社交中表达各种情感信息，起着辅助我们在虚拟世界中进行语言交流的重要作用。因此，将 emoji 引入外语写作课堂是一种具有趣味性和创新性的教学活动设计。

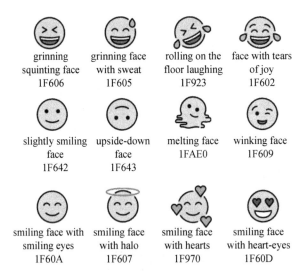

图 1　表情符号示例[1]

适用范围

本妙招可用于各个学段的外语听说课程，教师可根据学生的具体水平和活动目标确定活动难度，初级外语水平的班级可利用较为常见的简单表情符号设计简单的听说活动，如简单对话；水平较高的班级可以适当提高任务难度，如讲长篇故事或进行影视评介等高难度任务。学生的外语水平不限，班级规模30人以下为宜。

活动目标

目标1：将表情符号融入外语口语课堂活动，使学生既能学习到与表情符号相关的英文表达，还可以通过讲故事的方式提升学生的语言逻辑思维能力，提高学习兴趣和课堂参与度。

目标2：将表情符号与传统的外语听说课堂活动相结合，推动学生口语产出的趣味性，丰富学生对口语课堂的积极的正面感知。

实施步骤

通过表情符号辅助口语课堂活动可分为两种类型：第一，表情符号句子接龙；第二，口述表情符号短视频。

第一，表情符号句子接龙。第一步，记表情符号。教师首先准备好数量与班

1　图源来自OpenMoj网站，https://openmoji.org/library/（2024年2月18日读取）

级人数一致、标有英文名称的表情符号卡片，带领学生识记这些符号，然后将卡片背面朝上放在桌子上，以备学生抽取。第二步，接龙讲述故事。教师任意挑选一位学生抽取一张表情符号卡，学生根据表情提示说出一个句子作为故事的开头，然后另一位学生抽取卡片并创编一个新句子接龙故事情节。依此类推，直到每一位学生都完成这一环节，全班共同讲述出一个完整的故事。例如：

- A (Joy😂): Will was feeling extremely happy yesterday because it was his wedding day.
- B (Rage 😠): But suddenly he felt furious when he realized that his friend had forgotten to bring the rings to the ceremony.

如果学生语言水平偏低，可请每位学生都提前抽取一张卡片，根据表情符号提示构思情节和相应句子，以在接龙时有所准备。

第二，口述表情符号短视频活动。该活动可使用迪斯尼公司制作的名为"As Told By Emoji"的表情符号系列节目，平均时长约为2到5分钟，利用社交软件平台常用的表情符号重新讲述 *Frozen*、*Beauty and Beast* 等经典影片内容。教师可以此为素材，带领学生开展口述练习。具体操作步骤如下。第一步，识记电影和表情符号词汇。依据上述短视频资源情况，选定相应的电影，引导学生熟悉电影内容，记忆重要角色名称、事件相关词汇以及表情符号词汇。第二步，观看并口述表情符号短视频。请学生观看表情符号短视频，联想所识记过的词汇，记录重要信息并口述其内容，必要时教师可给一些反馈和指导。

应用效果

将表情符号用作语言学习的素材，这种方式比较有新意，而且这些表情符号有极强的代表性，浓缩了语言和文化的内涵，资源丰富且使用便捷，不仅蕴含丰富的文化信息资源，而且还附有地道的英文表达。通过讲故事和口述视频等多种语言输出方式可以大大提高学生的参与积极性，激发学生的学习兴趣和潜能，在充满趣味性的实践中提高学生的语言输出能力和交际意愿。

（郑州商学院赵彦丽供稿）

第三十九招 演讲复习法

学而时习之，不亦说乎？
演讲复习法，深学而后用。

妙招简介

演讲复习法（Review-via-Speaking Method）是指在学完课文后加入课堂演讲环节，不仅可以帮助学生复习所学内容，而且还可以训练学生发口头表达和演讲技能。本妙招的灵感来自 Toastmasters 演讲俱乐部的即兴演讲环节，旨在解决学生不善于复习课文的问题。

适用范围

本妙招适用于大学阶段的外语听说课程或者外语阅读课程，要求学生具备基本的英语表达能力，班级规模中等。

活动目标

目标1：通过即兴演讲督促学生对所学内容进行复习，在实践中巩固所学语言知识，锻炼学生的口语表达能力。

目标2：引导学生参与课堂活动，承担各种角色，提升学生课堂参与度，增强其自信心，锻炼公共演讲技能。

实践步骤

第一步，课前设计演讲题目。教师根据课文内容设计好演讲题目，课前发给学生。题目尽可能突出课文内容要点，难易适度。每个题目课前打印或者手写到小纸条上，供学生课上即兴演讲前抽取，例如"全球化的利弊"中的题目：

- Topic 1: As far as you know, how may globalization affect local markets?
- Topic 2: Please talk about the pros and cons of outsourcing.
- Topic 3: In your opinion, why do some people say that globalization leads to loss of local cultures?
- Topic 4: Do you agree that globalization may lead to health issues? Why or why not?
- Topic 5: In your opinion, why do some people say that globalization is

like two sides of the same coin?

- Topic 6: Please talk about two benefits of globalization.

第二步，预热演讲活动。课上留出适当的时间让学生快速复习已学课文，然后抽题进行即兴演讲。明确告知学生演讲中需要涉及课文内容，可采取重述、引用、概括等方式，如达不到要求会被扣分。教师可给主动参与活动的学生加分，予以激励。

第三步，学生上台演讲。学生依次上台抽题，每位有30秒的准备时间。演讲时限1分钟，并指定专人计时。每位学生演讲后，可以按需安排简短的问答环节。为给更多学生上台机会，可设置"主持人"角色，活动开始前5分钟把题目交给主持人。

第四步，评出全场最佳。全班学生投票，选出今日最佳演讲者（人数可依照实际情况而定），教师给予胜出者额外加分，也可请最佳演讲者发表感言。

应用效果

初次尝试时，学生由于对教师的出题方式不熟悉，演讲效果不佳，容易出现如英语不流利、表达冗长啰唆、语言结构松散和严重超时等问题。经过几轮活动后，学生逐渐熟悉上台的感觉，掌握了一定的演讲能力，增强了自信心，树立了守时的观念。同时，对于畏惧演讲、从不主动报名展示的学生，教师要积极引导他们担任时间管理员、提问人，鼓励他们以两人合作的形式参加，培养他们参与课堂活动的积极性和主动性，为日后参与口语展示活动打基础。

（天津商业大学刘艳霞供稿）

第三章
外语阅读和写作教学妙招

　　当前，随着各种新兴教学技术的出现和应用，我国的外语教育在不断改革中获得了长足的发展。外语阅读和写作教学实践虽然也硕果累累，但其中依然存在一些问题。例如，外语阅读教学基本围绕教材中的若干课文，多采用教师主讲文章的语法和词汇结构、分析篇章、检查练习答案的方式进行，学生的学习主要以听课为主，学习内容和范围存在一定的局限性，外语阅读学习以理解和接受信息为主，缺乏主观能动性。写作教学多以应试为活动目标，教学内容以句型训练、范文分析、命题写作为主，写作训练中缺乏学生真正感兴趣的话题，写作内容缺乏创新性和实用性，导致学生外语写作方面的学习动机不高，甚至有相当一部分学生在外语写作学习中出现畏难和厌写等负面情绪。

　　与听说教学相比，外语阅读和写作课堂实践中的课堂教学活动数量较少，且形式较为单一，学生的课堂参与度较低，学生课堂内外的学习主动性不够，课外的写作练习更是严重不足，由此导致外语阅读和写作课堂活力不足、师生互动和生生互动缺乏、作文习作质量低且不规范等问题。另外，写作教学中一个不可忽视的问题是学生写作练习中获得的纠正性（corrective feedback）反馈不足。教师针对学生习作中的错误或不足因各种原因而未能提供指导性建议，以帮助学生改正错误，提高学习效果，这会导致学生写作练习效能较低。写作教学中如果只采用传统的教师评阅方式，教师的工作量会比较繁重。因此，写作教学内容和课堂教学模式需要进行创新性改革，通过各种教学活动设计、采用同伴评阅和教师点评等多种习作评阅模式，能有效解决这些现实问题，提升写作教学效能。

本章共有42个外语阅读与写作教学妙招，是一线外语教师在实践中总结出来的优秀课堂教学设计。这些妙招以各种有效的方式组织学生参与课堂内外的学习活动，激发学生的阅读和写作兴趣，引导学生基于自身兴趣和水平进行合作式学习，增强互动，相互借鉴，培养他们的自主学习能力；在实践中运用课堂所学的阅读和写作技巧，选取有真实性、适合学生具体需求和个性特征的学习材料，高效地、有目的性和针对性地设计教学活动，增加教与学的趣味性，推动外语学生阅读和写作能力的发展。

第一招　读后续画法

读后续画，巧用思维导图，
梳理思路，理清文章逻辑。

妙招简介

读后续画法（Mind-Mapping for Continuation Task）将思维导图（参见图1）引入外语阅读课堂，旨在引导学生在阅读文章后以图文并茂的方式完成语言表达。在文字语言与图像语言的彼此配合中，学生学会以一种更加直观、清晰的方式把握语篇整体框架，锤炼言表达逻辑，进而创造性地呈现共有的语言资源，解决语言学习中的"只见树木而不见森林"的现象，提升批判思维能力。

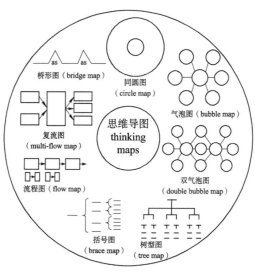

图 1　思维导图示例

适用范围

本妙招适用于大学英语阅读课程，学生具有中级以上语言水平，具有一定的自主学习能力，班级规模不限。

活动目标

目标1：通过思维导图的方式对所学内容进行梳理和总结，提升课堂教学效果，训练学生的语言组织能力和逻辑思维能力。

目标2：通过小组互动和师生共评活动促进学生进行反思性学习，进行独立分析和思考，锻炼学生的批判思维能力。

实践步骤

第一步，自主阅读。学生阅读指定文章，在理清行文脉络、把握文章大意的基础上，用彩色记号笔标识出关键词及短语。

第二步，组内互动。学生分组合作，使用关键词及短语画出思维导图，展现文章段落大意及段落之间的逻辑关系。如果文章为记叙文，学生还可从文本中不同人物的角度出发，整理关键词并绘出简笔连环画。

第三步，小组展示。结合图画（思维导图或简笔画）和关键词及短语，以小组为单位依次复述文章内容并进行反思。

第四步，师生共评。综合图画内容、语言输出和词汇运用等方面的完成情况，师生共同评出最佳阅读展示奖。

第五步，记录保存。教师将学生读后画作及展示及时拍照、留存，以备后用。

应用效果

思维导图是一种简单高效的实用性思维工具，教师可借助思维导图、图表或者提纲的方法概述知识要点，帮助学生更快速地梳理出核心知识点以及各个知识点之间的逻辑关系。"读后续画"训练也可应用于高级学术阅读和写作，通过深度阅读推动学生进行写作练习，进一步提升学生的专业学习和能力发展。

（武汉纺织大学徐丽供稿）

第二招　KWL表格阅读法

外语阅读应用效果欠佳？
学生课堂学习兴趣不高？
KWL表为课堂注入活力因子！

妙招简介

KWL表格阅读法（KWL-Chart Reading Activity）是由美国教育学者Donna Ogle（1986）创建的阅读策略。本妙招将KWL表格应用于英语阅读教学中，旨在引导学生调动和激活头脑中已有的背景知识，在阅读中和阅读后进行能动思考，不仅能够获取新的知识，还能将事实性知识转换为程序性知识，最终在真实的语言交际中得到进一步巩固和应用。

KWL表格阅读法是基于建构主义设计的教学方法。建构主义学习理论认为教学是引导学生从原有经验出发，建构新经验的过程。教师可以使用KWL表格设计阅读前、阅读中和阅读后的学习活动。教师引导学生阅读前在K（What I already know）一栏填入已有的背景知识，阅读中在W（What do I want to know）一栏填入预测的内容或者想知道的问题，阅读后在L（What have I learned）一栏填入学到的知识。然后，学生回顾K栏，思考最开始填写的那些已知信息中，是否有需要纠正的错误。这样就完成一个完整的从已有经验出发到学习新知识的闭环。

适用范围

KWL表格阅读法适用于从小学到大学各个学段的外语阅读教学，同时也可以用于个人学习和小组学习，学生语言水平和班级规模不限。

活动目标

目标1：通过使用KWL表格阅读法促进学生对阅读材料进行系统化学习和思考，提高阅读质量和效果，培养学生的独立思考和逻辑分析能力。

目标2：用KWL表格引导学生调动和激活头脑中已有的背景知识，使阅读由被动的信息输入变成积极主动的思考过程，培养学生的自主学习意识。

实践步骤

在英语阅读教学中，教师通过KWL表格在阅读前、中、后三个阶段引导学生进行相关主题的深入学习和讨论。KWL是三个英文单词的首字母缩写,对应阅读的前、中、后三个阶段。

第一个阶段K,即关于阅读主题我已经知道了什么(What do I already know)。阅读前,教师鼓励学生开展头脑风暴,充分发挥想象力,尽可能多地列出关于该主题的信息。

第二个阶段W,即关于阅读主题我想知道什么(What do I want to know)。阅读中,教师在激发学生阅读兴趣的基础上,学习如何有效提问,引导学生进行文本分析、信息获取和处理。

第三个阶段L,即关于阅读主题我已经学到了什么(What have I learned)。阅读后,教师请学生回答阅读之前提出的问题,并进行总结、反思和分享。

教师也可引导学生尝试KWL表格的拓展版本(见表1),进一步训练学生在阅读中进行能动思维。

表 1　KWL 表格拓展版示例(洁文老师工作室,2018)

K	W	F	L	S	D
What do I know?	What do I want to know?	How do I find the information I need?	What did I learn?	How do I share what I have learned?	What will I do next?

应用效果

KWL表格以问题为导向(inquiry-based),能够帮助学生在阅读前设立清晰、明确的阅读目标,整理组织已有的个人经验和知识,为学生阅读和学习新知搭建有效的学习支架。同时,它还能引导学生在阅读过程中学会能动思考、提出问题,自主参与语言信息加工。通过实践和探索,引导学生成为主动的学生,与同伴进行合作,训练阅读思维,激其学习兴趣。KWL表格有各种不同的版本,教师也可以根据学生的外语水平、学习风格、教学内容等具体情况对KWL表进行调适和修订,满足不同的课堂需求和课程类型(如表2)。

表 2　KWL 表格示例(洁文老师工作室,2018)

Name _____ Date _____

KWL Chart

Before you begin your research, list details in the first two columns. Fill in the last column after completing your research.

Topic _____		
What I Know	**What I Want to Know**	**What I Learned**

（长春师范大学孟令坤供稿）

第三招　信息组织图阅读法

信息组织图，让思维可视化，
把碎片知识结构化，强化学生元认知能力。

妙招简介

信息组织图阅读法（Graphic Organizer Reading Activity）是一种可视化的思维图表工具，采用结构化图形、图表的方式帮助阅读者组织重要信息、概念或话题，用可视化图形显示信息之间的逻辑关系。信息组织图与大家熟悉的思维导图（Mind Map）有所不同。思维导图展现的通常是发散性思考过程，而信息组织图则是总结和提炼的过程，目的是帮助学生把碎片知识系统地用结构化的图表形式呈现出来。信息组织图可以展示阅读者的学习过程和结果，训练读者的元认知能力。信息组织图在美国中小学各科教学中经常使用，是锻炼学生思维能力的有效工具。

适用范围

本妙招可用于大学外语阅读课程，要求学生具备基础的阅读和写作能力，班级规模不限。

活动目标

目标1：帮助学生通过各种信息组织图解析阅读文本中的重要信息、概念或话题，把碎片知识系统地用结构化的图表形式呈现出来，加强语言学习和表达的系统性和完整性。

目标2：引导学生在完成信息组织图的过程中对阅读内容的语言、语篇等方面进行深入分析和反思性学习，训练其外语学习的元认知能力。

目标3：通过信息组织图锻炼学生的系统逻辑思维能力，有助于提升其外语阅读和写作能力。

实践步骤

下面以《现代大学英语精读》中的课文学习为例介绍六种信息组织图：主旨和细节图（Main Idea and Supporting Details）、故事图（Story Map）、时间线图（Timeline）、鱼骨图（Fishbone Diagram）、维恩图（Venn Diagram）和KWL表格。

第一种，主旨和细节图。主旨和细节图可以帮助学生找到观点与证据之间的对应关系，可用于阅读课、说明文写作和议论文写作等课程。教师先向学生介绍主旨和细节的定义，同时引导学生关注主旨和细节在文中常见位置。主旨是作者写作的主要观点，细节是作者为让读者充分理解而提供的补充信息，如解释说明、细节描述、证据、数据、例子等，是可以回答What、Where、When、Who、Why 和 How 等相关问题的内容。以《现代大学英语精读3》第一单元课文 "Your College Years" 为例，教师可以让学生查找每段的中心句并填入Main Idea方框中，然后找到相关细节填入Key Detail框中。通过填写主旨和细节图（见图1），帮助学生了解作者阐释观点、扩充论点的方式。

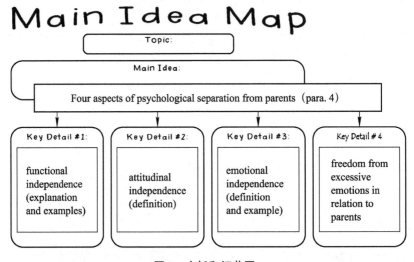

图1　主旨和细节图

　　第二种，故事图。故事图可以用于小说或者记叙文阅读，帮助学生归纳故事中的六要素（包括人物、背景、情节或主要事件、冲突、解决和主题）。故事图可以帮助学生找出小说或者记叙文的主要要素，理出故事发展的核心脉络，了解人物性格、情节、矛盾冲突等，从而深入探究小说主题和作者写作意图。以《现代大学英语精读3》第三单元课文 "A Dill Pickle" 为例，这是一篇意识流短篇小说，小说情节和冲突比较隐晦，中间穿插了很多闪回和对过去的回忆，学生接触这类作品可能会觉得难以理解。通过填写故事图的方式，教师可以帮助学生聚焦关键要素，了解主要矛盾和情节（见图2）。

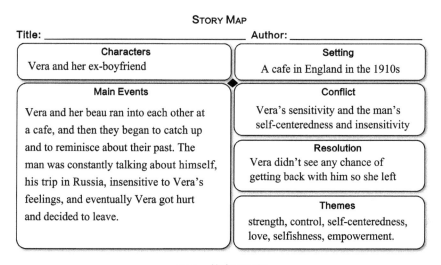

图 2　故事图示例

　　第三种，时间线图。时间线图可以用于记叙文、小说、传记等文体的阅读分析。教师引导学生把主要事件按照时间顺序标记在时间线上，以便梳理事件或情节的发展脉络。以《现代大学英语精读4》第四单元课文 "Lions and Tigers and Bears" 为例，作者讲述了去纽约中央公园露营的经历。纽约中央公园占地面积很大，景点众多，教师可以在讲课文之前提供中央公园的地图。然后让学生按照时间顺序，把作者经过的地方、发生的时间和他当时的感受都标记到时间线上。教师可以提供时间线模板，学生也可以按照自己的设想设计时间线（如图3所示）。

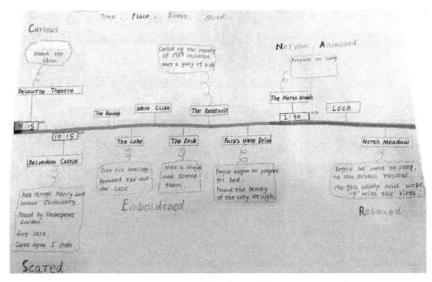

图3　时间线图示例

第四种，鱼骨图。鱼骨图主要用于分析因果关系，将"原因"（cause）归类填入鱼刺位置，将"结果"（effect）填至鱼头部位，形成因果链。以《现代大学英语精读3》第五单元"Silent Spring"为例，在文章的第二部分作者提到导致农业害虫问题的两个原因：一是农业的集约化经营，另一个是植物的进口。学生从课文中找到这两个原因，填充到图表上，然后对照鱼骨图复述这两个原因如何导致害虫问题（参见图4）。

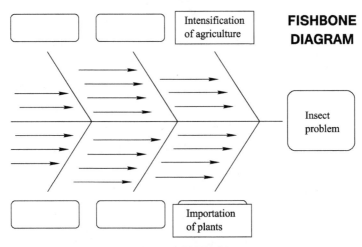

图4　鱼骨图示例

第五种，维恩图。学生阅读时可以使用维恩图记录两个主体或事物的共性与差异。例如《现代大学英语精读3》第四单元 "Diogenes and Alexander" 是一篇典型的人物对比文章，记叙的是两位不寻常人物的会面，前半部分描写犬儒主义的代表人物 Diogenes，后半部分描写亚历山大大帝。学生可以使用维恩图对比分析这两位人物的相同点和不同点（如图5）。两个圆形上方分别标注人物姓名，圆形不

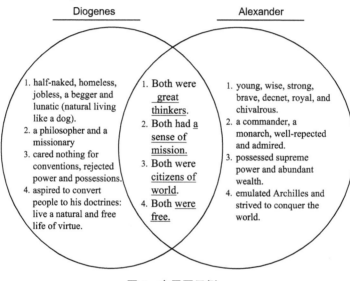

图5　韦恩图示例

重叠部分填写人物的不同特征（比如衣着打扮、生活方式、人际关系、信仰主义和传教方式等），圆形重叠部分填写人物的相同特征。对于较难理解的课文，教师可以使用填空的方式给予学生一些提示，帮助学生完成对比分析。

第六种，KWL表格（略，可参考本章第二招）。

应用效果

教师在教学过程中可以根据文章体裁和内容，根据不同的信息组织图设计各种教学活动和学习任务[1]，引导学生在阅读或思考过程中，关注主要观点和细节，

---

[1] 还可以通过以下网站下载更多信息组织图：1) https://www.hmhco.com/blog/free-graphic-organizer-templates；2) https://educators.brainpop.com/brainpop-esl-teacher-resources/brainpop-esl-graphic-organizers/content-graphic-organizers/。

理顺文本逻辑，积极能动地建构文本信息内容和意义，从而实现对阅读文本的深层次理解。以信息组织图的形式呈现阅读文章中的关键信息，能够加深学生对文章的理解，提高其外语阅读水平，锻炼其思辨能力和逻辑思维能力。

（潍坊学院陈姗供稿）

第四招　"拔钉子式"阅读教学法

拔除阅读文本中的"钉子"，
师生互动，生生互动，
攻克重点和难点。

妙招简介

"拔钉子式"授课法也称为"考问式"授课法。在大学英语阅读类课程教学中，以学生课前充分预习、教师课前充分准备为基础，授课过程以"考问"的形式进行互动，师生共同拔出晦涩的"钉子"。"钉子"指外语学习过程中受母语影响及文化背景限制造成的不易掌握的知识点，包括困难的读音、晦涩的词语、复杂的句式、陌生的文化背景知识等。"钉子"的存在往往导致学生对阅读内容一知半解。"钉子"不拔，阅读文本就不会顺畅（屈连胜等，2018），影响阅读教学的效果。

"拔钉子式"阅读教学法（Nails-Taking-Off Reading Activity）是指在教师的主导下，学生以小组为单位，通过合作、展示和课堂互动等方式拔除阅读文本中"钉子"，掌握文本中的重点和难点。

适用范围

本妙招适用于中学和大学英语阅读课程，要求学生具有一定的语言基础，能够进行自主阅读和讨论，班级规模不限。

活动目标

目标1：通过"拔钉子"这种有趣又有效的方式精准定位阅读材料中的难点和重点，帮助学生快速掌握新知识，提升外语阅读能力，同时提升阅读课堂效能。

目标2：通过小组合作、课堂展示和互动提高学生的文本分析和辩证思维能力，增强学生的学习兴趣和课堂学习自我效能感。

实践步骤

第一步，课前准备。教师筛选出举足轻重的"钉子"，并针对这些"钉子"设计问题。在此过程中，教师不仅要探测文本里的"钉子"，还要善于发现课文导言和课后习题里的"钉子"。教师应根据自己的学习体会与经验，从英语学生的心理角度出发，去"吃透"自己曾经也拿不准的晦涩语言知识点，充分查阅资料和语料，对所授内容做到心中有数、胸有成竹。学生要认真预习课文以熟悉教材内容，既要记录自己所遇的"钉子"，也要主动预测教师对"钉子"的考问。

第二步，课堂互动。教师首先带领学生朗读课文，查出并拔除读音里面的"钉子"，然后立足教材内容，适当延伸与补充，针对其他类别的"钉子"进行提问，力求每位学生都能够最大限度地参与互动，展示其思维能力。

第三步，课后总结与展示。教师依据文本篇幅将全班分成若干小组，每组选出代言人，根据课上对文本的讲解和全班处理"钉子"的结果进行课堂展示，对所学文本再次进行总结和复习。经教师讲评、学生修改完善的展示结果可作为文本复习的重要参考。

应用效果

"拔钉子式"授课法改变了大学英语传统上逐字逐句"串讲"文本的模式，代之以生动风趣的"拔钉子"形式，使学生对所学内容加深印象，培养其团队精神，增加学生之间的团结与沟通。同时，因各小组之间有竞争，小组组员之间有互动，调动了集体"拔钉子"的积极性，培养了学生之间合作共赢的能力（屈连胜等，2018）。

（河北师范大学屈连胜供稿）

第五招　关键词破冰法

阅读课文，关键词引路。
生生互动，参与度提升。

妙招简介

关键词破冰法（Keywords as the Ice-Breaker）是教师在新课导入环节中给学生提供一些与课文相关的重要信息点，比如数字、时间、事件、地名等一连串关键词。通过这些关键信息点，能激活学生对相关话题的背景知识，是一种外语阅读课上行之有效的热身活动。

适用范围

本妙招适用于各个学段的外语阅读课程，学生水平和班级规模不限。

活动目标

目标1： 作为课堂的热身活动，激活学生头脑中所存储的相关背景知识，为下一步的课堂阅读活动做铺垫，保证阅读教学效果。

目标2： 通过以多模态的呈现方式对阅读文本里的关键信息点进行讨论，提升学生的课堂参与度，提升阅读课堂活力。

实践步骤

第一步，找出关键点。教师提供一些与课文相关的重要信息点。这些信息点的呈现方式可以是多模态、多题材的，既可以是图片、文字，也可以是音频或视频；既可以是历史题材，也可以是时事新闻。

第二步，课堂讨论。学生根据这些信息点进行小组交流和讨论，分享相关知识，或据此猜测文章内容，并提出问题。

第三步，归纳总结。教师对相关信息点进行归纳总结，引导学生对课文进行批判性阅读，或继续给出线索，进一步引导学生自主探究文章主旨。

应用效果

关键词破冰的教学设计基于图式理论（Schema Theory）和关联理论（Relevance Theory），通过关键词将学生头脑中已有的知识与新事物、新知识联系起来，有助于进行有效的师生和生生课堂互动。该方法可使外语阅读课堂上的知识学习兼具趣味性和思辨性，打破课堂教师"满堂灌"的沉闷气氛，提高学生的课堂参与度，为学生深入理解和学习文章做准备。

（顺德职业技术学院陈琴供稿）

第六招　QAER 阅读教学法

英语课上"问答议思"，
学生自学—合作—反思，
提升阅读学习效能感。

妙招简介

QAER 阅读教学法（QAER Reading Activity）受到重庆大学王旭的大学英语示范课的启发，同时借鉴问题式教学（Problem-Based Learning，PBL）、产出导向法（Production-Oriented Approach，POA）和成功语言教学指导模式（Success-Guided Language Instruction Model，SLIM），并结合赋权增能外语教育教学理路（张文忠，2020）设计而成。

本妙招中的 QAER 分别代表四个步骤：提问（Questioning）、作答（Answering）、评议（Evaluating）和反思（Reflection），四个环节联结起课前、课上和课后的阅读与学习，使学生通过"自学—合作—反思"，充分体验组内、组间、生生、师生的交流合作，增强学习效果。

适用范围

本妙招适用于英语专业和大学英语阅读课程，要求学生具有初级以上的阅读和口语表达水平，能够自主完成课前阅读任务，班级规模不限。

活动目标

目标1：基于以问题为导向、给学生赋权的教学理念，引导和提升学生进行能动性阅读、积极思考，摆脱被动接受文本信息的窠臼，有助于培养他们的自主学习能力和批判性思维能力。

目标2：引导学生积极主动地参与到课堂阅读活动中，通过课堂交流讨论和同伴互评，增强师生互动和生生互动，提高课堂活力，改善外语阅读课堂生态和学生的自我效能感。

实践步骤

QAER 阅读教学法共分为如下六个步骤。

第一步，自主学习。课前，教师给学生布置自学任务，要求学生掌握基本词汇，理解课文大意，熟悉课文情节和结构，就课文内容和语言使用等方面提出问题。组长组织本组成员进行讨论，并初步拟定课上呈现的问题及答案。

第二步，自问自答。课上，各小组在规定的时间内进一步讨论、核对已拟定的问题，并将最终的问题和参考答案分别写在纸上。各小组将问题贴在黑板上，方便接下来选题作答。

第三步，选题作答。每个小组在规定时间内选派一位代表进行选题（本组题目除外），小组集体作答并将答案写在答题纸上。答题完成后，小组代表将问题和答题一并贴到黑板上。

第四步，相互评价。经全组商议和评估，分别给相应"出题组"的题目质量和选择"答题组"的答案质量打分。

第五步，全体评议。各组公布参考答案，将答案纸贴在黑板上，连同题目、答案一起供全班学生阅读、比较、讨论、评议和学习，其间允许小组修改分数。教师可充当仲裁，在出现难以调解的争议时介入，裁定最终分数。

第六步，组内反思。基于课上的学习、交流和评议，各小组课后复查，进一步完善本组给出的问题和参考答案，还可提出课上遗留的问题。最终各组长将整理的电子版内容分别提交给班级助理（Teaching Assistant，简称"班助"）和老师，由班助将最新版本的"题目＋答案"进行汇总后，上传至网络平台的班级群共享。如有悬而未决的问题，教师可以下次课上进行讲解，有针对性地答疑解惑。

应用效果

QAER阅读教学法吸引学生积极主动参与到课堂活动中，使课堂气氛变得紧张又热烈。课堂上会出现抢题、辩论、点赞、自省等精彩瞬间，还能欣赏到"你觉得"和"我觉得"的"交响曲"。本妙招变"阅"读为"悦"读，既改善了外语阅读课堂的教学效果，又提升了学生的获得感和自我效能感。

在应用QAER阅读教学法的时候，需要特别注意如下四点。第一，学期开课伊始，将全班分成3到5人的小组，各组推荐一位组长，同时招募一到两位班助，分别负责本组及全班在开展教学任务和活动中的组织管理和协调工作。第二，在活动中，教师担任主持人（保证各环节有序进行）、巡查员（了解每组完成情况）、咨询师（随时为学生提供咨询）、调解官（对异议和分歧进行调解）等多重辅助角色，同时也是流动的参与者（参与到各小组的讨论中）。第三，问题数量可视班级规模和课文难度调整，确保在一次课（90到100分钟）内完成，以保证整体的阅读教学进度。第四，教师要给每个环节设定时间限制，避免拖沓，保证各个环节之间紧凑、自然地衔接，从而确保课堂教学节奏平稳。

（广西民族大学李静供稿）

第七招 任务配置齿轮法

阅读任务巧配置，如齿轮层叠递进，
打造高效能外语阅读课堂。

妙招简介

任务配置齿轮法（Gear-Transmitting Reading Activity）是指在阅读课上教师把阅读任务凝练并分解成多个部分，将整个班级分为多个小组，各小组合作完成任务。任务分配方式如齿轮那样层叠递进，即第一小组负责展示任务一和任务二，第二小组负责展示任务二和任务三，依次类推。每个任务由两个不同的小组汇报，每个小组汇报两个不同的任务。

适用范围

本妙招适用于初高中和大学外语阅读课程，班级规模不限。

活动目标

目标1：通过小组互动和任务分工，提高学生的阅读能力，同时提升学生的团队合作意识。

目标2：帮助学生通过提问、比较和讨论等互动性较强的各类活动，提高思辨能力。

目标3：通过在网络平台上分享资料，激励学生对所发布的信息和自己的学习产生责任感。

实践步骤

任务配置齿轮法共分为四个步骤。

第一步，小组展示。教师根据任务的数量将班级分成相对应的若干小组，承担相应的任务，每个小组针对自己的任务在课堂上进行汇报展示。

第二步，比较与讨论。同一任务的不同小组展示完后，没有展示的小组比较两个版本的异同，并就疑惑之处提问，请两组成员进行解答，在比较和讨论中提高学生思辨能力。

第三步，答疑点评。经过一轮的展示、比较和讨论后，学生指出仍存在的问题，教师进行答疑解惑。同时，学生分享学习收获，教师点评学生的表现。

第四步，资料分享。课后，各组负责人一起将汇报材料整理打包，上传到课程资源共享平台，也可以上传至线上平台学习群，供学生复习使用。

应用效果

任务配置齿轮法是一种以教师为主导、学生为主体的教学设计，学生之间既有课堂内外的小组合作，还有互相竞争。学生可以从多个角度对文本进行阅读理解，有助于培养学生的合作精神和批判性思维能力。这种任务配置方式还能有效地增强课堂活力，有助于创建良好的外语课堂生态。

（华北电力大学高霄供稿）

第八招　读跑抢答法

阅读与跑步相结合，
脑力与体力齐开动，
奔跑中共享语言学习乐趣。

妙招简介

读跑抢答法（Read-and-Run Reading Activity）是指在外语阅读课上学生分成若干小组，分别扮演Reader、Runner和Leader的角色，在读、跑、抢答中，通过分工协作完成阅读任务，是一项生动有趣的阅读理解活动（Warfield，2019）。

适用范围

本妙招适用于各个学段的外语阅读课程，班级规模中等。

活动目标

目标1：通过读、跑、抢答活动明确阅读任务，给外语阅读课堂注入活力、增加趣味，提高阅读理解活动的教学效果。

目标2：通过小组间的竞赛提升小组和整个班级的凝聚力，创建良好的课堂生态。

实践步骤

读跑抢答法可分解为准备工作、课堂任务实施、活动总结与反思三个步骤。

第一步，准备工作。学生组队并分配好角色。教师备好阅读材料和竞赛问题，将竞赛问题单独发给各组的Leader，将阅读材料分发组内其他成员（兼顾Reader和Runner两个角色）。

第二步，课堂任务实施。各组的Leader位于教室一端，手持竞赛问题，而无阅读材料；其余多名成员（Reader + Runner）位于教室另一端，手持阅读材料，而无竞赛问题。小组成员轮流充当Runner（不可携带材料，不可记笔记），跑向Leader看问题，迅速记忆后返回告诉组员，之后小组合作找出答案并记录。如果Runner途中忘记问题，可返回重新查看，但同一问题只能由同一个Runner负责，中途不可换人。接下来，同一Runner迅速返回和Leader核对答案。Runner不可以直接看答案，必须由Leader告知答案。如果答案错误，Leader可酌情给予提示（教师需要从旁监督），小组继续找答案，直至回答正确方可进行下一题。最终，率先答对所有题目的小组获胜。

第三步，活动总结和反思。教师组织各个小组进行学习反思，总结答题过程中出现的问题，再由教师进行反馈和指导。

应用效果

读跑抢答法是一种脑力和体力训练相结合的课堂活动设计，学生在完成任务的过程中进行大脑和身体的双重比拼。这种别开生面的阅读理解活动打破沉闷，缓解焦虑，有助于营造轻松愉悦的学习氛围，提升小组和整个班级的凝聚力，创建良好的语言教学课堂生态。

（哈尔滨师范大学郝敏供稿）

第九招　故事续写法和改写法

读后故事续写和改写，
语言模仿与内容创新相结合，
激发学生的学习动力与创造思维。

妙招简介

故事续写法和改写法（Story Continuation and Creation）是受广东外语外贸大学王初明的读后续写理论（王初明，2016，2017）启发而提出的一种发现式学习方法。本方法旨在将语言模仿与内容创新有机结合，通过对小说或文章进行读后续写或改写的活动，激发学生的想象力和创造力，从而解决学生写作素材单调和八股文式写作等问题，以达到促学效果。

适用范围

本妙招适用于初中、高中和大学的外语阅读课程，对学生的阅读水平和写作水平有一定的要求，学生能够读懂阅读材料，并在此基础上进行故事创作的能力，班级规模不限。

活动目标

目标1：通过读后续写或改写，运用想象力与创造力将语言模仿与内容创新有机结合，提高外语阅读理解和外语写作能力。

目标2：通过在课堂上与同伴分享改写或续写的内容，增强学生的课堂互动，提升课堂活力。

实践步骤

以英国作家托马斯·哈代（Thomas Hardy）的作品《德伯家的苔丝》（*Tess of the D'Urbervilles*）为例来介绍这个教学活动。在该作品中，许多章节的结局都是开放性的，充满各种可能性。

第一步，改写和续写。教师首先确保学生理解原著情节和写作风格，引导学生结合原著的写作风格，同时兼顾情节合理性和语言准确性进行改写和续写。学生可以改写小说的某些章节，如对苔丝一刀刺死让她失去真爱的花花公子亚雷·德伯这个结局进行改写，发挥想象力，描绘出学生心中不一样的结局。学生也可以基于小说的某些章节进行续写，比如学生可沿着苔丝按律法被处以绞刑这条主线，描述她的心上人安吉尔是否按照苔丝的遗愿继续生活下去，来续写小说的结尾。

第二步，同伴分享。教师组织课堂讨论，交流和分享写作心得体会。学生也可以将各自改写和续写内容放在网络平台上共享，相互反馈或点评。

应用效果

故事续写法和改写法将外语课堂阅读拓展到课外写作，学生在阅读理解的基础上将所学的语言知识付诸实践，同时在课堂交流中融入口语练习。外语写作能力的有效提升是一个循序渐进的过程，通过故事续写和改写，可以促使学生在语言输入后能够有语言输出，将所接收的语言知识运用到实践中，通过不断的实践提升语言水平。

（青岛科技大学刘昱君供稿）

第十招　T-4P 学习法

一个 Topic 加上四个 P，
Preview-Presentation，预习和展示，
PK-Production，以赛促学促用，美美与共。

妙招简介

T-4P 学习法（Topic: Preview-Presentation & PK-Production）是指教师在阅读课上围绕文章话题（Topic），引导学生依次预读课文和撰写初稿（Preview）、小组展示和修改文章（Presentation）、完成写作和共享作品（Production）三项读写任务，营造以赛（PK）促学的良好氛围，激发学生的潜能，提升语言运用能力，培养其创造性思维。

适用范围

T-4P 学习法可应用于大学和研究生阶段的外语阅读和写作相关课程，要求学生具有初级和中级以上的外语水平以及一定的自主学习能力，班级规模不限。

活动目标

目标 1：通过将阅读内容与写作练习相结合的方式使学生明确学习目标，督促学生提高和深化阅读理解能力和文本分析的能力。

目标 2：通过写作和作品共享，增强学生的学习动机和责任感，提升语言运用能力，培养他们的创造性思维和创新意识。

实践步骤

第一步，预读课文和撰写初稿。课前，教师将每篇文章内容划分为多个话题，分由不同小组进行命题作文写作。每组围绕各自的话题认真预读课文，查阅相关资料，撰写文章初稿并组内讨论修改，做好课堂展示准备。需要特别注意的是，每个话题写作至少安排两组准备。

第二步，小组展示和以赛促学。课上，同一话题的两组学生依次展示撰写好的话题作文，展示形式可以是文本展示、幻灯片展示和口头朗读等。同一话题的两份作文展示后，引导其他学生就两组作文本身和各个小组表现孰优孰劣发表观点、指出问题以及给出相应改进建议。同时，提醒两组学生认真给出回复，互动讨论，记录过程，课后对文章进行修改。这样安排既能凝聚各组学生战胜"对手"的力量，还能激发全班学生帮助两组学生做到最好的热情。其他话题展示过程同上。

第三步，完成写作和共享作品。课后，各组学生组内继续修改、完善话题作文，确定终稿。然后，将终稿文档上传课程平台共享，供其他学生自由切磋交流。此外，教师要及时进行反馈，一是将优秀范文推荐给全班学习，二是对仍存在较大问题的文章给予进一步指导，三是对于修改力度较大、文章水平提升较大的小组给予鼓励和推荐。

应用效果

T-4P学习法的三项读写任务环环相扣、步步推进，一扫以往的沉闷，能够有效地提升学生读写能力，激发学生批判性思维。这种教学设计把阅读、写作、口语训练结合起来，通过同伴互评、学生自评等多种方式，可以提升学生的参与度和自我效能感，以有效改善课堂生态。

（商丘师范学院王淑侠供稿）

第十一招 "亮考帮"外语教学法

"亮考帮"外语教学法，
打破"填鸭式"局面，
把课堂还给语言学生。

妙招简介

"亮考帮"外语教学法（Showcasing-Challenging-Assisting Reading Activity）基于"对分课堂"[1]创始人复旦大学张学新（2014）提出的"亮考帮"设计而成，用于大学英语阅读和写作教学中的语言知识学习、课堂讨论，打破传统课堂教师"填鸭式"教学模式，通过小组合作和班级互助的方式将所学的知识进行巩固和应用并付诸实践。

适用范围

"亮考帮"外语教学法可用于大学外语阅读和写作课程，也可以用于研究生学术英语阅读和写作课程，班级规模不限。

活动目标

目标1：打破教师"填鸭式"传统阅读教学模式，培养学生在阅读过程中独立思考、分析问题和解决问题的能力。

目标2：通过小组合作和班级互助、同伴互评的方式加强班级管理，增强班级凝聚力和课堂活力，提高外语阅读教学效能。

实践步骤

第一步，"亮闪闪"——扬长（Showcasing）。课前或课后，学生自由组成学习小组。每组每位成员独立思考，认真总结自己阅读一篇文章时或者在一堂课里所学的印象最深的语言点、理解最到位的内容、最有感触的观点或者最受益的知识点等。这是每位学生"亮闪闪"的学习收获。

第二步，"考考你"——挑战（Challenging）。小组内每位成员依据自己的"亮闪闪"设计测试形式和测试内容"考考你"。成员之间互相评测，接受彼此的挑战，互相考查同伴们的学习效果，找出自己和同伴存在的困惑之处。

第三步，"帮帮我"——互助（Assisting）。课外或课堂上，小组内同伴们可以"凡尔赛"自己"亮闪闪"的学习收获，共同探讨疑难问题，交流切磋，相互启发，选出最耀眼的"亮闪闪"，抛出小组内未能理解解决的最难问题。

1　"对分课堂"又称为"PAD 课堂"，其教学过程共有三个：Presentation（讲授），Assimilation（内化吸收），Discussion（讨论）。一个完整的对分课堂周期由三大部分构成：教师的课堂讲授、内化吸收、讨论交流。其中，最重要的核心理念是将课堂教学时间对分，将传统的教学时间一分为二，一半时间分给教师，由教师支配进行知识讲解；一半时间分给学生，由学生支配进行讨论；中间添加一个最为重要的学生内化吸收的过程（张学新，2014）。

各学习小组讨论交流之后，小组之间或在全班展示各小组的最耀眼"亮闪闪"，共享学习成果，而就难以解答的问题求助于其他小组学生或者教师。教师进行最后的归纳总结和点评。"帮帮我"，师生共同攻克难关。

应用效果

"亮考帮"具有扬长性、挑战性和互助性，把部分课堂时间真正分配给学生让其充分利用，有助于学生挖掘和欣赏自身和同伴的闪光点，将自主学习、独立思考与合作学习、讨论交流有效结合，活跃课堂互动气氛，提升班级凝聚力，有效改善外语课堂生态。

（商丘师范学院郑雯供稿）

第十二招 "典故"挖掘法

挖掘阅读文章中的典故，
丰富英语课堂教学！

妙招简介

英语文章中出现的典故看似用词简单，但不易于理解。"典故"挖掘法（Allusion-Mining Reading Activity）可以深挖英语语言措辞的精妙之处，欣赏语言使用中的类比修辞写作方法。在分析课文时，对于文中出现的典故，不仅要理解其语境中的意思，还可指导学生挖掘该典故的文化背景和出处，挖掘作者思想的深层部分。以典故展开的故事趣味性强，令人记忆深刻，有利于丰富课堂教学内涵，提升外语课堂魅力。

适用范围

本妙招可用于大学英语或者专业英语的精读课程，学生具有初级英语阅读和口语表达水平，班级规模不限。

活动目标

目标1：促使学生在理解和分析阅读材料中的典故含义和应用的过程中，深入学习其词源相关知识，既掌握和拓展语言知识，又深挖其相关的文化背景和出处，不仅学到显性知识，还能学到隐性知识。

目标2：通过让学生自主选择典故的课堂呈现方式，激发他们的学习兴趣，锻炼他们的创新能力，提高他们的学习积极性。

实践步骤

第一步，课前准备。教师要求学生在预习课文时查找文章中所用到的典故，先理解典故在文本中的语境含义和用法，找到典故产生的出处。

第二步，课堂呈现。教师科研组织学生在课堂上与学生交流和讨论典故的词源故事和用法，也可鼓励学生将典故相关的故事以讲故事、短剧或对话等各种形式在课堂呈现出来，使学生在实践应用中练习英语口语。

第三步，深入挖掘。教师引导学生结合课文、解析作者想表达的深层主题含义，将典故相关的词语与其他的同义词/近义词或词组进行语义和文体方面的比较，深入了解和学习与典故相关的语言知识。

第四步，归纳总结。教师进行补充和归纳梳理，帮助学生深入理解作者的文化背景和知识背景，了解类比是英语作者较常用的对抽象观点的演绎、表达方式之一。

以《全新版大学英语综合教程》第一册第三单元课文 "Public Attitudes Towards Science" 为例介绍本妙招的教学案例。在此文中，作者霍金借用了玛丽·雪莱的科幻小说《科学怪人》来说明其观点，如果知其然而不知其所以然，就无法精准地理解霍金的观点，也就无法理解文章结尾的冷笑话！

在该小说中，医学院学生弗兰肯斯坦（Frankenstein）在实验室利用几具尸体残部组织，拼接合成一个完整巨大的人体，使之复活，有了生命。此"巨人"起初天性善良，向往美好，渴望感情，但因其形容丑陋，为社会所鄙弃。因此，他要求弗兰肯斯坦为他再造一个女性怪物为伴，但未能如愿，于是巨人疯狂报复，杀死弗兰肯斯坦的未婚妻等亲人。弗兰肯斯坦发誓毁掉自己创造的作品，而巨人最后自焚而死。

此小说为西方经典科幻故事，作者霍金借此典故表明其观点：如果公众不做出明智的决定的话，任由科学家决定创造、开发新产品、新科技，那未来世界就可能出现这位医学生科学家经历过的事情。《科学怪人》这种作品是对人类产生威胁的负面产物。课文类比后可引出观点：公众明智的决定非常重要，是生死攸关的大事！文章结尾有一个令人毛骨悚然的冷笑话："我们尚未受到外星球文明的造访，是因为一旦文明发展到我们目前这个发达程度，它就会自我毁灭（因为公众没有做出明智的决定，任由科学家、精英们发明、创造有可能毁灭其文明的作品）！"

对一个典故的认知、理解、类比的过程，也是对课文理解的过程，更是对作者文化背景了解的过程。教师在这个过程中逐渐引导学生不断探索、对接、比较、类比，使学生豁然开朗，过程有趣，结果有益。

应用效果与建议

在英语阅读教材中，几乎每一篇课文都有典故类习语，能够为读者表达作者的观点和思维逻辑起到画龙点睛的作用。因此，在解析这些典故时，不仅需要引导学生理解其含义，挖掘其渊源，不仅知其然，还知其所以然。此妙招本身就能够促使教师和学生深度探索和挖掘文章思想，通过"寻宝与鉴宝"的过程增加外语阅读的趣味性。挖掘典故背后的故事，能激发学生的好奇心。通过猜测、查询、讨论和分析，帮助学生对英语语言文化进行深层次的解读，学会借鉴阅读文本中地道的英语表达，在交际中学以致用。

（南开大学曹海陵供稿）

第十三招　学术阅读圈

一个学术阅读圈，
五个动态学习角色，
带动多种英语课堂活动。

妙招简介

学术阅读圈（Academic Reading Circles，ARC）是指教师指导学生组成小组、分角色深入研读和学习讨论同一篇文本的合作式学习活动。学术阅读圈最早由加拿大学者 Tyson Seburn（2016）提出，他长期在多伦多大学教授学术英语。具体而言，学生分别承担组长（Leader）、概念责任人（Visualizer），高亮词汇责任人（Highlighter）、衔接责任人（Connector）和背调责任人（Contextualizer）五个动态角色（教师也可根据活动目标和分组情况，可适当减少现有角色或增加新角色），分工合作，进行英语阅读、学术研讨以及课堂互动（详见图1）。

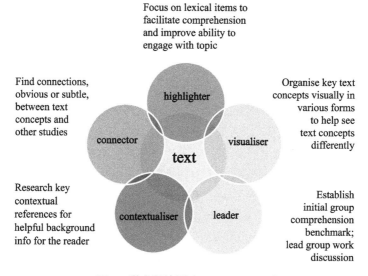

图 1　学术阅读圈（Seburn，2016）

适用范围

本妙招适用于初中、高中和大学的外语阅读课程，学生能够自主阅读，承担各种相关任务，班级规模不限。

活动目标

目标1：组织学生以分工合作的方式完成对教学内容的学习，通过讨论练习口语，提升学生的阅读理解和分析能力。

目标2：引导学生在阅读和讨论中进行批判性阅读和思考，进而培养其学术英语素养。

目标3：使学生成为学习的能动主体，在自主阅读和独立思考过程中提高其自主性，同时培养其人文素养。

实践步骤

学术阅读圈活动包括课前准备、课堂活动和课后拓展三个步骤。

第一步，课前准备。老师给学生布置学术英语阅读材料自学任务。学生分组，组内商讨确定各自角色，并根据相应角色和要求完成阅读任务，为课堂讨论做准备。其中，组长（Leader）负责确定阅读任务和标准、主持小组讨论、分配和协调小组成员角色[1]，如负责把课文中的重要概念以图片或图表的形式呈现出来的Visualizer，负责理解和应用课文中的重点词汇的Highlighter，负责找出课文衔接部分的Connector，负责找出上下文中照应部分的Contextualizer。

第二步，课堂活动。首先，各小组承担同一角色的学生一起交流、讨论课前所自学的阅读内容（这个步骤可按照课堂时间安排，也可省略），相互学习和借鉴。然后，学生返回各自小组进行组内交流。五个角色依次汇报学习收获，相互补充，相互研讨。最后，老师引导全班共享学习成果，进行课堂讨论。教师可采取措施鼓励学生参与，比如：1）邀请扮演某一角色（如Leader）的学生阐述自己及小组的学习过程和收获；2）邀请扮演同一角色（如Highlighter）的多位学生分享对于文中关键信息的理解，并进行思辨式讨论；3）邀请某一组学生进行课堂汇报，回答其他学生提出的相关问题，锻炼学生的提问能力和口语表达能力。

第三步，课后拓展。教师鼓励学生根据自己的兴趣和自身外语水平自主进行阅读拓展活动，通过读后续写、读后仿写、撰写反思日志、总结概括阅读文本中的写作技巧等各种方式进行深度拓展和学习。

应用效果

学术阅读圈这种教学设计能实现阅读与写作、听与说等各种技能的有效结合。学生完成各自的任务后，小组成员进行集中式、分享式交流，从不同角度来阐述对阅读材料的理解，由此较好地达到阅读理解的学习效果。这不仅帮助学生了解学术语言及写作特点，促进学生进行批判性阅读和思考，进而培养其学术素养，还能使学生成为学习的能动主体，边阅读边思考，提高其学习积极性和主动性，培养其人文素养和博爱精神。另外，此方法对教师的课堂驾驭能力具有一定的挑战性，学生也需要课外投入更多的时间。

（天津医科大学方雪华供稿）

1　也可以按照具体情况分配角色和任务，如话题展示者（Topic Presenter）、语篇解读者（Passage Person）、文化大使（Culture Ambassador）、讨论组长（Discussion Leader）等，参见"'阅读圈'的成功课例详解，实践英语学习活动观，值得借鉴！"，https://www.sohu.com/a/417653408_650698（2024年2月19日读取）。

第十四招 学术英语合作阅读圈

学术英语合作阅读，小组角色，动态分担；
六人协同，合作共赢。

妙招简介

本妙招借鉴加拿大学者Tyson Seburn（2016）提出的学术阅读圈（Academic Reading Circles）的理念，结合中国外语教学实际，提出的适应中国学生的学术英语阅读模式。学术英语的篇章内容专业性强，正式用语和生僻词汇较多，句型结构复杂，学生自主阅读难度大。"学术英语合作阅读圈"（Collaborative Academic Reading Circles，CARC）由教师主导、以学生为中心展开，教师针对每个单元学术英语课文的内容，让学生以小组合作方式分六个动态角色进行英语阅读（如图1所示），帮助学生有效地完成课前自主学习。

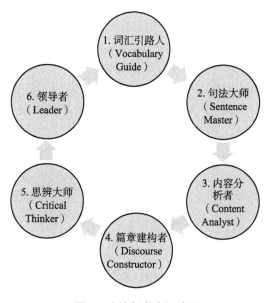

图1 改编版学术阅读圈

适用范围

此妙招适用于大学本科阶段和研究生阶段的阅读和写作教学，学生具有初级以上的阅读和写作能力，能够对课文进行自主学习，班级规模不限。

活动目标

目标1：通过小组分工合作的方式促使学生高效完成学术英语阅读课程的自主学习任务。

目标2：课堂展示和讨论有利于提高学生的外语沟通合作能力。

目标3：通过将课前学生的课文自主阅读与课上教师引导的深度阅读相结合，培养学生的自主学习能力、问题探究和批判性思维能力。

实践步骤

第一步，课前准备，任务分工。老师给学生布置学术英语教材中的课文阅读任务，比如主讲课文Text A的几个重要段落或者拓展阅读Text B/C的内容。学生六人一组，商定各自的角色，并完成相应的任务。各角色的具体任务如下：1) 词汇引路人 (Vocabulary Guide)，解释关键单词和短语以及关键概念词；2) 句法大师 (Sentence Master)，分析重点、难点句子成分并用英语释义，把重难点句子翻译成汉语；3) 内容分析者 (Content Analyst)，分析段落大意，写出总结，找出体现段落大意的主题句，找出相关内容的背景知识；4) 篇章建构者 (Discourse Constructor)，分析该段落的衔接词、逻辑结构及其与前后文的段落关系；5) 思辨大师 (Critical Thinker)，针对作者的观点或态度深入思考，做出评价，或者与中国的社会历史文化、价值观等进行对比，提出自己的见解；6) 领导者 (Leader)，小组内分工协作，建立小组理解的标准，组织引导小组讨论，保证小组成员间对学习任务沟通顺畅。

第二步，课堂活动，小组展示。以小组为单位进行篇章讨论。教师也可以引导学生针对同一段落由不同小组担任同一角色的学生来讲解，不同观点的碰撞常常带来意想不到的收获，学生不仅能够强化所学的内容，还能锻炼思辨能力。

第三步，课后总结，反思总结。课后，教师可以设置针对课文主题或观点的反思性写作，尤其是有关批判性思考的内容，如以小组为单位完成合作学习报告（如表1所示）。

表1　合作学习报告

任课教师：＿＿＿＿＿＿＿＿　　　　小组：＿＿＿＿＿＿＿＿

角色	具体任务	姓名	学号
词汇引路人 (Vocabulary Guide)			

（待续）

（续表）

角色	具体任务	姓名	学号
句法大师 (Sentence Master)			
内容分析者 (Content Analyst)			
篇章建构者 (Discourse Constructor)			
思辨大师 (Critical Thinker)			
领导者 (Leader)			

应用效果

　　学术英语合作阅读圈可以将课前学生的课文自主阅读与课上教师引导的深度阅读相结合，有利于培养学生的自主学习、问题探究和批判性思维能力。有些学生为了查找某个专业术语，会利用各种途径搜索相关信息，归纳总结相关知识。同时，该活动有利于提高学生的沟通合作能力。该妙招的重点是要促进学生之间的合作和互动，避免学生各自为战，需要教师灵活地引导学生参与课堂活动，建议将学生的表现作为形成性评价的重要组成部分。

（山东财经大学厉建娟供稿）

第十五招　训练教学能力的双轮阅读圈

双轮阅读圈，双管齐下，
学习能力、教学能力共同提升。

妙招简介

　　本妙招采取阅读圈（Reading Circles）的任务形式，将学生分成不同的小组，每位小组成员承担不同的角色，先独立阅读，再进行小组讨论。常用的阅读圈角色包括讨论组长、总结者、文化收集者、生活联系者、单词大师和文本分析者。

在实际操作中，任务的角色设置和数量可根据活动目标灵活处理（罗少茜、张玉美，2020）。双轮阅读圈（Double Reading Circles）的教学设计旨在培养英语师范生的阅读教学能力。

适用范围

此妙招适用于大学本科阶段及研究生阶段的外语阅读和写作教学，面向（但不限于）英语师范专业学生，班级规模不限。

活动目标

目标1：通过课堂实践和反思环节培养和提升英语师范生的英语阅读能力和阅读教学能力。

目标2：通过听课和课堂观察环节使学生相互学习，相互促进，培养学生的团队合作意识。

目标3：通过承担不同角色和任务，以分工合作的方式锻炼学生的阅读能力和阅读课程设计能力。

实践步骤

第一步，阅读圈第一轮。在学生个人备课环节，学生自行结为六人小组，每人选取不同角色完成个人备课任务。角色设计依据一节完整阅读课的各个步骤。为了全面练习每个角色的教学设计，学生应在不同单元选择承担不同角色，角色相同的学生进行课上讨论（集体备课环节）。比如，Pre-reading Activity Designer负责读前活动设计），Comprehension Questions Designer根据文本设计理解性问题，Expression Appreciator选取文本中值得赏析或讲解学习的表达，Exercises Explainer讲解教材中的选择题，Summarizer在黑板画结构图以引导学生总结文本内容摘要，Discussion Questions Designer设计读后延伸性讨论问题。

第二步，阅读圈第二轮。课前作业组的所有相同角色的学生重新汇成一组，分享和讨论个人的教学设计。在该过程中，教师会给出指导建议。每小组共同协商，汇集所有人的成果，完成精华版的教学设计，并推举代表进行微型教学。在此阶段，学生需要在个人教学设计上标出小组讨论的建议、做的修改和收获等。每次课程选出不同代表，保证每个人都有教学机会，还可将任务分解，以进一步增加锻炼机会。

第三步，微型教学、听课和课堂观察环节。小组代表进行微型教学，其他学生进行真实的互动（期间不允许向同组学生提问，杜绝"找托儿"现象）。听课时，学生要记笔记，还要观察和记录每位讲课学生的优缺点，如教学设计、教态、语音面貌、互动情况（眼神交流、提问模式和反馈等）等。

第四步，评课环节。理想的状态包括教师评课和学生互评两个方面。教师会根据学生现场的实际教学情况有针对性地反馈。学生可以分组讨论，与其他组成员分享本组的收获。

第五步，课后反思。课后反思是课前作业的升级版，除了集体备课环节的改进，还要增加课堂笔记和个人评课等内容，帮助学生养成反思和记录的习惯，使其意识到同学之间不是竞争关系，而是学习共同体。

应用效果

此妙招经过一个学期的实践，取得了良好的教学效果。特别是其中的备课和讨论环节中，学生加深了对阅读内容的理解。课堂实践和反思环节提升了学生的教学能力和阅读教学能力。英语专业师范生做了细致的教学笔记，取得了卓越的教学成果。活动后学生的评教反映出他们对教学活动的高度认同，从侧面说明了双轮阅读圈的可行性和有效性。

（哈尔滨师范大学郝敏供稿）

第十六招　"针毡"互动阅读法

进课堂，被拷问如坐针毡；

练口语，深阅读仰取俯拾。

妙招简介

"针毡"互动阅读法（Hot-Seating Interactive Reading Activity）是受英国戏剧教育中的一个教学策略所启发而设计的英语课堂活动（Neelands & Goode, 2005）。活动中由教师或某位学生扮演一个或多个角色，接受其他人的提问，通常被提问者坐在一个特定的座位（the hot seat），像被拷问一样，有如坐针毡之感，故名"针毡法"（Pearce & Hardiman, 2012）。

适用对象

本妙招适用于大学本科阶段涉及阅读、辩论、批判性阅读教学等内容的各类英语课程，学生能使用英语进行基本问答，班级规模不宜过大，尽量不超过30人。

活动目标

目标1：使学生通过阅读和课堂问答更全面深入地了解某个特定的人物或文本，通过课堂互动获取多方视角和不同的体验，培养思辨能力。

目标2：通过角色或人物代入学生对阅读过程中所获取的信息进一步加工和内化，同时提升其英语阅读和口语表达能力。

实践步骤

第一步，角色准备。首先，被提问者需要了解并确认自己是什么角色（Who I am）、处于什么情况（Where I am）以及出于何种行为动机（Why I act or think in this way）。其次，被提问者可使用文本证据、个人经验或其他形式的研究进行准备工作，可提前写出三至五个问题。其他学生也可扮演某种角色（如报道此次事件的记者或某个相关人物），或者只是扮演自己，向坐在特定座位的角色提问。提问者和被提问者均须从各自的视角准备问题。

第二步，提问环节。被提问者在特定座位坐好后，其他学生开始向他提问。教师应鼓励学生从多个视角提出问题，并在未得到满意的回答时可重新提问，或追加新的问题。

第三步，反思。在提问结束后，教师可组织被提问者和提问者进行讨论，对整个问答过程进行深层次的反思，如"站在角色的立场上去思考问题是什么感觉？""通过这个活动你对这个角色或文本有没有新的见解？"等，通过诸如此类的问题与其他学生分享感受。

教学体验

本妙招要求坐在特定座位上的人对角色和文本有充分的了解，做准备的过程就是学生能动学习相关内容的过程。在提问环节中，学生在问答中更加深入地思考，找到表面现象背后的动因，透过现象看本质。同时，通过角色代入，学生可以从多个角度看问题，从而培养思辨能力。例如，在课外阅读《科学怪人》时让学生代入怪物的角色接受提问，典型的问题如"你第一眼看到这个世界是什么感觉？""当你发现你的创造者害怕你而直接扔下你跑掉了，你是什么感受？"等。通过参与这个活动，学生反映他们更能理解怪物后期的复仇举动以及人性的复杂性和多样性。此外，本妙招中的角色范畴广泛，可以是文学作品里的某个人，也可以是一个历史人物，甚至可以是一个国家，可视具体情况而定。

（江汉大学谌怡然供稿）

第十七招　基于实景照片的句式扩展写作训练法

外语写作中，面对给定话题总是文思枯竭？
遣词造句时，囿于句式结构时常无话可说？
用实景照片引导学生做句式扩展，
体验外语写作教与学的妙与趣！

妙招简介

基于实景照片的句式扩展写作训练法（Picture-Based Sentence-Extending Writing Activity）鼓励学生在描写自己熟悉或感兴趣的实景照片时逐步扩展句式，展开想象的翅膀，借助形象思维进行化简为繁的写作进阶训练。

适用范围

本妙招适用于小学、初高中和大学各学段的外语写作课，班级规模不宜过大，以20到30人为宜，学生具有基本的词汇和语法知识即可。

活动目标

目标1：将外语写作与真实的人生经历和具体情境联系起来，增强写作的趣味性，提高学生的写作积极性和自我效能感。

目标2：通过形象思维循序渐进地提升学生在微观层面的写作能力。

实践步骤

以描写校园初春美景照片为例，具体操作步骤如下。

第一步，收集照片。教师告诉学生写作训练的主题是"校园初春美景"。学生课下可以拍摄或者从多个渠道收集相关照片。

第二步，展示照片。课堂上学生在多媒体屏幕上展示已拍摄或收集的校园初春美景照片。教师给出一个简单的主题句，如"Spring approaches our campus."。

第三步，编写语句。学生围绕主题自由发挥，从不同的视角描写校园初春美景，编写出若干语句。

第四步，扩展句式。教师引导学生运用分词或动名词词组等衔接手段将这些语句添加在主题陈述句之前或之后（可同时对主题陈述句进行适当改写），将其扩展为一个不少于50词的长句，借此进行点断式句子（periodic sentence）和堆积式

句子 (cumulative sentence) [1] 扩展训练。

第五步，总结点评。教师展示学生所写的具有典型意义的长句，并总结、点评句子的亮点，也可请作者分享到微信群等线上平台供全班学生借鉴学习。

第六步，学生习作示例。以下为经过教师修改后的学生习作的终极版本。

点断式句子：

As every life starts afresh, spring, with willows along Si Yuan Lake shooting twigs; primroses beside the Middle Building and the Lower Building unfolding their buds, giving out a sweet flavor and bringing joy to everyone around; the botanic garden near Guang Biao Hall seeing the cherry trees blossom; and in gentle breezes the cherry petals swinging pleasantly comes everywhere on SJTU campus.

堆积式句子：

Spring does come as lives start afresh everywhere on SJTU campus: willows along Si Yuan Lake shooting twigs; primroses beside the Middle Building and the Lower Building unfolding their buds, giving out a sweet flavor and bringing joy to everyone around; the botanic garden near Guang Biao Hall seeing the cherry trees blossom; and in gentle spring breezes the cherry petals swinging pleasantly.

应用效果

基于实景照片的句式扩展写作训练法针对微观层面提升学生的写作能力。实景照片的可视性、场景感、趣味性或熟悉度有利于激发学生的形象思维，写出表达真情实感、通顺流畅的长句，不仅有助于写作炼句，还能有效增强写作信心，提升写作自我效能感。

（上海交通大学林玉珍供稿）

1　点断式句子 (periodic sentence) 通常称为"圆周句、尾重句、掉尾句"，是一种归纳式描写，指在写作中先灵活使用分词词组描写细节，最后一句呈现主题。堆积式句子 (cumulative sentence) 也称为松散句 (loose sentence)，属于演绎式描写，指在写作中先写一句总结性主句，然后巧借分词词组描写堆积细节。该妙招中将点断式句子和堆积式句子放在一起进行写作训练，旨在通过这种对比使学生掌握运用不同的细节组织方式，在写作中表达真情实感，写细节，做到"言之有物"。另一个需要注意的是，在英语语法教学和研究中，更常见的是将 periodic sentence 和 loose sentence 作为两个对照的术语使用，用于讲解该语法知识的例句强调特色分明，结构短小精悍。而在该教学实践中使用点断式句子和堆积式句子加以对照，从实践应用的角度提供学生的真实写作文本，语言使用有不妥之处，比如文中的例句使用了过多的分号、作为例句缺乏一定的典型性等问题。其他同人在使用这一教学妙招时，可针对学生例句的具体情况进行修改和讲解，这种修改过程在语言学习中是必不可少的，也是大有裨益的。

第十八招　"三色互评"写作教学法

写作课上想提升班级活力却不得其法？
教师批作文耗时费力却效果不佳？
学生不解为何如此圈点勾画？
"三色互评"为您解码！

妙招简介

"三色互评"写作教学法（Tri-Color Peer-Review Writing Activity）采用分类批改与学伴互评相结合的方式，充分激发学生的自主学习和合作学习意识，赋权于学生，引导其关注习作中语法有误、表意不明、表达方式单一、表述缺乏亮点等问题，从而促进学生外语写作能力的全面发展，提高外语写作课的教学效能。

适用范围

本妙招适用于面向中高级水平学生的外语写作课，学生具有中级以上外语水平，班级人数不宜过多，20到30人为宜。

活动目标

目标1： 引导学生关注习作中常出现的语法、表意、表达等问题，促进整体外语写作能力的发展。

目标2： 赋权给学生进行分类批改、同伴互评，增强学生的自主学习和合作学习意识。

实践步骤

第一步，教师批阅示范。教师选取一篇学生作文在课堂上进行示范性批阅，说明该习作中语法错误、表意不明、表达单一、缺少亮点等问题的具体表现。

第二步，同伴三色互评。相邻而坐的两位学生互评作文，用红、蓝、黑三种颜色进行标注。建议学生用红色标注语法有误、表意不明或表达单一之处，用蓝色标注自己不确定正误之处，用黑色标注同伴作文中的亮点（如值得自己学习的词汇和句子表达方式）。如果遇到无法判断正误的情况，学生应与同伴或教师交流。

第三步，学生自主修改。请学生取回自己的作文，仔细研读同伴批阅的标注。如有疑问，可与同伴交流或寻求教师帮助。

第四步，教师全程辅助。在同伴互评和自我修改两个环节中，教师扮演辅助者和咨询者的角色，及时为学生答疑解惑。

应用效果

本妙招实践所选德语试验班为36人，学生基本达到德语欧标B1水平。实验时长为一个学期，之后对全班学生进行无记名调查。结果表明，所有学生都认为该法有助于提高自己的写作水平，而且绝大多数学生在德语考试里的作文得分有所提升。

（浙江科技大学黄扬供稿）

第十九招　句子启动神器写作法

写作教学设计缺乏新意？
学生写作时无从下手？
Sentence Starters 为写作拓展思维，
为写作课堂教学有效破冰。

妙招简介

在英文写作中，句子启动神器写作法（Sentence Starters Writing Activity）具有重要的启发和引导作用。本妙招改编自 Ur & Wright（1992）介绍的五分钟活动 Sentence Starters 选取与写作任务的话题相关并能够激发学生兴趣的 sentence starters，让学生补全句子，连句成篇，分享交流，为接下来的正式写作提供素材或灵感。除了作为写作练习的热身活动外，本妙招也可作为活跃气氛或启发思维的课堂活动。

适用范围

本妙招可视班级规模用于外语阅读和写作课上，可设计成个人、小组或整个班级活动，班级规模不限。

活动目标

目标1：为写作课程热身，激发学生的写作兴趣，提高写作课堂活力。

目标2：通过课堂分享和课后合并进行生生互动，培养学生通过sentence starters启发写作思路，连句成篇，提高英语写作能力。

实践步骤

第一步，提供示例。教师给出sentence starter "Being young is …"，请学生思考如何补全句子，随后给出范例：

> Being young is being with friends.
> Being young is losing friends.
> Being young is taking examinations.
> Being young is wondering whether there will be a future.
>
> （Ur & Wright，1992：74）

第二步，课堂选题。所选取的sentence starters可以与拟开展的写作主题相关，也可以给出一些备选题目，由学生投票确定，例如Ur & Wright（1992：75）给出的部分sentence starters "Being old is …" "Boredom is …" "Love is …" "Without you …" " I wish I …"。

第三步，个人创作。学生每人写出三四个句子，各句之间不必存在逻辑关系。

第四步，课堂分享。以小组或班级为单位，分享并欣赏佳句。可依据Sentence Starter的主题，推选出"最富于创意/最优美动人/最令人感动/最趣味十足……"的句子。

第五步，润色编辑。如果班级人数不超过20人，可以把全班的句子汇总起来，课后由教师或者学生分组整理、编辑完成一首散文诗。

教学建议

本妙招还可以设计成为小组活动，每位成员写出若干句子，然后在此基础上展开讨论，合作完成一首诗歌的创作。此外，还可辅以组间互动，每组负责一个主题，挑选出四句诗句后交给另一组进行拓展或补充，最终形成一首完整的小诗。比如，下面的英文诗 "A Perfect Mother" 就是学生在母亲节前夕通过此活动集体创作的。

A Perfect Mother

A perfect mother is the one who gives life to you,
And brings you up;
She is the one who takes care of you every day,
And loves you forever;
She knows what you need,
And always gives you what you need;
She never mentions what she has given to you,
And never requires what you should give to her.

A perfect mother tries her best to make a better life for you,
And is always there when love is needed;
She gives you a bright smile when you are happy,
And gives you a warm hug when you cry;
She gives you a cool drink when you are thirsty,
And puts warm clothes on you when it is cold;
She takes care of you when you are ill,
And comforts you when you are depressed;
She always reminds you of weather change,
And says "take care" when you are leaving;
She is always the one who stands at the crossing,
And shows you the way home.

A perfect mother always cleans the house efficiently without any rest,
And even stays up late to do housework
While telling you never to stay up late,
And getting up twice each night to make sure that you are asleep;

And she always eats the stale apple while leaving fresh ones to you;
She is indeed reluctant to buy herself anything
While spending as much money as she can to satisfy your needs.

A perfect mother does not spoil you:
She never makes beds for you but teaches you how to do it;
She never blames you for bringing deserted animals home,
And always tells you to help others;
She never misunderstands you,
And always endures your moodiness and bad temper.

A perfect mother never seolds you,
Never punishes you,
Never leaves you alone,
Never peeps into your diary,
And never intervenes in your love affair.

A perfect mother pays much attention to your education,
But never compels you to choose a popular major;
She does not concentrate only on your study,
But always makes a point of letting you achieve your full potential.

A perfect mother is generous and wise, encouraging and supportive;
She is both your mentor and your friend.
She always smiles like an angel to cheer you up,
And behaves like a lady to set an example to you;

（南开大学王冬焱供稿）

第二十招　句式变换法

学生习作句式单一，结构松散缺乏生气，
是英语写作教学中的常见问题，
"句式变换法"为您支招！

妙招简介

句式变换法（Sentence-Transforming Writing Activity）针对学生英语习作中句式单一的现象，通过句式写作训练提升学生的写作能力。该妙招强调对段首句、句子长度和句子结构的多种改写，可以丰富写作中的句式类型，增强习作的可读性。

适用范围

本妙招适用于基础英语写作教学和语言训练，教学对象为已掌握基本英语写作方法但语言表达单调的学生，班级规模以20到30人左右为宜。

活动目标

目标1：通过句式变换和改写练习，锻炼学生在英语写作中运用各类不同句式的技能，强化学生对句式多样性的认知和使用体验。

目标2：通过同伴互评的方式进行交流反馈，增强学生的写作自信，提高英语写作技能。

实践步骤

第一步，有效输入。教师首先通过分析英语经典范文中部分段落的典型句式，引导学生剖析段首句、句子长度以及句子结构等句式特征。

第二步，习作互评。教师收集学生日常作文段落，指导学生对比自己的作文和范文，找出句式使用的差异，鼓励他们借鉴模仿范文、改写其习作中的句式；然后通过同侪互助和互评，进一步修改和完善自己或同伴的作文。

第三步，范例评优。请学生进行经验交流，向全班同学展示优秀"句式变换"实例，强化学生对句式多样性的认知和使用体验，提高其英语写作技能。

应用效果

句式变换法通过解析英语经典文章，引导学生有针对性地运用不同的段首句、多种句式和句子长度进行写作和改写，有效增加习作中的句式多样性，可操作性强。学生通过互评进行交流反馈，相互学习，彼此促进，增强了学习自信，有助于提高英语写作技能。

（上海交通大学林玉珍供稿）

第二十一招　PREP语言输出法

运用PREP组织法，
写作能"言之有物"，
演讲能"侃侃而谈"！

妙招简介

PREP语言输出法（PREP Language Output Approach）是基于一种结构化的思维表达模型设计而成的语言输出类课程教学方法，其中的四个字母分别代表Point（观点）、Reason（理由）、Example（案例）和Point（重申观点）。PREP法类似"总分总"格式，可用于写作课程和公共演讲课程中指导学生组织语言，增强习作的逻辑性，简而言之就是结论先行、观点清晰、案例生动、聚焦结论。

适用范围

PREP语言输出法适用于小学、初高中和大学各学段的外语写作课堂教学，还可用于外语演讲、辩论、主题汇报等实践活动，班级规模不限。

活动目标

目标1：解决学生在外语写作过程中不懂如何开篇、"无话可说"的难题，使习作"言之有物"，写作内容充实，论证有力。

目标2：通过PREP语言输出法指导学生在外语写作中组织语言，增强习作的内容完整性和篇章逻辑性。

实践步骤

PREP语言输出法的具体做法是首先阐述观点，然后分析原因，接着举出实例证明，最后再强调观点。下面以"遇到老人摔倒，扶与不扶"（To help or not to help）这个话题为例进行展示。

第一步，表明观点。例如，"To help or not to help, the answer is a definite 'Yes'."。

第二步，说明理由，强化观点。例如，"To help the old in need is the guarantee of a society to be healthy, happy, and harmonious. The appropriate question should be how to provide better help."。

第三步，案例说明，增强说服力。例如，"For individuals, we should not hesitate to help others, but at the same time, we should also try to protect ourselves. For the government, it should enact laws to protect those who offer help and punish those who are proved to make false accusations."。

第四步，重申观点。例如，"Only by doing so can we rest assured and feel secure for our future life and Only through doing this can the social trust be rebuilt and strengthened."。

应用效果

PREP语言输出法是解锁外语写作和演讲难题的一把金钥匙，即可用于简短的口头发言，也可帮助构思一份长篇报告。PREP语言输出方法有助于学生更科学地组织和论证观点，能够在写作和交际中输出具有逻辑性的完整篇章。反复使用几次，这种思维模型就会内化为学生的语言表达习惯，可以有效提升学生外语写作的逻辑思维能力和篇章组织能力。

（三峡旅游职业技术学院范博文供稿）

第二十二招 "维恩图"议论文写作法

论点论据骨肉分离？
内在逻辑难以把握？
维恩图化身"逻辑大师"，
帮助您英语写作更上一层楼！

妙招简介

"维恩图"议论文写作法（Venn-Diagram Argumentative Writing Activity）将维恩图应用到英语写作教学中，以指导学生利用论据对某一观点进行支持或反驳。维恩图又称"文氏图"，是由重叠圆圈组成的整齐图表，用于展示不同群组之间的逻辑联系和大致关系，常见的维恩图有射线维恩图（图1）、堆积维恩图（图2）和线性维恩图（图3）等。

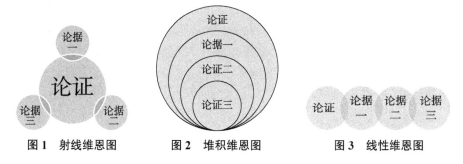

图1 射线维恩图　　图2 堆积维恩图　　图3 线性维恩图

适用范围

本妙招适用于英语专业二年级本科生及以上水平的专业写作课，特别适用于说明文和与议论文写作教学过程中的论据教学，班级规模不宜过大，以30人以内的小班教学为佳。

活动目标

目标1：引导学生在英语写作中通过维恩图直观地把握各论据之间的内在逻辑关系，对某一观点进行支持或反驳，帮助学生写出逻辑清晰、观点明确、有说服力的英语议论文。

目标2：学生通过使用各种维恩图找到合适的论据，讨论论点和论据之间的内在关系，从总体上提升外语写作能力。

实践步骤

第一步，介绍维恩图。教师在课堂上系统介绍韦恩图的概念、用途及其在英语写作中的应用。必要时可通过英语习作示例讲解维恩图的具体用法。

第二步，确定话题。教师可根据学生的水平、教学内容等具体情况给出写作话题，也可以让学生根据自己的兴趣确定写作题目。

第三步，课堂讨论。学生可分成小组根据确定的话题进行讨论，给出相关事例，尝试运用不同种类的维恩图进行归纳论证，识别各论据之间的内在联系。

第四步，点评总结。教师对各小组的讨论结果进行适当的评论和总结，指出事例的本质特点及其与论点的联系。

以"Kindness and Warmth for Others"话题为例。首先列举以下三个论据：1）获得诺贝尔和平奖的修女特蕾莎，伸出她的手温暖了无数印度孩子，让他们感受到爱与希望；2）黑龙江省佳木斯市的张丽莉老师在货车撞向学生时，不顾生命危险，毅然伸手奋力推开学生；3）日本企业巨人稻盛和夫施以援手，拯救濒临破产的航空企业，他曾经握住每个员工的手，用温暖的心去唤醒员工的斗志。

在列举相关事例之后，引领学生紧扣论题，围绕论点对所引事例加以归纳分析，总结他们的共同点："这些拥有善良之心的人们，在生活中伸出自己的双手，去帮助他人，去救援他人，去保护他人，去温暖他人"，以此剖析"伸出手温暖他人"的深刻意义（图4）。

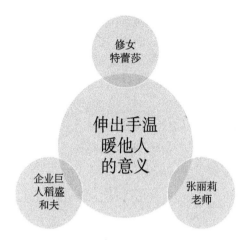

图4 韦恩图使用示例

第五步，写作实践。教师引导学生根据讨论结果和教师总结的结果进行议论文写作，将所学的知识付诸实践。

应用效果

将维恩图融入英语写作教学实践，可帮助学生更为直观地把握各论据之间的内在逻辑，引导他们完成更为层次分明、言之有物的文章，写出观点鲜明、论据充分的英文习作。通过不断地实践，进一步提升学生的英语写作水平。维恩图用途广泛，不仅可以用于外语写作，还可以用于口语演讲课程和训练，方法简便，可操作性强。

（徐州工程学院詹绍霞供稿）

第二十三招 语段临摹法

学生阅读见木不见林？语段临摹依样画葫芦。
课堂讨论脑力共激荡，提升外语思维与表达。

妙招简介

学生在阅读英文课文时往往只关注生词、语法结构和复杂句的理解，而较少揣摩衔接手段、叙述方式及语体风格等。因此，我们设计了语段创意仿写的方法

"语段临摹法"（Facsimile Passage Writing Activity）。该方法在讨论和分析原段落的语法结构、表达方式、修辞手法、语篇衔接手段、叙述方法与策略、情感态度以及主旨要义等要素的基础上，引导学生大胆联想，变通思维，灵活运用目标语画出有高度、有深度、有创意的"新葫芦"。

适用范围

本妙招适用于英语专业语言技能课程"高级英语"，学生为大学生及英语学习爱好者，班级规模不宜过大，以20到30人为宜。

活动目标

目标1：引导学生关注英语写作中的衔接手段、叙述方式及语体风格等重要但容易被忽略的写作重点。

目标2：通过创新仿写促使学生展开联想，提高英语表达能力，同时又锻炼语言思维能力。

目标3：通过同伴互评和作品分享，在讨论中学习不同的写作思路和逻辑思维方法。

实践步骤

这里以《高级英语》教材第六课 "Mark Twain—Mirror of America" 第一段为例，来介绍这个教学活动。

第一步，选取段落。教师选取适合创意仿写的段落，如 "Mark Twain—Mirror of America" 的第一段。

第二步，课堂讨论。教师组织学生进行课堂讨论，总结该段落的句式结构、修辞手法及语篇衔接手段等，并通过口头造句进行模仿。

1）句式结构及表达。例如：

- Most Americans remember Mark Twain as the father of …
- … was every bit as … as anyone has ever imagined.
- I found another … as well, one who grew …, a man who …
- became obsessed with…

2）修辞手法。例如：

夸张：eternal boyhood; endless summer
暗喻：a black wall of night
拟人：the profound personal tragedies life dealt him

3）手段及叙述方法，例如：

- Most Americans remember Mark Twain as …
- Indeed, this nation's best-loved author was every bit as … as …
- (However,) I found another Twain as well — one who grew …, a man who …

第三步，头脑风暴。教师引导学生进行头脑风暴，联想与Mark Twain同时代的中国作家代表人物、代表作及其对中国文学的贡献等。教师可提供相关中国作家（如鲁迅）、作品及成就等作为参考。

第四步，创意仿写。学生用5到10分钟进行创意仿写，完成对于鲁迅生平及创作的概括性介绍，可以两人合作或者独立完成。

第五步，交流分享。教师组织学生展示、交流和分享作品，实现互学互鉴（如图1、图2、图3中的学生作品）。

Write a general introduction to Lu Xun, using as the model the 1st paragraph of "Mark Twain—Mirror of America".

Most Chinese remember Lu Xun as the builder of the misty and gloomy Lu Town and the desolate and deserted Hundred Herbs Garden. Indeed, this champion of early modern Chinese literature was every bit sardonic, daring, serious and stern as anyone has ever imagined. I found another Lu Xun as well — one who remained ideal, optimistic, persistent though he had been weathered through the harsh and cruel social reality, a man who still kept to his sweet and joyful childhood memory, who made the choice determinedly to wake the sleeping generation to fight against the diabolical enemy ahead of them.

英19级 × × ×

图1　学生作品范例1

Write a general introduction to Lu Xun, using as the model the 1st paragraph of "Mark Twain—Mirror of America".

Most Chinese people remember Lu Xun as the father of Ah Q's vagrant life in a turbulent society and Sister Xianglin's heartbreaking fate during feudal times. Indeed, this nation's spiritual pioneer was every bit as cynical, bitter and acid-tongued as anyone has ever imagined. However, I found another Lu Xun as well—one who was patriotic, imaginative, romantic, whose heart was filled with nostalgia for his hometown, a man who was concerned about the life and death of this country, devoted to arming this nation spiritually with his literature and saved his motherland from falling into the abyss forever.

英19级×××

图 2　学生作品范例 2

Write a general introduction to Lu Xun, using as the model the 1st paragraph of "Mark Twain—Mirror of America".

Most Americans remember Mark Twain as the father of Huck Finn's idyllic cruise through eternal boyhood and Tom Sawyer's endless summer of freedom and adventure. Indeed, this nation's best-loved author was every bit as adventurous, patriotic, romantic, and humorous as anyone has ever imagined. I found another Twain as well — one who grew cynical, bitter, saddened by the profound personal tragedies life dealt him, a man who became obsessed with the frailties of the human race, who saw clearly ahead a black wall of night.　From "Mark Twain—Mirror of American"

Most Chinese remember Lu Xun as the father of the modern vernacular novel, who through *The Diary of a Madman* laid bare Chinese feudal society of "man-eaters" and through *The True Story of Ah Q* lampooned the Chinese tendency toward fatalism and self-abasement at that time. Indeed, this nation's outstanding writer was every bit as dauntless, patriotic, sharp-minded and encyclopedic as anyone has ever imagined. However, I found another Lu Xun as well — one who grew cynical, bitter, irritated by the obtuse national mentality of the time, who had been committed to saving the "soul" of the Chinese people out of the traditions and conventions that bound China to its feudal past.

英19级×××

图 3　学生作品范例 3

应用效果

　　从写作角度来说，该活动是课程中后期"素材作文"的分解练习和铺垫。通过"依样画葫芦"活动，学生积极展开联想，既提高了英语表达能力，又提升了思维能力，还"画出"变化多端的新"葫芦"。该活动既可以在课堂完成，也可以作为课后作业在课后完成。此外，教师还可以组织学生就同伴作品展开讨论，邀请部分学生介绍写作思路和过程，促进学生之间互相学习和借鉴。

（华东理工大学卞怡婧和王慧供稿）

第二十四招　Perfect-Pair 阅读教学法

一种课前热身能常用常新，
一种课堂展示能聚焦思辨，
"谁更般配"评 Perfect Pair，
在相同与相异的博弈中赋权增能！

妙招简介

本妙招Perfect-Pair阅读教学法（Perfect-Pair Reading Activity）是以小组为单位的阅读课前热身活动（warm-up activity），每次安排两个小组代表轮流上台做展示。展示语言以英语为主，内容由小组自定，但必须是有关联的两篇语言材料，可以是互相补充（compare）或互相对照（contrast），由学生简要介绍其关联性。两组展示完毕后，其他组进行集体讨论，依据关联性、印象或教师根据课程具体情况制定的评分标准来打分并将成绩交给教师，教师当堂宣布优胜方并记录分数。教师记录每组每次的展示成绩，期末进行汇总，作为平时成绩的一部分。最终分数最高的前两组可获得额外的分数奖励。

适用范围

本妙招适用于高校英语专业和非英语专业的阅读课程，学生具有初级以上的应用阅读和口语表达能力，能够进行自主学习，班级规模中等。

活动目标

目标1：为阅读课进行课前热身，通过阅读、讨论和展示，引导学生均衡发展其语言技能和思辨能力。

目标2：通过课堂展示和评估环节给外语学习过程引入竞争模式，激活和强化学生的学习动机，为外语阅读课程注入活力。

目标3：遵循赋权增能外语教育教学理路，强调"角权责"统一以及"做学用"合一的要求，锻炼学生的独立思考和自主学习能力。

实践步骤

本妙招遵循赋权增能外语教育教学理路中"角权责"统一以及"做学用"合一的要求（张文忠，2020），课前对学生进行分组，每组4人左右，成员自主选举或安排组内成员的角色（如组长、报告人、撰稿人、审稿人等），并定期轮换角色以便尽可能保证全员参与。基本活动流程如图1所示。

图1 活动流程图

课堂的具体展示内容可根据学生水平进行适当调整。例如，低年级学生可以以介绍单词配对或词组配对为主，比如Pisa VS Pizza，到底哪个是比萨饼？On the way VS in the way，到底使用哪个介词是正确的？还可以以句子配对为主，比如"The boy is a being a good boy." VS "He is a good boy."。高年级学生可以以段落配对为主，比如介绍两部小说的第一段话"He was an old man who fished alone in a skiff in the Gulf Stream and he had gone eighty-four days now without taking a fish." (from *The Old Man and the Sea*) VS "I confess that when first I made acquaintance with Charles Strickland I never for a moment discerned that there was in him anything out of the ordinary. Yet now few will be found to deny his greatness." (from *The Moon and Sixpence*)。还可以以篇章主题配对为主，比如莎士比亚的《人生七阶》与华兹华斯的《不朽颂》（Zhang，2019）。

应用效果

本妙招通过组织和引导学生进行分组阅读、讨论和展示，既锻炼他们的语言技能，还培养其思辨能力，同时将竞争模式引入外语阅读课堂，有利于激发学生的学习动机，锻炼其自主学习能力。另外，需要提醒学生，具体"配对"内容的选择具有开放性，可以根据课程内容选择材料，也可以从教师指定的阅读或者视听材料中选择。

（天津财经大学韩子钰供稿）

第二十五招 增强专注度的"谁是卧底"

学生阅读不够专注？教师安插一二"卧底"，
深藏课堂推进同伴互动，课堂参与全面提升！

妙招简介

在大学英语阅读类课程中，不是所有的话题都会吸引所有的学生，仅进行遣词造句难免会使课堂气氛沉闷，学生学习的主动性和积极性不高，应用效果难以达到预期。本妙招将"谁是卧底"小游戏 (Uncovering-the-Undercover Reading Game) 嵌入阅读课堂，旨在增强互动，全面提升课堂参与度和专注度。

适用范围

本妙招适用各个学段的外语阅读课程，外语专业和非外语专业均可，学生具有中等以上外语水平，有一定的自主学习能力，班级规模不宜过大。

活动目标

目标1：通过找"卧底"活动，利用学生的好奇心促使学生认真完成预习，充分了解阅读话题。

目标2：引导学生积极参与课堂讨论、回答问题，完成各项课堂任务。

实践步骤

第一步，课前准备，安插"卧底"。首先，教师给学生布置查找与课文话题相关的事例或故事的任务，同时告知学生课堂上有"谁是卧底"的活动，完成预习任务后可获得关于卧底的一条身份线索，以此鼓励学生认真完成预习，充分了解阅读话题。然后，教师选出一两位学生作为"卧底"，并"私下"给"卧底"安排任务，包括组织小组讨论、成功鼓励同桌站起来回答问题或者成功鼓励小组成员主动做Summary等。

第二步，课上活动，找出"卧底"。首先，教师课堂播放与课文主题相关的教学视频，帮助学生大致了解该主题的文化意义或所涉及的基本概念。然后，教师向学生发布本轮学习任务，即分享生活中的相关文化现象或社会现象。在此环节，如果"卧底"学生鼓励同桌主动回答了问题且未被发现，那么这意味着本轮"卧底"任务完成，其他学生不能得到"卧底"身份线索；反之，"卧底"任务失败，其他学生获得线索（例如班上有几名"卧底"）。之后，教师带领学生把阅读文本划分为若干部分，运用略读 (Skimming) 和细读 (Scanning) 阅读策略，针对其中的词汇和各类表达方式进行拓展延伸。最后，教师邀请小组代表对不同段落进行总结。在此环节中，各小组进行热烈讨论，并推选代表发言。

特别提示：若"卧底"组织了小组讨论并推举同伴完成总结，这意味其本轮任务完成；反之，"卧底"任务失败，其他学生可获得一条"卧底"身份线索。

应用效果

在本妙招中，学生为了得到关于"卧底"的身份线索，阅读时格外认真，积极参与课堂讨论并回答问题，努力完成各项课堂任务。同时，在学习课文时，学生也在课堂参与中感受到所阅读主题与现实社会之间千丝万缕的联系，即：在我们周围，只要留心就能发现"蛛丝马迹"，就能进一步了解"真相"。

（西安交通大学附属中学兴庆校区王琦供稿）

第二十六招　写作＋口语教学法

学生作文没思路无从下笔？
外语写作课单调毫无创新？
有趣的口语活动敲开创作之门！

妙招简介

对于很多学生来说，英语写作较为困难，写作对语言和思维的要求都比较高。那么如何才能让写作变得更加容易和有趣呢？写作＋口语教学法（Speaking-Integrated Writing Activity）在写作课中自然融入口语活动，激活学生头脑中存储的语言知识，在与同学的交流中碰撞出思维的火花，为写作教学热身。口语活动包括一句话故事扩写、图片描述、故事接龙、采访及记者招待会等活动。

适用范围

本妙招适用于高校英语专业一、二年级学生，学生具有初级以上的外语水平和一定的自主学习能力，班级规模不宜过大。

活动目标

目标1：在英语写作课中自然融入口语活动，激活学生先前储备的语言知识，为写作教学活动热身。

目标2：通过讲故事、图片描述、采访等口语活动实现师生、生生之间的有效互动，活跃写作课堂氛围，为良好的写作教学效果打基础。

实践步骤

写作前的口语活动可分为个人创作和集体创作两类。个人创作活动包括一句话故事扩写和图片描述。一句话故事扩写适用于记叙文写作，以 "The Man Left" 为例，可以设计以下问题促进学生思考，通过回答问题构建记叙文的内容要点："Who was the man? When did he leave? What was the weather like when he left? How was the man in terms of his age, his physical and mental conditions? Where did he leave? Why did he leave? …"。

以《哈利·波特与魔法石》为例，其中有一句这样描述哈利·波特离家出走的情境："On a bitter winter morning while his family was still in deep sleep, Harry Potter, James and Lily's 15-year-old son, encouraged by professor Dumbledore, left in rapid steps the small quiet country town in which he had been raised, and set off on the bold errand he had been preparing for all his life."。

图片描述活动分组方式进行。以《全新版大学英语听说教程4》第一单元为例，教师将学生分组，通过图片描述活动对比中西方传统的婚礼习俗，比如举办婚礼的地点、新娘的穿着、招待宾客的方式等。根据学生的语言水平给出提示词，如 clergyman、wedding gown、double happiness、bow to somebody、Qipao、exchange toasts 等。每组学生按对比项目描述图片，老师在一旁进行指导，5到8分钟后进行分项汇总，然后独自写作，最后全班分享。

集体创作活动包括故事接龙、采访、记者招待会。在故事接龙活动中，学生可以进行集体创作，尤其是故事创作。活动分为故事接龙、两人或小组讨论并续写、分享与评选三个环节。首先，老师提供一幅故事背景图和开篇的第一句，然后每组学生轮流讲一句话，将故事发展下去。在进行几轮之后，让学生两两成组进行续写。5到8分钟后，邀请各组学生分享自己续写的部分，再由全班投票产生最自然、最幽默的续写。

采访活动可以帮助学生通过采访，从伙伴那里获得所需信息。以2016年12月的四级作文话题为例：Suppose you have two options upon graduation, one is to take a job in a company, the other to go to a graduate school. What is your choice? 活动分为结对采访、独自写作、全班分享三个环节。鼓励学生采用半结构式采访，结合拟定的问题进行问答，例如：What is your choice upon graduation? Why are you willing to make this choice? If you take the other choice, what will it be? …。

采访结束后，给学生10到15分钟时间为自己的同伴写一段介绍性文字。最后，老师邀请学生朗读自己为同伴写的介绍短文。

　　记者招待会活动需要一位学生担任台上的"发言人"，其余学生担任台下的"记者"。通过记者的提问可以帮助帮助发言人整理写作内容，也可以帮助记者收集所需信息。记者招待会结束之后，发言人整理自己的回答，写成一篇短文，各组记者根据发言人的回答完成一篇总结。最后，老师邀请发言人和每组记者分享自己的文章，共同对比异同之处。

应用效果

　　通过把口语活动和写作课堂教学进行自然融合，促使学生深度理解阅读文本，锻炼学生的阅读和写作能力；通过讲故事、图片描述、采访等有趣且真实的口语活动，实现师生、生生的充分互动，为下一步的写作教学活动破冰，打开学生的写作思路，是课堂上行之有效的"脚手架"活动（Dupont，2020）。

（苏州大学应用技术学院裴丽霞供稿）

第二十七招　变简单句为长难句的"5W1H"方法

想通过语句传递更多信息？
想为写作增加深度？
想增添亮点和得分点？
简单句变长难句，5W1H方法精准助力！

妙招简介

　　长难句是写作中的亮点和加分点，是文章深度的体现。所谓长难句，包括两个含义：一是句子的长度较长（一般不少于20个英文单词）；二是句子中的句式较为复杂，词汇较为高级，能够表达更多信息，体现写作的深度。

　　5W1H方法（5W1H Writing Activity）是一种通过在简单句中添加不同细节信息以增加句子长度、扩展句式、增加句式复杂度的有效方法。5W代表5个以字母W开头的词：When（时间）、Where（地点）、Who（Whom）（对象）、Why（原因）和Which（定语从句），1H指的是单词How（方式）。本妙招通过给句子添加5W1H成分，将简单句变为长难句。

适用范围

　　5W1H方法适用于大学本科阶段及研究生阶段的写作教学，在大学英语四、六级考试、研究生学术英语写作及出国英语（如雅思、托福、GRE）的写作考试中，使用5W1H方法能够有效提高写作质量。

活动目标

目标1：针对学生在写作中只会写简单而又单一的句式这种现象，引导学生关注英文习作中的句式丰富度问题。

目标2：通过在简单句中添加不同细节信息以增加句子长度、扩展句式、增加句式复杂度的方法，提升学生在英语习作中写出长难句的技能。

实践步骤

用5W1H方法可以进行句型拓展和词汇替换。第一种，句型拓展。首先，运用5W1H方法，由简单句增加细节信息，使句子内容更加充实，然后进行句型融合。下面以 "Education is important" 这个句子为例说明。

1）增加细节信息。例如：

[When] From history to now
[Where] Especially in developing countries
[Whom] To children
[Why] Because education can provide knowledge for children and help reduce poverty.

2）句型融合。例如：

From history to now, education is important to children especially in developing countries because it can provide knowledge for children and help reduce poverty.

这样，"Education is important" 由原来只有三个单词构成的简单句变成了24个单词的长句，句子信息更加充实、丰富。

第二种，词汇替换。首先，在写作过程中，可以根据实际需要将5W1H中的When、Where、Who（Whom）、Why、Which和How具体化，即用具体的词汇进行替换，下面以Whom和When为例进行说明。

Whom指代对象，可根据语境进行替换，使之更加具体、形象，例如男性（man, male）、女性（woman, female）、老人（the old, the aged, elderly people, senior citizen）、穷人（the poor, the needy people）、富人（the rich, the wealthy people）等。When是时

间连词，可根据具体时间使用其他词进行替换，例如现在 (nowadays, recently, at present, currently)、过去 (in the past, several years before)、将来 (in the future, from 2010 onwards)、长期 (for long, in the long run)、短期 (for short, in the short term) 等。词汇替换不仅指5W1H这六个词，整个句子中的词汇都可以变得更加多样化。

其次，可以进行高频词汇和高频短语替换。可以将高频动词、高频名词和高频短语进行替换，避免词汇重复。比如：

做：do = exercise = practice = perform（高频动词替换）

危险：danger = perils = hazards（高频名词替换）

充满了：be filled with = be awash with = be inundate with = be saturated with（高频短语替换）

应用效果

5W1H方法可以有效精准地解决学生习作中句式单一、句型简单和深度不够的问题，引导学生关注写作中的句式多样性，锻炼将英文写作中的简单句变为长难句的技能，既充实了句子信息、丰富写作内容，又展示了语言驾驭能力，为整篇作文增色。值得注意的是，从以上的例句可以看出，并不是每个句子都需要添加所有六个细节信息，学生可在句式变换时根据写作意图酌情增减。

（哈尔滨工业大学孟宇供稿）

第二十八招　表情符号写作教学法

表情符号，个性"颜文字"，
用有趣的网络表达，
促进语言产出。

妙招简介

"表情符号写作教学法"（Emoji-Based Writing Activity）受到西班牙材料作家兼英国文化协会教师Colm Boyd的启发，在课堂上使用表情符号（见图1）、以产出为导向的外语写作课堂活动，旨在增强学生语言产出的兴趣，激发其对外语写作的动力。本妙招参考Colm Boyd总结的教学方法、结合笔者的教学实际设计而成，采取不同的活动形式分别实现用表情符号辅助提升写作能力的目标。

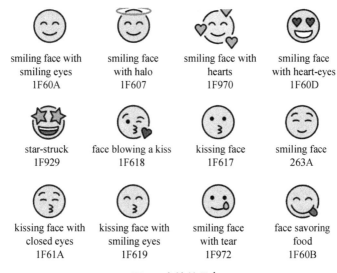

图 1　表情符号[1]

适用范围

　　本妙招适用于各学段的外语写作课程，初级水平的外语学生可以利用表情符号从写句子开始练习写作，较高水平的学生可以用表情符号创作更长、更复杂的作文。教师可以根据学生水平、具体的教学内容和活动目标进行调整使用，班级规模不限。

活动目标

　　目标1：通过表情符号学习那些用来描述人类典型表情和身体语言的英文表达方式，了解常见表情符号所蕴含的语言和文化知识。

　　目标2：通过表情符号增加写作内容和形式的多样性和趣味性，激发学生的写作兴趣，增加写作课堂活力和趣味性，增强学生语言产出的积极性，提高学生的交际意愿。

实践步骤

　　表情符号写作教学法包括两种活动类型：编写表情对话和写画表情故事。编写表情对话分为三步。第一步，准备表情符号。教师课前选择适合课程教

1　图源：https://openmoji.org/library/（2024年2月19日读取）

学内容及学生英语水平的20到30个表情符号，分别以英文命名并打印、裁剪。第二步，分配表情符号。课上，教师展示全部表情符号，并对其英文含义进行简单讲解，学生分组随机抽取五个表情符号。第三步，编写表情对话。每组学生充分发挥想象力，依据抽取到的表情符号编写对话，力图做到表情符号和文字内容相辅相成。例如：

A 😩（weary emoji）：James, I think I forgot my keys again.
B 👀（eye roll emoji）：Theo, this is the third time this week. You're so forgetful.

写画表情故事分为两步。第一步，看表情符号图编写故事。教师搜集各种故事的表情符号素材，如用表情符号来描述某些经典电影场景，抑或引导学生用表情符号绘制或者"拼装"故事图，让学生看图用英语编写故事情节。第二步，听故事，画表情符号图。熟悉这种教学设计后，学生两人结对，一人用英语讲述一件难忘的事，另一人绘制出表情符号图。之后每两对学生组成小组，交换各自的表情符号图，并用英语进行书面或者口头描述，对比与原来事件的差异。

应用效果

编写表情对话和写画表情故事的过程既充满挑战，又乐趣十足。此妙招的实施能够充分调动学生参与课堂活动的积极性，增加写作内容和形式的多样性和趣味性，激发学生写作兴趣，提升语篇连贯意识。

（郑州商学院赵彦丽供稿）

第二十九招　Grammarly 辅助写作教学法

线上语法评改专家，Grammarly！
为英语写作教师省时省力，为学生习作提升润色。

妙招简介

英语写作的修改环节是写作教学的瓶颈问题。为了提高师生教与学的效率，利用自动评改工具十分必要。Grammarly 辅助写作教学法（Grammarly-Assisted Teaching of Writing Strategy）就是在外语写作教学中利用 Grammarly 这款操作便捷的自动评改工具，为学生的习作提供显性反馈，做语法、语言等方面的评改，帮助学生知其然且知其所以然。与国内常用的在线批改工具不同的是，Grammarly

自动评改工具可嵌入 Word 文档，在屏幕右方直接显示修改建议。它的免费版本不仅能够提示冠词、介词及常见搭配等用法问题，还能给出同义词替换建议，并能根据用户设定的写作目标提供综合评分，可以帮助师生解决很多写作教与学方面的难题。

适用范围

Grammarly 自动评改工具可作为高中或大学英语写作教学的辅助工具，教师可以把 Grammarly 当作学生提交作业的平台，为学生提供习作评估工具，适时提供反馈信息和修改意见。也可作为学生的课外写作自主学习辅助工具，在写作练习过程中随时使用。

活动目标

目标1：通过指导学生使用 Grammarly 自动评改工具解决英语写作教学的瓶颈"问题—修改"环节，通过不断修改习作文稿提高学生的英语写作能力。

目标2：通过 Grammarly 自动评改工具提供的反馈和修改意见，提高学术英语写作的语言准确性。

目标3：学生通过 Grammarly 自动评改工具提供的反馈信息，锻炼修改习作的良好写作习惯，培养学生的自主学习意识。

实践步骤

第一步，布置任务。教师给学生布置写作任务，包括写作题目和要求。

第二步，介绍 Grammarly 自动评改工具。教师给学生介绍 Grammarly 的网址、使用方法和注意事项。教师可提示学生先独立完成初稿，然后再用 Grammarly 进行修改，同时鼓励学生相信自我判断，不可完全依赖自动评改工具。

第三步，分享讨论。教师请学生讨论使用 Grammarly 的心得体会，包括收获、遇到的困难等。教师也可以要求学生将使用 Grammarly 时学到的语法、结构、词汇等相关知识点进行交流分享，也可以让学生把使用 Grammarly 的过程和心得体会写成报告，把写作任务拓展成为一个实践报告写作。

应用效果

学生对 Grammarly 的评价非常高。它方便、简洁，准确率和覆盖率都很高，并且既提供修改建议又给出解释。以往的教学实验结果显示（如 O'Neill，2019；Koltovskaia，2020；Guo *et al.*，2021），Grammarly 可以显著提高学生学术英语写作的语言准确性，正所谓"好文不厌千回改"。另外，教师也可以利用Grammarly做科研，比如进行写作对比实验研究，在从未使用过Grammarly的班级中进行随机实验。

（天津师范大学冯瑞玲供稿）

第三十招　项目式写作教学法

如何使学生写作言之有物？
如何在教学中融入思政元素？
"项目式写作"合纵线上与线下，
师生携手共建"浸入式"写作课堂！

妙招简介

项目式写作教学法（Project-Based Writing Strategy）基于项目学习法（Project-Based Learning），旨在转换传统写作教学中的师生角色，学生变为学习主体，通过完成拟真项目驱动学生主动参与、主动探索；教师充当课堂组织者与活动设计者，通过任务脚手架引导学生在文本搜集、脚本设计、台词撰写、视频拍摄、问卷调研、反思等一系列活动中完成对知识技能的自主建构，师生共建外语写作课堂。

适用范围

本妙招适用于有一定英语语言基础和自学能力的在校大学生和英语爱好者，班级规模不宜过大。

活动目标

目标1： 为学生提供浸入式创作环境，通过完成拟真项目驱动学习动机，促使学生主动参与项目研究活动，提升学生的学习自主性。

目标2： 通过任务脚手架引导学生完成对知识技能的自主建构，师生共建写作课堂。

实践步骤

第一步，搜集文本资料。教师将班级分成若干小组，各个小组利用互联网获取语言素材，确定项目主题。学生在搜集素材和相关资料的同时，分析和探究热门话题与事件背后的中国传统文化渊源。

第二步，绘制思维导图。小组成员基于项目主题和所收集到的材料进行讨论，通过绘制思维导图对资料和讨论结果进行整合，利用思维导图确定初步观点，梳理各个观点之间的逻辑关系。

第三步，再现拟真情境。以小组为单位制作情境化视频，为全班写作以及小组自我反思提供浸入式环境。具体活动包括剧本设计、台词撰写、情境模拟视频拍摄、课堂展示、讨论。

第四步，制作情境化视频。小组成员在班级完成情境化视频的课堂展示，在互动与讨论后搜集全班学生针对该话题的意见与观点，最终确定行文的观点。

第五步，写作初稿。小组活动完成后，学生开始着手完成个人的写作任务，然后在网络平台提交初稿，与班级的其他成员分享习作。

第六步，多元评价。学生然后在网络平台上分别完成自评、同伴互评与教师评价，这些互动有助于学生之间的相互学习和相互借鉴，同时也激发学生的责任感。

第七步，文章定稿。学生根据多元评价结果修改作文，完成定稿。

第八步，反思日志。学生对学习过程和学习内容进行反思，撰写反思日志，对所学习的内容进行巩固和梳理。

应用效果

项目式写作教学法使每位学生都能参加到写作任务完成的各个过程中，不仅促使学生按部就班参与进来，积极地完成各项任务，自主进行知识建构、独立思考和观点的整合与构建，还能够帮助学生主动参与到新知识的建构过程中。同时，通过绘制思维导图、撰写反思日志提升学生的系统思维能力，培养学生的批判思维能力。

（湖北工业大学陈燕琴供稿）

第三十一招　10分钟自由写作法

学生害怕英语写作？试试放下所有束缚，
自由畅写10分钟，重启写作源动力！

妙招简介

自由写作，顾名思义，指的是一种无须考虑文本质量、无须担忧他人评价的自由自在的写作方式。这种写作方式最早由 Dorothea Brande 在 1934 年提出，后来由 Natalie Goldberg（2016）等多名写作者和写作教师发扬光大，被用于解决写作者在创作过程中出现的创作瓶颈问题（Writer's Block）。在英语写作教学中，自由写作被用于拓展思路、收集素材等。10 分钟自由写作法（Ten-Minute Free Writing Activity）在此基础上加以改编和调整后引入英语写作课堂。

本妙招主要通过自由式写作缓解和减少学生英语写作时可能出现的负面情绪，比如焦虑、压力等，增加学生英语写作过程中的正面情感体验，重建学生通过英语写作表达自我的意愿和自信心，提升学生写作的积极性和主动性以及英语写作的表达欲。

适用范围

本妙招适用于初中阶段及以上的英语读写教学和写作教学，班级规模不限；也适合学生在课外进行个人自主学习，也可以是课外小组活动，特别是当教师发现学生畏惧英语写作，怀疑自己的写作能力时，可用 10 分钟自由写作为英语写作课热身。

活动目标

目标 1：通过 10 分钟自由写作为英语写作课热身，为写作课堂活动充当脚手架，帮助学生重启英语写作源动力。

目标 2：缓解学生在长期的应试写作环境下进行英语写作时所产生的负面情感体验，提升学生用英语交际的写作意愿和自信心。

实践步骤

第一步，写前准备。首先，材料准备。学生每人准备一张空白纸和一支笔。其次，规则准备。教师用一张幻灯片告诉学生 10 分钟自由写作的规则：1）时间限制为 10 分钟；2）写作规则是一直写，不要停，用笔记录下大脑中想到的任何句字，不需要考虑最终成品的质量，包括思想、逻辑、语法、拼写等。再次，话题准备。教师就本节课内容提供 1 到 3 个开放式问题。最后，心理准备。告诉学生，教师不会对自由写作文本进行质量评估，更不会用红笔勾画语法错误和拼写错误。

第二步，自由写作。学生自由写作 10 分钟，教师不要打扰学生写作。

第三步，写后分享。写后分享有两种：第一种，学生与周围同学分享自己的写作成果；第二种，学生提交自由写作文本给教师课后阅读。

应用效果

教学实践显示，这一教学小妙招能够帮助学生重启英语写作源动力，赋能学生的英语写作学习。在英语写作课上，自由写作是学生最喜欢的活动之一，大大减轻了写作压力和焦虑情绪，提升了学生的英语写作自信心和用英语写作表达自我的愿望。

实际应用时应注意如下问题。第一，第一次进行自由写作练习时，建议教师为学生提供两种类型的例句：1）描写"大脑一片空白"的句子，例如"Er... I don't know what to write down."；2）自由写作开头一两个句子，例如"My writing teacher asked me to do free writing. But, I never did it before..."。第二，教师不要评价自由写作文本的质量，但可以阅读学生自由写作文本，与学生交流自己读后的感想。第三，自由写作也可安排在一节课或一个单元教学完成之后，请学生就本单元内容进行10分钟自由写作。

（长江大学张婷供稿）

第三十二招　思维导图法

阅读写作逻辑不清？形象化思维导图法，
整理文本结构关系，助你成为论证大咖！

妙招简介

思维导图法（Mind-Mapping Writing Activity）基于思维可视化理论，把思维导图用于英语教学中。思维导图又称"脑图"，是一种图像式思维工具。它运用图文并重的技巧，把文本中各级主题的关系用相互隶属与相关的层级图表现出来，在主题关键词与图像、颜色等元素之间建立记忆链接。在教学实践中，议论文阅读和议论文写作是学生学习的难点，主要体现在学生很难厘清推理和观点之间的逻辑关系，或在写作中存在推理谬误和不一致的问题。教师引导学生运用思维导图法进行阅读文本分析和写作，有效帮助学生深度理解议论文的结构、推理和内部逻辑，提升在英语写作方面的逻辑思维能力。

适用范围

本妙招可用于外语阅读教学中的辅助词汇教学，也可以用于写作教学。学生具有初级水平以上皆可以使用，班级规模不限。

活动目标

目标1：引导学生运用思维导图法进行阅读文本分析和写作，帮助学生深度理解英文议论文的结构和推理，提升学生在英语写作方面的逻辑思维能力。

目标2：通过仿写锻炼学生对英语议论文语篇的解析能力，提高他们的英语习作质量和写作能力。

实践步骤

具体操作以《现代大学英语》第三册精读课本第六单元"How Do We Deal with the Drug Problem?"为例。该单元有三篇文章，主题相同，观点各异，论述有理有据，都从多角度论证了毒品问题的解决办法。

第一步，教师引导学生通过制作思维导图对比三篇文章的论证方式，理清文章脉络（如图1、图2、图3所示）。

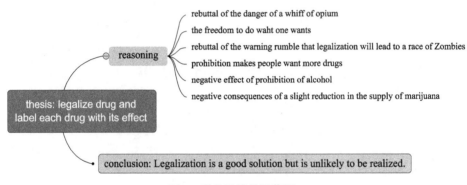

图 1　学生思维导图范例 1

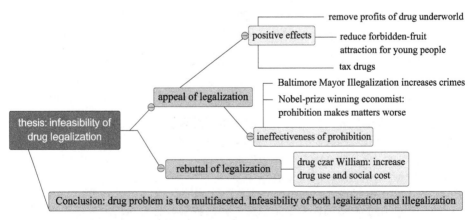

图 2　学生思维导图范例 2

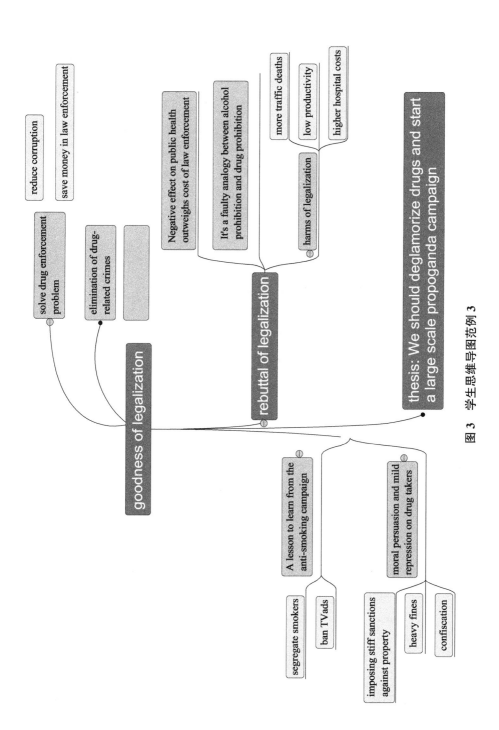

图 3　学生思维导图范例 3

第二步，学生自行选择其中一篇的论述方法，就某一个话题进行仿写。

应用效果

思维导图有助于学生深入理解文章主旨，帮助学生厘清了各篇文章的结构和推理过程。同时，通过对照三篇文章的不同论证方法，学生也更好地领会了议论文的写作方法。仿写进一步强化了学生议论文的理解能力和写作能力。思维导图可以使用百度脑图、MindMaster、Mindmanager 等多种软件制作，也可以通过树形图、流程图或者鱼骨图等多种形式呈现。在教学中，还可指导学生用思维导图做课堂笔记、整理阅读信息或者展示演讲思路。

（青岛科技大学车云宁供稿）

第三十三招　情境预设思导法

外语教学法万千，情境预设谱新篇。
以读促写有创意，思维导图破难关。

妙招简介

面对高考应用文写作和读后续写题型，学生往往感到茫然无助而缺乏兴趣，教师也时常围绕如何提升指导效率、如何使文章更具文采等问题生出诸多困惑。情境预设思导法（Contextualized Mind-Mapping Writing Activity）以新课程标准为指导方针，在预设情境的基础上，综合运用思维导图、情境表演等形式引导学生合理、大胆联想，仿写出有创意、有文采的"新文章"。

适用范围

本妙招适用于高中英语写作课程，特别针对读后续写题型，班级规模为40到60人；也可用于学生的课外写作的自主练习。

活动目标

目标1：引导学生综合运用思维导图、情境表演等形式进行联想式创作，仿写出有创意、有文采的英文文章。

目标2：通过创意仿写和分享鉴赏提升学生在英语写作中的创造性思维能力和逻辑思维能力。

实践步骤

第一步，确定话题，课堂讨论。教师给出预设场景，学生进行课堂讨论，小组展示讨论成果。教师选取适合高考写作的创意场景，如高考原题"鲨鱼口里脱险"，在课堂上组织学生分析、总结文中出现的有关情绪和情感表达的句式结构、修辞手法和语篇衔接手段及叙述表达等，以思维导图的方式呈现，然后引导学生口头模仿造句。

1) 句式结构及表达。例如：

- I began to feel a sense of horror.
- I froze with great terror.
- Screaming at the top of my voice, I swam as quickly as I could.
- I turned around and all of a sudden saw a giant shark fin circling me.
- Hearing my scream and seeing the shark, he was quick to act.

2) 修辞手法。例如：

- 夸张：Nearly frightened to death, I could hardly to breathe.

3) 语篇衔接手段及叙述方法。例如：

- all of a sudden / suddenly
- firstly / secondly / eventually
- luckily / unluckily / fortunately / unfortunately

第二步，头脑风暴，构思表演。学生进行头脑风暴，联想与鲨鱼搏斗时的场景。教师可引入世界著名作家海明威《老人与海》中与大鱼搏斗的场景，提供相关影视片段和英文台词，指导学生据此进行小组表演。

第三步，创意仿写，创作鉴赏。学生用15到20分钟进行创意仿写，四人合作或独立完成本次"鲨鱼口里脱险"主题的创作大纲，然后就同伴作品开展讨论。老师可邀请部分学生介绍写作思路和过程，促进学生之间的互相学习和借鉴。

应用效果

情境预设思导法将名著阅读和写作有效结合，达到"以读促写"的效果。课堂运用情境预设、思维导图能有效提升学生的学习兴趣，引导学生积极展开联想，在训练外语表达的同时，也达到了创新思维与逻辑思维的双重效度提升目标。

（河北省廊坊市第七中学特级教师张春花供稿）

第三十四招 "读后续写"微型语料库法

构建微型语料库，绘制思维导图，
提升写作教学效能。

妙招简介

"读后续写"是高考英语中的一种题型，也是广州外语外贸大学王初明 (2012) 提出的外语教学、促学的方法，通过用外语进行情绪描写、情境描写及心理刻画等方式全面提升学生的语言能力。"读后续写"微型语料库法 (Mini-Corpus-Based Continuation Writing Activity) 是学生在教师的指导下，利用各种云平台和思维导图，通过读后续写微型语料库进行语言学习。本妙招可以帮助学生拓展写作思路，更好地记忆和应用语言知识，提升写作教学效能。

适用范围

本妙招适用于高中英语写作课程，学生具有初级外语水平和一定的自主学习能力，班级规模为40到60人。

活动目标

目标1：通过建立读后续写微型语料库帮助学生获取真实语料作为学习素材，拓展写作思路，结合应用所学的语言知识，提升习作的质量，锻炼语言运用和写作能力。

目标2：引导学生以思维导图的形式对相关内容进行总结学习，梳理相关的写作知识，理清写作思路。

实践步骤

教师利用历年高考中的读后续写佳作，建立写作技巧微型语料库，并让学生以思维导图的形式学习写作微技巧。

第一步，语料收集。教师收集多个省市的高考试卷中读后续写佳作和范文，总结读后续写写作技巧，包括情绪描写、情境描写、高频副词、形容词、巧用分词等写作微技巧，让学生系统地学习、讨论、巩固练习，有意识地在读后续写中加以运用，增加写作亮点。

第二步，建立话题微型语料库。教师引导学生充分利用网上资源，建立话题微型语料库，并让学生以思维导图的形式进行总结学习。教师和学生在学科网内搜索英语关键词，挑选出与关键词相对应的各类话题文本。例如，输入心理描写，同时选择读后续写，便可出现大量关于心理描写的课件和文本，以及描写具体情绪的课件和文本。教师将其进行删减整合，将核心描写部分集中起来，指导学生建立关于心理描写的读后续写语料库。教师按照同样的方法，指导学生建立有关于"鲨口脱险""救人""等公交车""看医生""参加考试""助人为乐"等不同主题的读后续写微型语料库。

第三步，利用在线有道词典，建立动作微型语料库。打开在线有道词典，搜索动作所对应的身体部位，例如wrist，就会出现很多与腕部相关的肢体动作。通过快速浏览、筛选与摘录，指导学生建立有关于腕部动作描写的微型语料库。按照同样的方法，指导学生建立有关于头部、五官、四肢"快速移动和猛冲""脑海里突然闪现""出汗、紧张、心脏狂跳"等表达动作的微语料库，并让学生以思维导图的形式绘制出来，进行积累式学习。

第四步，利用微信搜索，建立情境微型语料库。在微信搜索中输入主题词，如act of kindness和help others，就会出现大量的有关于善举与助人的句子、篇章和视频。将其中的素材进行筛选，提炼出经典和高级的语言表达，指导学生建立以"助人"为主题的微型语料库。按照同样的方法，对读后续写练习中所出现的主题进行归类，建立"善举与助人""逆袭、憧憬美好未来、改变自我""扭转态度""创造梦想""亲情加深"等主题的微语料库，并让学生以思维导图的形式绘制出来。

应用效果

"读后续写"微型语料库法经过了近两年的教学实践，教师指导学生利用该方法结合思维导图的形式有效地提升了学习效能。"读后续写"作为高考英语的一个题型对英语学习会形成反拨效应，对高中英语学生的外语学习起着重要的促进作用。"读后续写"作为一种外语教学方法和学生的自主学习方法，通过理解和产出相结合的方式达到促学的作用（王初明，2012）。

（河北省廊坊市第七中学特级教师张春花供稿）

第三十五招 "请你相信我"议论文写作教学法

"请你相信我"议论文写作教学法，
提升学生的辩证思维能力和口语表达水平。

妙招简介

"请你相信我"议论文写作教学法(Believe-Me Argumentative Essay Writing Activity)是指在议论文写作教学课上学生将课前完成的议论文中的论点和论据在课堂上进行口头汇报，把写作的"说服能力"转为通过口语的"说服能力"。本妙招针对两个教学问题：1) 学生普遍存在思辨能力、头脑风暴等方面能力的不足，在进行话题构思时易受思维定式影响；2) 学生写作课专注力和参与度不足，写作课堂氛围不够活跃，写作课堂效能低。

适用范围

本妙招适用于大学二年级DEP课程中的课堂写作教学，要求学生语言水平中上等，较擅长英语交流，具有用外语表达自己观点的能力。班级规模为25到30人为宜。

活动目标

目标1：通过口头汇报的形式，促使学生深入理解文章的论点和论据，同步锻炼和提升学生的口语表达能力、阅读理解能力和写作能力，特别是议论文段落写作的能力。

目标2：在写作和口头输出过程中锻炼和提升学生的逻辑思维和辩证思维能力。

目标3：通过用评审表对同伴的展示进行评价，促使学生对学习和展示过程与效果进行反思性学习，锻炼他们的批判性思维能力。

实践步骤

第一步，课前准备。教师给学生布置议论文题目（如Does Social Media Promote or Harm Real-Life Communication?），学生复习议论文写作要求，观看云校园或慕课上的议论文写作视频，完成议论文的初稿。

第二步，课堂汇报。学生将课前完成的议论文带到课堂，每人会收到一张评分表（参见表1）。学生根据自己的文章内容，提取一段论点，并对该段提出的理由及论证证据进行概括，依次上讲台进行汇报，目的是说服听众。其他学生根据发言人的观点及评分标准进行打分和评价。教师总结记录精彩的论点及例子，并对每位发言人内容进行点评，例如，论据是否合理、充分，是否具有说服力。

表 1　学生互评评分表

Items	Comments and Suggestions
Do you understand the argument of this paragraph?	
Do you believe speaker's evidence, or examples? Do you think the support is appropriate or not?	
Do you get reasons of this argument?	

应用效果

教学实践显示，大部分学生能以理服人，劝说他人"有理有据"，提出的反馈信息中肯且有说服力。本妙招使每位学生都有自我表达、自我陈述的机会，充分理解文章的论点和论据，进一步复习议论文段落写作知识。需要注意的是，展示课进行前，教师要确保学生基本掌握议论文段落结构，并完成个人的议论文。学生个人展示时，如果提出的论点、论据不足以说服其他学生，那么这也从侧面反映出该文存在逻辑漏洞或论证不充分的问题。这一活动不仅考察学生的思辨能力，而且也赋能英语口语。学生的逻辑思维和思辨能力在写作和口头输出过程中也得到了锻炼和提升。

（西安交通大学附属中学兴庆校区王琦供稿）

第三十六招　"货比三家找最佳"写作教学法

多模态比较辨析词语，
"货比三家"寻最佳措辞，
有效提升英语写作语言准确性。

妙招简介

措辞不准确是学生英语写作中亟待解决的问题之一。究其原因，多是因为学生往往只注意词语的字面意思，而忽略词语的内涵、文章体裁以及上下文语境（焦丽霞、韩小华，2015）。对此，"货比三家找最佳"写作教学法（Comparison-Shopping Writing Pedagogy）是指教师引导学生通过对比"三家"（学生本人、同伴、原文）所选词汇的异同，使学生关注写作措辞的重要性，通过"看图识词""段落补词""对比原文""总结巩固"等系列活动提升写作中的语言准确性和整体写作能力。

适用范围

本妙招适用于大二及以上年级英语专业或非英语专业学生的英语写作和综合英语课程，学生具有一定的自主学习能力，班级规模不宜过大。

活动目标

目标1：通过对比"三家"（学生本人、同伴、原文）所选词汇的异同引导学生在阅读和写作过程中关注词语的内涵、文章体裁以及上下文语境。

目标2：通过多模态活动帮助学生提升英文习作中的语言准确性，提高写作课堂的学习效率。

实践步骤

第一步，看图识词。教师提供若干英语写作主题的相关图片，学生观察图片，通过头脑风暴，联想相关词汇，准备写作。

第二步，段落补词。教师给出作文主题和相关段落的图片（其中部分词汇缺失），学生结对子讨论，填词补全段落。每个空的答案不仅限于一个，但选词须有理有据。也可将段落中重点词汇替换为其他易混词，引导学生识别使用不当的词汇并做出修正。

第三步，对比原文。教师播放原音频段落，学生听音频并写出原文用词，之后把原文用词和小组讨论出来的答案进行对比，分析各自的优劣和适用性。

第四步，总结巩固。学生在教师的指导下完成表格总结（参见表1），总结积累用词准确性的实现方式和范例，提升英语写作中各种词类使用的准确性。

表 1 英语写作中措辞准确性的实现方式和例证

不同词性	实现方式	文中例证	更多范例
名词的精确性			
动词的生动性			
形容词的客观性			
副词的适度性			

应用效果

"货比三家找最佳"写作教学法有助于学生意识到英语写作中措辞准确的重要性，对于名词的精确性、动词的生动性、形容词的客观性和副词的适度性也有更直观的认识和把握，同时图片、文字和音频等多模态手段的运用也大大提高了学生注意力和课堂效率（张德禄，2015）。

（北京邮电大学焦丽霞供稿）

第三十七招 "课本剧"阅读写作教学法

学生创作演绎英文"课本剧"，
语言"活"起来，课堂"动"起来！

妙招简介

"课本剧"阅读写作教学法（Text-Based Drama Reading and Writing Activity）是基于建构主义理论而设计的教学活动，由教师指导学生对课本内容进行剧本改编，在课堂上进行展演等一系列活动，包括课堂问题提出及解决、合作学习、创造视觉效果和角色扮演等多重环节。学生在排练过程中要充分调动所学知识，更要积极参与演练全过程，语言学习由此变得更快乐。

建构主义强调人与情境之间的关系，不同的学生在不同的情境中会建构不同的知识体系（李方，2011）。每位学生的学习风格和学习水平各不相同，在课本剧的系列活动中，教师赋权于学生，学生依据自身的具体情况自主调整学习内容，全程参与各个学习过程。

适用范围

本妙招用于写作和阅读相结合的课程，适合有一定英语交际能力的非英语专业学生或英语专业大一学生，班级规模不宜过大，小班教学效果更佳。

活动目标

目标1：引导学生学习和积累英语修辞知识，锻炼口语表达，提高英语语音语调的准确性和流畅度。

目标2：促使学生激活先前所学的知识，积极参与课堂活动，增加语言学习的趣味性。

实践步骤

第一步，课程导入。由主持人致辞开场，进行破冰导入，比如可依据课本内容进行"英语修辞大比拼"作为"课本剧"的热身活动。

第二步，讲解剧本。学生通过幻灯片展示课件、讲解剧本。

第三步，演出环节。学生分组扮演角色，演绎不同的场景。

第四步，演出后环节。课本剧展演后，教师可组织学生对课文进行深度学习。比如，设计采访环节，由几位学生小记者对有扮演任务的学生进行有关角色定位的采访；设计思辨环节，教师提供课文相关议题，由各组组长抽取辩论题，学生进行现场辩论，等等。

第五步，谢幕和总结环节。学生上台谢幕，教师总结，宣布活动圆满结束。

应用效果

"课本剧"活动同时涉及写作、表演、辩论、配音、朗诵等多方面内容。在此过程中，学生既学习和积累了英语修辞知识，切实感受英语语言的魅力，又锻炼了口语表达，尤其是情绪上的控制，对语音语调力求准确和流畅。在教学实践中，应更多地考虑学生的个体差异和专业发展需求，坚持实用性、知识性和趣味性相结合的原则，精心设置课堂教学内容和活动，以充分调动学生的积极性，最大限度地让学生参与教学的全过程。

（沈阳大学官希慧供稿）

第三十八招　写作教学利器检查表

好文章是改出来的，
Checklist（检查表），
修改英语作文的得力抓手！

妙招简介

修改是英文写作过程中的重要一环，但如何修改作文对很多学生来说是个难题。检查表（Checklist）是一种用于检查各种任务完成情况的表格。写作时，教师为学生提供检查表给学生，帮助学生进行作文初稿自检（self-review）或同伴评审（peer-review）。它可以有效帮助学生回顾教学要点，紧扣写作要求，梳理写作思路，培养良好的写作习惯。检查表也可用于培养学生自主学习的能力。教师指导学生通过消化写作要求和文体写作技巧，自己制作检查表，辅助文章修改。一言以蔽之，检查表对提高学生写作水平和自主学习能力都具有积极作用。

适用范围

该妙招适用于高中及以上阶段，在学生的课外自主学习或课堂写作教学时均可使用。要求学生具备一定自主学习能力，班级规模不宜过大，以25到30人左右为宜。

活动目标

目标1：通过检查表帮助学生进行英语习作初稿自检或同伴评审。
目标2：帮助学生回顾教学要点，紧扣写作要求，梳理写作思路，培养学生良好的写作习惯。

实践步骤

下面以大学一年级EBP（English Bridge Program）英语写作课堂为例来说明如何在写作教学中使用检查表。操作步骤可分为课前、课中和课后三个部分。

第一步，课前准备。首先。教师设计检查表。教师根据expressive essay的写作技巧，确定作文评分表和写作要求，将检查表设计为以下五部分：

1) 格式要求（formatting requirements）；
2) 作业要求（essay requirements）；
3) 文章内容（intellectual content）；
4) 文章结构（organization）；
5) 语法检查项（grammar requirements）。

之后将所有要求和学生写作需注意的要点（语法检查项除外）用陈述句一项一项列入相应的部分。语法检查项以词组的形式列在最后一部分。每一项开头插入下划线或括号。其次，学生撰写初稿。学生回顾 expressive essay 的写作技巧，按照本次写作的各项要求，完成以 "My Favorite ..." 为题的作文初稿。

第二步，课堂活动。学生将文章初稿带到课堂，每人会收到一份检查表。在写作教学中第一次使用检查表时，建议教师以一篇范文为例，对检查表上的项目逐项解释并带领学生据此逐项分析范文。在语法检查项，老师可以根据教学经验，点出以往学生作业中常见的语法错误，提醒学生检查时多加注意。第一次教师引导的检查示范有助于学生对范文好在哪里、检查表上每个项目的意义以及如何使用检查表有更直观的理解。

学生在使用检查表逐项自检或互评时，在已经完成的小项目前打钩，在未达成的要求前划叉，在不确定自己是否完成的项目前记一个问号（详情请参照文后图1和图2的样表），之后再复习相关写作资料或向老师提问。学生对照检查表在初稿中记录需要修改的地方。教师在课堂巡视时及时解答学生自检中或者同伴互评时出现的疑问。

第三步，课后延展。学生根据课堂记录对初稿进行修改润色后提交，教师批阅学生作文。

应用效果

实践表明，写作教学过程中使用检查表有利于学生充分理解写作文体和掌握写作话题相关的写作技巧，有助于学生理清文章整体思路和结构，重温段落写作知识，合理编排每个主体段落中的细节和例证，避免跑题离题和内容干瘪。大部分学生的作文都做到结构清晰，描写生动，表达了真情实感，实现了本次写作任务的交际目的。因此，恰当使用检查表可以有效锻炼和提升学生的逻辑思维能力以及对文章结构和细节内容的把控能力。

Writer: _____ Reviewer: _____ Date: _____11.11_____

Formatting requirements:

✓ File name: your full name in pinyin and **Expressive Essay** (For example: FAMILYNAME_PERSONALNAME_Expressive Essay.docx).

✓ Margins: 1" (2.5 cm) margins for each side, top, and bottom.

✓ Header/Page Number: your name, student ID number, section number, assignment (Expressive Essay), and page number in page x of y format.

✓ Alignment: **Left aligned**

✓ Paragraphs: ½ inch (1.25 cm) indent for each paragraph (no space between paragraphs)

✓ Font: 12pt, Times New Roman

✓ Spacing: Double spaced

___ **Final** draft will be uploaded to the CORRECT folder on Blackboard before the due date.

Essay requirements:

✓ The topic is "My Favorite ...". But do not write about your favorite book, movie or video game. Keep your topic simple.

✓ Your goal is to write in efficient, professional English and improve your **basic sentence- and paragraph-level** writing skills.

✓ You should write two pages *minimum* to three pages *maximum* for this assignment.

✓ It is strongly recommended that you should **draw an outline** before writing this essay.

Intellectual content:

? An expressive essay is **about you**, your thoughts, feelings, experiences, memories, and emotions.

✓ Therefore, you should write it in the **first person** point of view

? and use **descriptive language** to describe people, places, things and ideas that you make reference to.

? **Describe your feelings**. Use feeling words like: love, happiness (joy), sadness, pain (hurt), anger (fury), fear, pleasure, loneliness, excitement, comfort (safety, relaxation, contentment), shock, pride, scorn (contempt), shame (guilt, regret, modesty, shyness), boredom, fatigue (exhaustion, feeling tired, sleepiness), jealousy (envy, greed, ambition) and interest (curiosity, desire), or verbs describing these feelings.

✗ **Own your feelings**. Do not write "there was some anger in the air about this betrayal," write "I became angry because they betrayed me."

___ Write **what** your favorite is and **why** it is your favorite. Explain **how** it influences you (it may be part of the reasons).

图 1 Checklist 样表 1

Organization:

? Introduction should include (hook) (topic) background information and (thesis statement.)

✓ Be concise in your introduction — usually shorter than a body paragraph.

? The thesis statement contains **the writer's position** on the subject and (the reasons) for the position.

✓ It is recommended to write an introduction of one paragraph, a body of three or more paragraphs (developing your thesis statement), and a conclusion.

✓ Develop a precise and clear topic sentence for each body paragraph.

? Topic sentences connect clearly to the thesis statement.

✗ Support any general points you make or attitudes you express in the body paragraphs with **specific** reasons and convincing details.

✗ Make sentences in one paragraph closely organized around a single topic.

✓ Use transitions between paragraphs to make the relationships among ideas in the paper clear.

? The conclusion summarizes the main point and use different words to restate the thesis. It may also put forward suggestion, prediction and so on.

Grammar requirements: Mark an "X" next to the terms that are being used incorrectly

✗ Active verbs
    Adjectives
    Adverbs
✗ Articles
    Awkward phrasing
✗ Capitalization
    Clichés
    Conjunctions
✗ Fragment　because, 什句.
    Fronted Adverbial Conjunctions
✗ Hyperbole　夸张, 练习
    Incorrect word form
    Incorrect word use
✗ Meaning unclear
    Missing words
    Poor word choice
    Possessive phrases
    Prepositional Phrases
    Prepositions
✗ Pronouns　指代清晰
    Punctuation
    Repetitious/Wordy

✗ Run-ons
✗ Sentence length (< 10-12 words)
    Singular/plural
    Spacing
    Spelling
    Style/voice
✗ Subject-Verb Order (Active voice)　被动 X
✗ SV agreement　主谓一致
    Verb phrases
✗ Verb tense
    Word location/order

图 2　Checklist 样表 2

[香港中文大学（深圳）杨旸供稿]

第三十九招　思维问题链教学法

英语课堂无生气？
师生互动缺方法？
思维问题链教学法来帮忙！

妙招简介

思维问题链教学法（What–Why–How Writing Activity）是指根据活动目标和教学内容，结合学生已有的知识或经验，将教材知识转变成具有一定系统性、层次性、相互独立又相互关联的系列问题（裴松，2011）。在英语阅读教学中，教师可设计问题链，即What–Why–How，让学生回答这三个问题，教师运用问题链进行引导，学生进行回应，之后教师根据学生回答给予相应反馈或追问。

适用范围

本妙招中的问答环节对学生思维水平有一定要求，因此适用于中学及以上的英语阅读和写作课堂，学生具有一定的自主学习能力。班级规模不宜过大，小班教学为宜。

活动目标

目标1：引导学生关注信息，进行语言输出，构建师生互动课堂。

目标2：在阅读和写作过程中形成语篇意识，把握语篇结构和文章脉络，关注语篇成分的逻辑关系。

目标3：通过问题链的设计和问答反馈锻炼学生分析问题和解决问题的能力。

实践步骤

语篇中各要素之间（如句子、句群、段落之间）存在复杂的关系，例如因果关系、并列关系、转折关系等。教师设计问题链时可以利用这类关系，将问题与问题通过某种紧密连接起来。下面以高三专题复习课"七选五"的解题模型为例，阐述本妙招的设计步骤。

第一步，确定活动目标。作为高三毕业班的专题复习课，旨在使学生通过阅读，探究主题意义，学习解题策略。教师提供三篇主题均为"music"的文章，以"七选五"语篇补全方式呈现三篇文章的论述角度、结构特征和语言特点。活动目标确定为：1）强化语篇意识，学会运用语篇知识分析语篇各要素之间的复杂关系，明确语篇的微观和宏观组织结构；2）基于语篇分析，逆向思考"七选五"的设题方式并总结与之对应的解题模型（详见图1）。

第二步，设立主问题链。主问题链就是回答有关 What、Why、How 三个问题：

问题1（What）：文章的主要观点是什么？文章每个段落的主要观点是什么？
问题2（Why）：作者的写作目的是什么？
问题3（How）：作者是如何组织信息的？都用到了那些语言？

第三步，依据学生作答情况，设计层次递进、互为阶梯的小问题链。在学生回答完第一个问题后，教师继续追问：每个段落的观点和文章的主要观点是什么关系？在作者阐述每个观点时，句子与句子之间是什么关系？作者如何表达语义逻辑关系？作者为何使用这种表达方式？这种表达方式如何为作者目的服务？

应用效果

使用问题链能够帮助教师引导学生关注信息，进行语言输出，构建师生互动课堂。教师通过提问引导学生形成语篇意识，把握语篇结构和文章脉络，关注语篇成分的逻辑关系。学生通过回答问题，能够有效获取和传递信息，理解语篇意义。在问答互动中促成了活动目标的有效达成，同时锻炼了学生分析问题和解决问题的能力。

在使用本妙招时需要特别注意，第一，在应用问题链时，学生的回答具有实效性，教师需依据学生的回答进行适度引导，抓住瞬间的教学机会，形成真正的对话，进一步提出设问。鼓励学生深层次思考，而不是学生的回答未达到预期的效果，就忽略学生的答案。第二，课堂问答环节要给予充分准备时间。教师提问后要适当留白，尊重不同程度的学生，让所有学生参与思考，而不是一位学生给出答案后，立刻进入下一个问题，应期待更多学生对答案进行补充。

（北京市大兴区兴华中学周思露、北京市大兴区教师进修学校赵娟供稿）

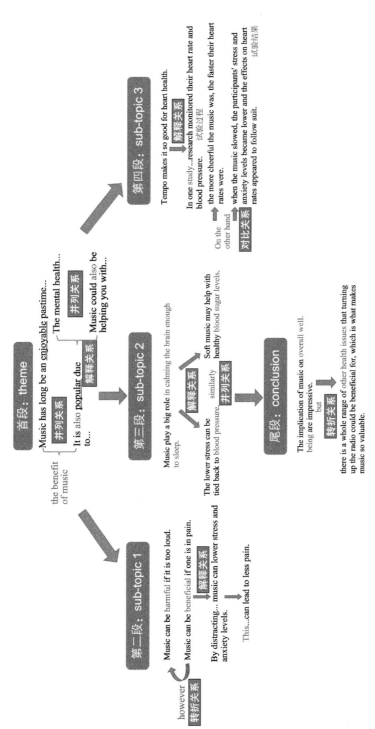

首段：theme

the benefit of music

Music has long be an enjoyable pastime...　　The mental health...
併列关系

It is also popular due to...
解释关系

Music could also be helping you with...
併列关系

第二段：sub-topic 1

Music can be harmful if it is too loud.

however
转折关系

Music can be beneficial if one is in pain.

解释关系
By distracting... music can lower stress and anxiety levels.

This...can lead to less pain.

第三段：sub-topic 2

Music play a big role in calming the brain enough to sleep.

解释关系

The lower stress can be tied back to blood pressure.

Soft music may help with healthy blood sugar levels.

併列关系
similarly

尾段：conclusion

The implication of music on overall well being are impressive.

转折关系
but

there is a whole range of other health issues that turning up the radio could be beneficial for, which is what makes music so valuable.

第四段：sub-topic 3

Tempo makes it so good for heart health.

In one study...research monitored their heart rate and blood pressure.
解释关系　试验过程

On the other hand
对比关系

the more cheerful the music was, the faster their heart rates were.

when the music slowed, the participants' stress and anxiety levels became lower and the effects on heart rates appeared to follow suit.
试验结果

图 1　语篇分析信息结构图

第四十招　写作小组语块 PK 法

小组合作写作，
"语块"输出观点，
拓展思维视野。

妙招简介

高中生英语写作普遍存在写不完、字数不够、语言错误多的问题。针对这些问题，写作小组语块PK法（Inter-Group PK Activity in Chunk-Based Writing）创设写作情境，利用课堂小组合作学习，促进以语块形式输出观点，不仅有利于开拓学生思维，生成多样化观点，提高构思写作速度，而且还有助于提高学生写作时使用语块的意识，改善作文的可读性。

适用范围

本妙招中的"语块输出"对学生语言水平有一定要求，通过小组合作学习的形式能够降低其难度，因此本妙招适用于高中各学段的中小规模班级，尤其是有分组学习的班级。

活动目标

目标1：提升学生在写作中的语块意识，开拓学生的写作思维，提高其构思写作速度。

目标2：提高学生英语写作课堂的参与度，改善学生习作的可读性。

实践步骤

第一步，教师呈现情境支架。教师根据活动目标，设定合适的作文情境，选择一两个要点提问，并给出表达该观点的句式（参见图1）。

假设你是红星中学高三学生李华，你的英国朋友Jim初到中国读书，由于不适应语言和环境而感到焦虑，请你用英文给他写一封电子邮件，内容包括：

1. 表达安慰；
2. 提出建议并给出理由。

注意：1. 词数100左右；
　　　2. 开头和结尾已给出，不计入总词数。

Example

在这种情况下，我建议你应该_____。因此，你可以_____。

In this <u>situation</u>, I suggest that you should <u>take part in various activities</u>.
Therefore, you can <u>make new friends</u>.

此外，_____是一个很好的选择，这可以_____。

Besides, it's a good option to _____, **which can** _____.

图1　教师呈现情境支架示例

第二步，教师讲解规则。教师针对要点讲解规则，学生以小组为单位进行讨论，并将成果记在白纸上，在规定时间内有效答案最多的小组获胜；也可写在黑板上，如有雷同或者回答慢的答案无效。

第三步，学生小组合作。班级的各小组内部进行讨论，按要求生成句子，并进行展示。

第四步，梳理全班语块学习成果。教师将每组成果收上来以投影的方式展示，带领学生一起齐读各组成果，梳理有效答案。

第五步，教师评价PK结果。教师可当堂讲解，选出获胜组，强化学习效果。

应用效果

由于小组竞赛的设定以及前期铺垫与示范，学生的课堂参与度较高，思维得到开拓，观点生成多样化，学生表示很受益。这种教学设计是建立在学生对句式、句型熟练的积累之上，应用时可注意如下三点。第一，教师在设置写作情境时，可根据活动目标调整，若指向高考，则可使用高考作文情况；若为了掌握目标语言，则自行创设情境。此外，本妙招也可用于单元复习课。第二，作为补充，建议提供给学生多样的表达观点的句式支架，学生应熟练掌握。第三，后续教学步骤建议为学生个人独立完成写作。

（北京市大兴区兴华中学彭桢隐、北京市大兴区教师进修学校赵娟供稿）

第四十一招　想象飞扬式自由写作法

自由式英文写作，借图片让想象飞扬，
跳出应试写作的窠臼，打造活力外语写作课堂！

妙招简介

想象飞扬式自由写作法（Over-the-Moon Free Writing Activity）通过图片激发学生的想象力，引导学生用外语进行创作，体裁不限。这种想象飞扬式自由写作法可以帮助学生丰富其写作视角、拓展其思维，在个性化的情感体验和写作练习中提升外语写作能力。

适用范围

本妙招适用于各学段的外语写作和阅读课程，学生具有外语语言和语法基础知识即可，班级规模中等为宜。

活动目标

目标1：帮助学生丰富写作视角、拓展其写作思维，锻炼学生的创新思维，提升外语写作能力。

目标2：通过自由畅想的方式激发学生用外语进行表达的兴趣和意愿，逐渐摆脱应试写作的窠臼，提升和改善学生外语写作的自我效能感。

实践步骤

第一步，图片欣赏和联想。学生观察和欣赏图片，激发其联想和想象。比如庭院雏菊，可让人感受到诗意，或自然之美，或生命的活力，甚或植物的生长规律、自然进化，或者生态保护等话题。

第二步，关键词记录。学生在想象和联想的过程中，用关键词记录情感、想法、概念、事迹等，将大脑中的意象图式变成文字。

第三步，缀词成文。学生将关键词连缀成短文，体裁不限（可为散文、诗歌、议论文或科普文章）。还可以鼓励学生在课后变换体裁进行再创作。例如，将散文修改为诗歌，将记叙文修改为科普文，或将叙事修改为杂文，等等。

第四步，习作分享与点评。写作完成后，各小组分享成员的作品，发现和点评其亮点，学习其长处。还可以由各小组选出最好的作品，与其他小组或整个班级分享。

应用效果

　　本妙招以图片拓展学生写作思路，通过自由畅想的方式激发了学生用外语进行表达的兴趣，让学生从不愿写、不会写、没话可说，逐步转变为想写、会写，在兴趣驱动下提高外语写作能力。

（天津师范大学徐承萍供稿）

第四十二招　匹配原文补充段落法

英语写作中心不明确？议论文缺少广度深度？
匹配原文补充段落法，语言内容协同促写作！

妙招简介

　　匹配原文补充段落法（Passage-Completing Writing Activity）是指教师给学生提供篇章中的开头和结尾段落以及主体段落中的一段，要求学生模仿原文的语言使用和内容呈现补全缺失的主体段落。本妙招旨在解决多数学生在写作中出现的语言问题（如词汇、句式和语法使用方面）或者内容方面的问题（如中心不明确、论据不足、论证的广度和深度不够等）。匹配原文补充段落法为原创妙招，基于CLIL教学法（Content and Language Integrated Learning）（张莲、李东莹，2019）、任务型教学法和输入输出理论设计而成。

适用范围

　　本妙招可用于大二及以上年级英语专业或非英语专业的英语写作课，要求学生具有基础的外语水平，班级规模不宜过大。

活动目标

　　目标1：通过对原文段落的深度理解和分析，解决多数学生在写作中常出现的语言问题或者内容篇章等方面的问题。

　　目标2：引导学生在写作过程中既关注语言能力的提升，又注重思辨能力的提升。

　　目标3：通过学生自评和同伴互评促进学生进行反思性学习和能力提高。

实践步骤

第一步，教师作业布置。教师要求学生仔细阅读给定篇章，文章的开头、结尾和主体部分的第一段已经给出，请学生在省略号处补充两个缺失的段落。

第二步，学生完成作业。学生依据文章的上下文，完成补齐段落的写作任务，将完成的作业提交到班级共享的网络平台。

第三步，学生自评+同伴互评。基于教师给出的学生自评和同伴互评标准（参见表1），学生就作文展开自评和互评。

表 1　学生自评和同伴互评标准

评价方面	评价标准
内容	（1）各段是否紧扣文章中心展开？ （2）各段的段落中心句是否明确？ （3）各段内容是否服务于段落中心，进而服务于全篇中心？
语言	句子是否恰当？体现在哪些方面？

第四步，教师给出范文。教师给学生提供优秀范例，学生基于表1中内容方面第3条标准进行阅读、评价和对比。

第五步，教师讲评+写作讲解。教师在课堂上对整个班级的习作进行点评、讲解，引导学生从思辨、语言两个方面进行反思性学习（教师评价标准参见表2）。

表 2　教师评价标准

讲评重点	核心内容
内容 （思辨）	1）使用篇题句（thesis statement）和段落中心句（topic sentence），保证文章内容的统一性； 2）构写篇题句的方法； 3）构写段落中心句的方法。
语言	习作语句的六个重点（尽量使用平行结构，注意人称一致，运用具体概念词汇，多用主动语态，表述言简意赅，丰富句式结构）

第七步，习作自查自改。学生根据教师讲解内容对自己的习作进行修改，看能否对下面的问题给出肯定的回答：1）文章篇题句是否清晰？段落中心句是否清晰？各段中心句是否服务于文章篇题句？全篇是否有统一性？2）句子构写中是否考虑到六要素？

应用效果

本妙招让学生在模仿原文的基础上进行写作，在输入的基础上进行输出，引导学生既关注语言能力的提升，又注重思辨能力的提升。另外，每次写作课聚焦特定的语言子技能和思辨子技能，能够促进学生语言和思辨能力的协同发展（Langan, 2014）。

（北京邮电大学焦丽霞供稿）

第四章
翻译、语言文化和外语教育教学妙招

翻译教学不仅是英语教学中重要的一部分，翻译学更已成为一门独立的学科。翻译教学是一门跨语言、跨专业、跨文化的课程，主要通过理论和实践相结合的方式进行课程设计。然而，如果翻译课堂教学设计不当，或可能成为典型的教师独角戏，变成以教师讲解为主的翻译理论、词汇或语法的学习活动，导致课堂氛围沉闷，教学效果不佳。翻译的实践性更需要教师能采用灵活多样的教学方法和手段，帮助和指导学生进行自主学习、相互学习。翻译教学妙招为不同语言水平、不同规模的班级提供相应的课堂教学范例。

本章的另一个重要部分是语言文化教学妙招。在外语学习中，文化和语言密不可分。Raymond Williams 曾说过，culture这个单词是英语语言中最复杂的词语之一，最早来源于拉丁文cultura，是指农耕词汇，是指农耕及对植物的培育，之后才引申为培养兴趣、精神和学识，语义得到了更为广泛的延展。文化教学内容更是包罗万象，教学内容丰富有趣，但要使学生在繁杂中保持兴趣和系统学习，就需要教师对课堂教学进行精心设计，才能提升学生的学习效能感，真正通过文化学习深入了解和掌握所学的外语。

本章共有18个翻译教学、语言文化教学和外语教育教学妙招。这些教学妙招不仅有具体课程内容的具体操作步骤，也为翻译和文化课堂教学提供创新的设计思路和理念。本章的最后一部分是外语教育妙招，主要是外语专业课程的教学设计，包括英语词汇学、英语语音学、韩语教学、俄语教学等优秀的教学案例。

第一招　"译小见大"学外语

译小诗，学修辞。
精炼语言，提升译能。

妙招简介

本妙招"译小见大"（Short Poems Translating Activity）旨在通过诗歌翻译小练习，使学生在翻译中不要只关注词汇与结构选择，追求结构上的一致性和意义上的信与达，还应了解和运用恰当的修辞手法，译出原语的风格与神韵，学生能够通过英汉对照练习领悟翻译和语言学习过程中的大道理。

适用范围

本妙招适用于学习"高级英语"课程的英语专业二、三年级学生、英语翻译爱好者，班级规模为20到30人。课型为语言技能课。

活动目标

目标1：促使学生关注译文用词的准确性，练习翻译中的词汇与结构、结构的一致性等问题。

目标2：引导学生了解和运用恰当的修辞手法，关注原文的语言风格，帮助他们能够译出原文的神韵。

实践步骤

下面以外国励志小诗 *The Choice Is Mine* 为例来介绍实践步骤。第一步，精选小诗。教师选取富含修辞、立意深远、短小精悍的小诗，如下面的短诗 *The Choice Is Mine*。

The Choice Is Mine

By Alexandra Starr

I choose to live by choice, not chance.

I choose to make changes, not excuses.

I choose to be motivated, not manipulated.

I choose to be useful, not used.

I choose self-esteem, not self-pity.

I choose to excel, not compete.

I choose to listen to the inner voice,

not the random opinion of the crowds.

第二步，点拨修辞。教师组织课堂讨论，交流翻译过程中的要点，如句式结构、修辞手法、语言风格、情感价值等。还可以通过这首小诗帮助学生了解英文修辞手法，例如：头韵法 (alliteration)，如 "I choose to live by choice, not chance"；对仗 (antithesis)，如 "... to live by choice, not (by) chance"；重复 (repetition)，如 "I choose to ..."。

第三步，学以致用。教师布置课后翻译作业，要求学生既关注词汇与结构，也注意原诗的修辞手法，保持风格上的一致性。

第四步，交流借鉴。展示学生们的译作，讨论翻译中的得与失，邀请部分学生交流翻译思路。

第五步，总结归纳。教师引导学生在评析译作的过程中总结和归纳翻译策略。

第六步，精益求精。学生完善初稿，提交修改稿（参见图1、图2中的学生译稿）。

Translate:

The Choice Is Mine
By Alexandra Starr

- I choose to live by **choice**, not **chance**.
- I choose to make **changes**, not **excuses**.
- I choose to be **motivated**, not **manipulated**.
- I choose to be **useful**, not **used**.
- I choose **self-esteem**, not **self-pity**.
- I choose to **excel**, not **compete**.
- I choose to listen to **the inner voice**, not **the random opinion of the crowds.**

我命由我
徐烨 译

我选择随心而活，而不是随遇而安；
我选择做出改变，而不是寻找借口；
我选择主动出击，而不是被动接受；
我选择为人所用，而不是为人利用；
我选择自尊自爱，而不是自怨自哀；
我选择超越自我，而不是较长量短；
我选择听从内心，而不是随波逐流。

图1　学生译稿范例1

Translate:

The Choice Is Mine

By Alexandra Starr

- I choose to live by **choice**, not **chance**.
- I choose to make **changes**, not **excuses**.
- I choose to be **motivated**, not **manipulated**.
- I choose to be **useful**, not **used**.
- I choose **self-esteem**, not **self-pity**.
- I choose to **excel**, not **compete**.
- I choose to listen to **the inner voice**, not **the random opinion of the crowds**.

活出我的意志

徐路由 译

我活出我的意志，巧合没啥意思；
我改造整个尘世，从不扭曲事实；
我励志成为志士，拒绝受人指使；
我体现自身价值，去他妈的指示；
我驾驭自尊飞驰，自怜自哀不齿；
我心怀鸿鹄之志，不屑一决雄雌；
我任由心声展翅，随波逐流为次。

图 2 学生译稿范例 2

应用效果

在翻译练习中，学生常常无法兼顾译文的准确性、结构的对等性、修辞手法及风格的一致性等问题。"译小见大"妙招有助于学生关注译文准确性的同时，还要尽可能实现语言结构、修辞和文体风格上的一致性，从而提升学生的译文质量和语言表达能力。该活动既可以在课堂完成，也可以作为课后作业；既可以独立完成，也可以合作翻译。此外，教师还可以组织学生就同伴作品开展讨论，邀请部分学生介绍翻译思路和创造过程，促进学生之间互相学习和借鉴。

（华东理工大学徐路由和王慧供稿）

第二招　汉译英翻译反馈报告法

汉译英翻译反馈报告，
梳理强化翻译过程，
提升翻译练习效率。

妙招简介

学生刚刚接触汉英段落翻译，每次练习上来就写，只见树木不见森林；写完就看参考译文，"为译而译"，学而不思，这种翻译练习难见成效。汉译英翻译反馈报告法 (Chinese-English Translation Feedback Activity) 通过使用反馈报告的方式帮助翻译新手梳理、强化翻译过程中的各个步骤，使学生能够进行段落翻译练习，逐步提高翻译练习的效率。

适用范围

本妙招适应于英语专业和非专业英语的翻译课程，备考大学英语四级的低年级学生及英语基础较薄弱的高年级学生。班级规模不宜过大。

活动目标

目标1：帮助翻译新手梳理、强化翻译过程中的各个步骤，提高翻译练习的效率。

目标2：通过学生的自我评价和同伴互评，提升学生在翻译过程中的元认知能力。

实践步骤

第一步，教师讲解。教师先在课堂上讲解，使学生初步了解汉译英的方法和步骤。

第二步，反馈报告。学生根据汉译英翻译反馈报告 (如图1) 进行练习。具体如下：1) 教师讲解翻译方法，使学生能整体把握翻译步骤；2) 学生书写和分析汉语文本，了解原文的逻辑结构；3) 学生进行汉英翻译，并对译文进行修改；4) 学生自我评价，找出不足；5) 同学评价，互相提醒，共同提高；6) 教师评价，为后续教学做准备。

应用效果

教学中使用汉译英翻译反馈报告后，学生从以往拿到汉语文本直接翻译，到现在转变为能认真审题、思考翻译步骤，还能从同伴那里学习优秀的翻译手法，取得了很好的应用效果。

汉译英翻译反馈表

姓名：班鸣敏　　　　班级：六班

翻译步骤：

1. 确定翻译目的和语态.

2. 确定要翻译的句型（简单句、并列句、复合句）.

3. 划出汉语中所有修饰的，用（）表示.

汉语文本：

孔子是中国历史上著名的思想家、教育家，是儒家学派的创始人. 被尊称为古代的圣人. 他的言论和生平活动记录在《论语》一书中. 《论语》是中国古代文化的经典著作，对后来的历代思想家、文学家、政治家产生了很大的影响. 研究《论语》，就不能真正了解中国几千年的传统文化. 义子的很多思想，尤其是教育思想，对中国社会产生了深远的影响. 立刻世纪的今天，孔子的思想不仅受到中国人的重视，而且也越来越受到 〔整个国际社会的重视.〕

译文并进行修改

Confucius was a great thinker and educator. He was the founder of Confucianism and was respectfully referred to the ancient "sage". [as an] His words and life story was were recorded in The Analects. The Analects is a classical works [An enduring] about Chinese ancient culture. has a great influence on [The Analects] [classic of] the thinkers, writers and statesmen. Without studying The [that come after Confucius] [traditional Chinese] Analects, we can't truly wins understand the thousands-of- [one could hardly] [years'] culture. Much of Confucius' thought, especially thought of [educating, has] [his] had a profound and lasting influence on Chinese society. In the 21st century,

Confucius' thought is not only say subjected attach importance to [retains the attention of the] Chinese. but also subjected to attach more and more importance to [wins an increasing attention from] the international community.

自我评价、同学评价及教师评价

自我评价：单词不太熟练，应日表达不够连贯.

同学评价：文法通顺，句图分类清明，结构比较复杂，所用单词种类多.　[评价人：赵信怡]

教师评价：字迹整洁，能够准确表达内容，加强英文语法的练习.

第三招 依托项目式笔译实训法

依托项目式笔译角色实训，
桥接翻译教学与翻译职场，
不一般的翻译教与学体验！

妙招简介

依托项目式笔译实训法（Project-Based Translating Activity）基于项目式学习理念，通过引导学生在"做中学"项目实训中连接翻译教学与翻译职场。教学活动以教师为主导、学生为中心展开，学生组成项目小组，模拟翻译职场中的角色，做、学、思合一，在笔译实训中提高学生的翻译水平。

适用范围

本妙招适用于高校英语专业的翻译教学课程或者非英语专业的翻译技能培训，学生已储备一定的英语语言知识和基本翻译技能，适合小班翻译教学，班级规模以30人左右为宜。

活动目标

目标1： 通过项目实训桥接翻译教学与翻译职场，帮助学生了解真实职场对译者的职业要求，在实践中提升他们的翻译能力。

目标2： 锻炼学生的团队合作、协同组织、解决问题、文本编辑等综合能力。

实践步骤

依托项目式笔译实训法的重点是要选择适合学生水平的材料作为笔译实训素材。本案例中使用的教材为《多文体阅读》，每篇文章约3000词左右，主题涉及社会学、经济学、心理学、文化、艺术等多个领域。具体步骤如下。

第一步，学生组成项目小组，领取笔译实训素材。教师首先将选文进行编号，然后学生抽签，抽到同一数字的三位学生组成一个项目小组，并领取同一数字编号的笔译实训素材。

第二步，模拟翻译职场，担角色，做项目。项目小组先了解真实的职场中翻译项目的要求和流程。在一个月的时间内，项目小组模拟翻译职场，分担角色，共同完成翻译项目。项目小组包含项目经理、译者和读者三个角色，由三位学生轮流承担各角色，其中项目经理负责统筹规划、组织协调和督促管理。

首先，项目小组一起通读笔译素材，整体把握理解素材，既见树木，又见森林。其次，将文章分为三部分，由三位小组成员合作完成笔译。译者可使用计算机辅助翻译软件（如Trados软件），统一相关术语的翻译，共同商议笔译过程出现的疑难问题和解决对策，寻求读者反馈，并编辑、校对笔译文档，协同设计出有特色的项目成果。最后，项目经理模拟与出版社接洽的环节，推销项目成果。

第三步，课堂展示，教师点评。每个项目小组在课堂上进行10分钟的项目成果展示，汇报项目的工作流程和所思所得。教师着重点评学生的术语管理、译本质量、笔译项目实训的亮点和需要改进的地方等。

应用效果

本妙招已在"翻译与全球化"选修课上付诸实践，不仅"授之以鱼"，更是"授之以渔"。该教学设计有助于锻炼学生的笔译能力、团队合作能力、协同能力、解决问题的能力、编辑能力等，使学生在实践中了解翻译职场要求和译者职业素养，帮助学生实现从校园到职场的自然过渡，顺利承担译者的专业角色和社会角色，更好地充当文化交流的摆渡人。

（南开大学李晶供稿）

第四招　角色扮演法

角色扮演，课堂历史故事再现。
赋权增能，外语文化古今纵览。

妙招简介

角色扮演法（Role-Playing Teaching Method）是在"英美概况"课程教学时使用的课堂设计，是指教师围绕特定话题搜集材料，拟定角色，指定学生扮演角色，或者学生自主分配、扮演角色，模拟和演绎各种历史、政治或文化情境，在尊重史实的前提下，充分发挥主观能动性，理解、厘清相关概念或事件。

适用范围

本妙招适用于外国语言文化和外国文学课程，学生具有初级外语水平，能用外语进行基本交流，班级规模不宜过大。

活动目标

目标1：帮助学生模拟真实的历史情境，理清历史脉络，在学习语言的同时深入了解文化内涵。

目标2：基于赋权增能外语教育教学理路，提升信息搜索和使用的学术素养，将写作、口语与文化内容知识学习融于一体。

实践步骤

下面以学习美国"三权分立"政体制度为例说明角色扮演法的具体操作步骤。在美国，总统行使行政权（executive branch），代表美国政府；国会行使立法权（judicial branch），代表立法机构；最高法院行使司法权（legislative branch），代表司法机构。

第一步，班级分组。教师简要介绍美国"三权分立"的政体制度，然后将全班学生分为三个小组。三组学生分别代表立法机构、行政机构和司法机构。

第二步，课前准备。课前各个小组的学生搜集、阅读相关的资料，为下一步课堂活动做好准备。学生可以按照各自的角色准备道具和服装，如扮演大法官的学生课提前制作好大法官的假发头套。

第三步，课堂表演。三组学生分别就坐在教室的三个区域。教师组织各个小组进行展示和讲解。国会小组阐述相应的职责和权力，再请另外两组说明对其如何制约。之后，再邀请行政机构小组阐述权力，以此类推。

应用效果

角色扮演法具有高度的参与性和灵活性，也有很大的挑战性。扮演好角色、精彩演绎情境需要课前教师与学生、学生与学生的沟通协作以及反复演练。学生的表演很投入，在角色扮演和情境演绎中更易理解相关概念。

角色扮演法还可以应用到不同的文化内容上，如讲解英国王朝更迭史的时候，因牵扯复杂的战争史，学生往往无法很好衔接前后历史事件。为解决这一难题，教师可指导学生将阅读材料改编成剧本。学生扮演历史人物角色，以短剧的形式在课堂再现历史事件，学生不仅在亲身体验中理清历史脉络，还能提升信息搜索和使用的能力，将写作、口语与文化知识学习融于一体，做到"赋权增能"。

（商丘师范学院崔秀芬供稿）

第五招　多轮续译

先阅读赏析，后翻译练习，
一起取长补短，提升双语能力。

妙招简介

多轮续译 (Multi-Turn Continuation Translating Activity) 是一种基于王初明 (2012，2016，2017) 首创的"续论"设计而成的高质、高效翻译教学活动。首先，由教师挑选适合学生水平且语言规范的优秀译作，根据"前长后短"原则将作品分为两部分，前一部分做阅读赏析，后一部分做续译练习。在阅读赏析中，教师指导学生充分理解作品风格，反复品味译文的语言表达和翻译风格。学生在续译练习中模仿优秀译文风格续译后一部分，将自译文本与优秀译文进行对比，反复推敲学习。以上步骤反复实施，称为"多轮续译"。

适用范围

本妙招适用于大学阶段的外语翻译课程，也可用于大学外语的综合课程，学生应具备中级以上外语水平，班级规模不限。

活动目标

目标1：指导学生充分理解翻译作品原文的风格，使译文能够尽可能还原翻译原文的语言表达和翻译风格。

目标2：提高学生对英汉互译翻译技巧的理解与运用，同时提升英译汉中的英语理解及汉译英中的语言运用能力。

实践步骤

下面以笔者所授本科"翻译基础理论与实践"课程为例，展示如何将"读后续译"融入课堂教学实践。

第一步，讲解。教师采取多媒体形式生动地讲解翻译策略和技巧，比如区分正反译法、褒贬译法、增词、减词等，为其后的赏析和续译活动热身。

第二步，赏析。教师指导学生深度赏析前三分之二左右篇幅的优秀译作，比如剖析译作中与文化、题材、视角等相关的译者主观性，为续译练习做足准备。

第三步，续译。学生模仿优秀译作风格，使用所学的翻译策略和技巧，独立续译其余三分之一的作品，线上按时提交。

第四步，评价。第二次课上师生对学生"续译作业"进行教师反馈和学生互评，并以五六周为一个周期，组织学生再次进行有针对性的评议，以此深化学生的认识。

应用效果

教学实践证明，学生对"读后续译"做法接受度高、兴趣大，从中真正提升了赏析能力和翻译水平。教师予以科学引导和有效激励，更能使得此方法事半功倍。学生对英汉互译翻译技巧的理解与运用显著提高，英译汉中的英语理解及汉译英中的英语运用能力也得到提升。

（浙江工商大学张素敏供稿）

第六招　双向回译读写法

双向回译还原，辨析英汉差异。
深度语言学习，消除中式英语。

妙招简介

双向回译读写法（Two-Way Back Translation Activity）是一种可以帮助学生提高英汉对比意识、体会汉英两种语言结构异同的方法，可以有效提高学生的读、写、译等综合能力。其中，回译（back translation）又称"还原翻译""翻译还原""复译""反译""反向翻译"等，是把翻译成某种语言的文本再重新翻译成原来语言的过程（如图1所示）。

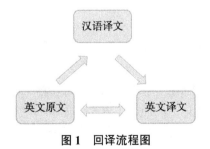

图 1　回译流程图

适用范围

本妙招适用于大学阶段的英汉翻译课程、大学外语读写课程，学生具有中等及以上的外语水平，班级规模不限。

活动目标

目标1： 提高学生英汉对比意识，理解汉英两种语言结构异同，提高学生的读、写、译等综合能力。

目标2： 引导学生深入学习、思考和理解差异较大的表达或句式，为后期的写作训练做准备。

实践步骤

第一步，选取文本。选取难度适中的英语文章（比如英文原著、名家名作或高频话题的科普文章），让学生进行英译汉，然后学生交叉审校译文，评价译文质量。

第二步，延时回译。一两周后再让学生依据自己之前的译文进行回译（汉译英）。在此期间可以让学生再做一两篇英译汉，目的是让学生部分遗忘第一篇英文原文文章。学生会在翻译过程中回忆起部分英文表达，激发学生的反思。

第三步，文本对比。回译完成后，学生对比两个版本的英文，找出两者的差距。在对比中，学生会对英文的特点有更加深入的认识，对英汉之间的差异有更深刻的体会。同时，要求学生将差异较大的表达或句式列表并进一步学习、思考和理解，以用于后期写作训练。

第四步，仿写训练。运用在前面回译两三篇文章过程中摘录积累的短语、句式，写出一定字数的段落或文章。

应用效果

双向回译读写法与通常从原语到译语的翻译正好相反，回译是从译语到原语的翻译过程，是语言与文本上的双重回归，是对原文或原著的再现。做回译时，译者不仅仅是语言形式的吸收，还需注重文化成分的移植。在这个过程中，学生对两种语言都进行深入的思考和学习，在学习中更加关注英语与汉语之间的差异，进而全面提升语言学习效能。

（昆明理工大学郑景婷供稿）

第七招　小说大串联

用"小说串联"，巧记作家作品。
将联想创新融入英美文学课堂。

妙招简介

小说大串联 (Tie Stories Together，TST) 是指教师在确保学生理解作家作品的前提下，引导学生结合作家生平、写作风格并兼顾故事的合理性和记忆的便捷性，进行大串联，鼓励学生基于创新联想，通过讲故事的方式，将某一作家的多部作品串联，从而帮助他们将作家与作品正确配对。

适用范围

本方法适用于英语和翻译专业的英美文学课程，要求学生具有一定的英语口语表达和写作能力以及自主学习能力，班级规模不宜过大，以小班教学为佳。

活动目标

目标1：引导学生结合作家生平和写作风格等相关知识，鼓励学生进行联想式故事串联，熟练掌握作家作品。

目标2：通过故事串联和分享，在记忆作家和文学作品的同时练习英语口语。

实践步骤

第一步，教师讲解示范。以威廉·福克纳为例说明小说大串联的具体方式。

为得到《士兵的报酬》(*Soldiers' Pay*)，我 (William Faulkner) 谎称自己在一战战场的《蚊群》(*Mosquitoes*) 中《埋伏》(*Ambush*) 并顺利《撤退》(*Retreat*)，完成《奇袭》(*Raid*)，成为《不败者》(*The Unvanquished*)。《圣殿》(*Sanctuary*) 之上，《我弥留之际》(*As I Lay Dying*)，沐浴着《八月之光》(*Light in August*)，回顾这《喧哗与骚动》(*The Sound and the Fury*) 的一生，低下头努力完成《押沙龙，押沙龙！》(*Absalom, Absalom!*)，耳边却有一个声音:《去吧，摩西》(*Go Down, Moses*)。也罢，投笔看《这片大地》(*This Earth, a Poem*)，这《大宅》(*The Mansion*)、这《绿枝》(*A Green Bough*)、这《春景》(*Vision in Spring*) 让人神醉，恍若又看到《塔门》(*Pylon*) 上那朵《献给艾米丽的玫瑰》(*A Rose for Emily*)。

第二步，学生串联故事。学生尽情发挥想象力和创造力，将作品名串联成故事（参见图1）。

图1 学生作品示例

第三步，课堂分享故事。每位学生讲一个，现在小组内分享。然后优中选优，各小组推荐一个故事跟全班学生分享。

应用效果

小说大串联的设计依据为图式理论。该理论认为概念本身并无意义，只有当它与人们已知的事物相联系时才产生意义。这一概念被格式塔心理学家巴特勒特（Bartlett，1932）进一步发展，在其经典著作《记忆》（*Remembering: A Study in Experimental and Social Psychology*）中，巴特勒特把图式定义为对过去的反应和经验的积极组织。在课堂互动中，学生参与热情高，通过联想记忆，对作品名印象会更深，将作家与其作品配对也会变得更简单。学生的故事串联和分享还可以用英文进行，在记忆作家作品的同时还可以练习口语。

（郑州商学院刘俊娟供稿）

第八招　翻译同伴互评法

翻译同伴互评，"独角戏"变"多角戏"。
学习"被动"变"主动"，赋其权增其能。

妙招简介

翻译同伴互评法（Peer-Review Translating Activity）基于过程教学法和合作学习理论，组织学生评阅同伴的译文，针对译文中的问题进行讨论、修改。此妙招不仅使译者在翻译实践和评阅中对译文进行再思考，而且有益于培养其合作学习意识。

适用范围

本妙招适用于英语专业高年级的翻译课堂教学，学生的英语水平最好在英语专业四级以上，对英汉双语译文具备一定的辨析和评论能力，班级规模不宜过大，以小班教学为佳。

活动目标

目标1：组织学生评阅同伴的译文，促使译者在翻译实践和评阅中对译文和翻译技巧进行再思考。

目标2：提高学生的翻译能力，在合作和讨论中增强其思辨能力，培养其合作学习意识。

实践步骤

第一步，学生分组合作。学生自愿或教师随机分配组成若干小组，每组两位或3到5位学生。小组人数不宜过多，过多会导致互评程序繁复、任务繁重。

第二步，教师示范引导。在学生互评译文前，教师可制定统一的评价标准和评注规范，并示范如何评析译文，为同伴互评把舵导航。比如，教师根据"信、达、雅"翻译标准，引导学生从思想内容、语言形式和文体风格三个方面评析译文。

第三步，同伴讨论互评。教师发布翻译任务，学生使用统一格式的文档独立完成。每个小组将依次共同评析一位成员的译文，评析顺序可由抽签决定。首先，译者进行自评，陈述自己在翻译过程中的思考。然后，其他组员对该译文共同进行评析，给予反馈意见，与译者进行讨论。教师在小组互评时在班内巡视，适时参与点评译文质量，发现译文中高频出现的问题，提醒同伴互评的侧重点，使学生少走弯路。之后，被点评学生可就译文的反馈意见进行修改。最后，译者提交被同伴评注和修改完的译文。

第四步，教师评阅总结。教师对译文进行批阅，点评总结学生翻译和同伴互评过程中的亮点和高频问题。全体学生根据教师的最终点评和参考译文进行最终的译文修改。

应用效果

翻译同伴互评法促使学生多维度思考优质译文的特点，内化翻译知识和翻译技能，反思自身的翻译行为，有利于激发学生对翻译的兴趣和热情。翻译同伴互评法不仅有助于提高学生的翻译能力，也可在合作和讨论中增强其思辨能力。

（青岛农业大学杨磊供稿）

第九招　以改促译法

"以改促译"致力于克服译文翻译腔，
提升新手译者翻译思维和策略运用能力，
助力攻克译文中欧化汉语和中式英语之难关！

妙招简介

"以改促译法"（Correction-Based Translating Activity）是指通过单独修改原文和单独修改译文提高学生对翻译文本作为独立语篇的整体把握能力。单独修改原文指在保证不改变原文意义的情况下修改有问题的用词、语法、格式等，以保证原文的精简性和可译性；单独修改译文是指在不对照原文的情况下修改译文中有问题的用词、语法、格式等，帮助学生克服翻译腔，提升语篇独立性思维能力。

适用范围

本妙招主要适用于实用文体翻译、非文学翻译或英汉翻译等实用文本翻译的教学实践，不适合非信息型文本（如文学文本的翻译实践）。适用范围为高年级英语专业学生，小班教学，以批评与鉴赏为主要活动形式。

活动目标

目标1：帮助学生关注语篇独立性在翻译中的重要性，提升新手译者翻译思维和策略运用能力，从整体提升其翻译能力。

目标2：帮助学生克服翻译腔，确保译文规范性、表达流畅性和语篇连贯性。

实践步骤

第一步，教师示范。教师讲解"语篇独立性"的内涵和外延，包括独立的文本格式、通顺自然的表达以及连贯的语篇。从现实案例中选取合适的教学材料（有问题的原文和译文），例如初级译者稿、留学材料、上一级学生翻译作业等，并为学生示范如何修改原文和译文，以保证语篇的独立性。

第二步，学生模仿。课堂上引导学生模仿示例，进行原文和译文的修改练习。例如，提供原文稿"留学PS片段"（见例1）请学生分别从汉语的用词、语法和连贯的角度修改汉语原文语篇和汉语译文语篇。同样遵循上述过程，另选案例请学生练习修改英语原文和英语译文，而后两位学生自行组队，互相评阅、讨论和改善对方的修改版本。

> 例1：一名优秀的景观设计师肩负着创造舒适优质的人居环境的社会责任，同时要有深厚的人文情怀，设计作品不应该是给人以陌生的距离感，与环境格格不入的冷冰的陌生感，而应该更多地融入人情味，体现细节的人性的关怀。

第三步，学生展示。选取三到五组学生上台展示成果，鼓励学生自愿报名，每组派一位代表上台展示（可手机拍照）修改文稿图片，讲解自己和互改的思路，分享心得体会，尤其是对英汉语之间的差异以及语篇独立性特征的思考和收获。

第四步，教师点评。教师在活动实施过程中给予指导和点评，并提供可参考的修改版，总结汉语翻译文本中常见的汉语欧化现象和英语翻译文本中常见的中式英语现象，同时讲解在英汉翻译过程中需要特别注意的标点符号、文本格式和语法结构的差异，让学生通过这一练习深刻认识语篇独立性的重要意义。

应用效果

"以改促译"练习能够帮助学生充分认识语篇独立性在翻译中的重要性。原文应是合格的原文语篇，否则会影响译文的表达；译文应是独立的语篇，符合目的语的文体格式、语法和语篇功能（郑剑委、范文君，2018）。通过在翻译课程前期进行两次集中的"以改促译"训练，大部分学生能够在后续的翻译练习当中保证译文规范性、表达流畅性和语篇连贯性。

（福州大学郑剑委供稿）

第十招　ALL-IN 合作式学习法

ALL-IN = **A**llocating+**L**ocating+**L**earning+**I**ntroducing+**N**etworking.
No one left behind! All in!

妙招简介

ALL-IN 合作式学习法（ALL-IN Collaborative Learning Activity）基于赋权增能外语教育教学理路，是一种以学生为中心、以教师为主导、将课堂活动与学生课外自主学习相结合的教学设计。ALL-IN 由 Allocating、Locating、Learning 和 Introducing、Networking 五个英文单词的首字母构成，每个单词分别代表一个教学步骤：任务分配、角色定位、个人学习、小组介绍、构建知识网络。ALL-IN 合作式学习法通过任务分工、责任到人、由点及面构建知识网络，使班级的每位学生都全程参与到课堂内外的学习活动中，包含个人学习任务、小组活动以及整个班级活动。

适用范围

本妙招适用于外语阅读课程和外语文化课程教学，教学对象为中级以上的外语学生，学生能够在线上下查找相关资料进行自主阅读，班级规模不宜过大，以 30 人左右为最佳。

活动目标

目标1：通过任务分工、责任到人、由点及面构建知识网络，使班级的每位学生都全程参与到课堂内外的学习活动中，提高外语语言文化课堂学习效能。

目标2：鼓励学生利用思维导图等学习工具，深入阅读理解相关的材料、精炼概括语言的能力。

目标3：锻炼和提升学生的信息素养，利用各种学术资源，提升学生的自主学习能力和团队协作意识。

实践步骤

下面以"英语习语与英语文化"课程中"古希腊罗马神话"部分的教学设计为例说明ALL-IN的实践步骤。古希腊罗马神话是英语语言和英语文化中的重要组成部分,内容庞杂,人物众多,故事纷繁复杂(李玉平,2008)。如果采用传统的教师主讲、学生听课的教学方式,课堂上可能会出现耗时低效的现象。因此,为提高课堂学习效能,笔者设计了ALL-IN合作式学习,确保全班的每位学生都有具体角色,课堂内外均有具体任务,最终在教师的引导下,由点及面构建相关知识网络。ALL-IN主要分为两个部分:第一部分是ALL,主要是准备工作,属于学生的知识输入阶段;第二部分是IN,主要是知识输出和应用阶段。

第一步,任务分配。首先,教师介绍古希腊罗马神话的历史背景及其在西方文化中的重要作用。然后,教师将课前准备好的诸神和英雄的名字(见图1),以抓阄的方式分配给每位学生。如果学生人数少,部分学生可选择多个角色。

1. Chaos   2. Gaia   3. Tartarus   4. Eros

5. Uranus   6. Mnemosyne   7. Rhea   8. Cronos

9. the Cyclopes   10. Aphrodite   11. Zeus   12. Hera

13. Poseidon   14. Hades   15. Hestia   16. Demeter

17. Athena   18. Apollo   19. Ares   20. Hephaestus

21. Pan   22. Artemis   23 Dionysus   24. Athena

25. Hermes   26. Satyr   27. Persephone   28. Pandora

29. The Muses   30. The Graces   32. Prometheus

33. Heracles   34. Typhon   34. Atlas   35. Achilles

35. Jason   36. Odysseus   37. Agamemnon

38. Aether   39. Hebe   40. Aphrodite   41. Zeus

42. Helen   43. Electra   44.Oedipus

45. Psyche   46. Demeter   47. Athena   48. Narcissus

49. Ares   50. Echo   51. Nyx   52. Epimetheus

图 1　诸神和英雄名单

第二步,角色定位。学生拿到角色后,先与本小组成员分享人物名字,交流彼此对该人物的现有知识,发现相关的信息差(information gap),激发学生的学习动力。之后教师可以给学生推荐或提供相应的阅读文本、网络资源或视听说资料(如纪录片"诸神之战"系列)。

第三步，个人学习。学生课外通过阅读或观看纪录片等方式学习该人物的相关知识（包括其出生背景、家谱关系图、一两个重要的故事），要求学生通过制作思维导图或撰写概述的方式整理和记录相关人物的重要信息，为下次的课堂活动——小组介绍和构建知识网络做准备。

第四步，小组介绍。教师组织学生先跟小组成员介绍自己的人物及相关故事，然后每个小组成员走出座位，自行选择交谈对象，与其他小组成员进行交流，了解自己的人物与其他的人物是否有直接或间接关系。最后，各小组向全班简要介绍和分享交流结果。

第五步，构建知识网络。构建知识网络主要由教师介绍古希腊罗马神话中诸神和英雄的关系图或神谱（Genealogy）（如图2和图3），了解古希腊神话和古罗马神话之间的异同，帮助学生梳理各代神祇的关系，深入了解古希腊罗马神话在英语语言中的具体使用情况。

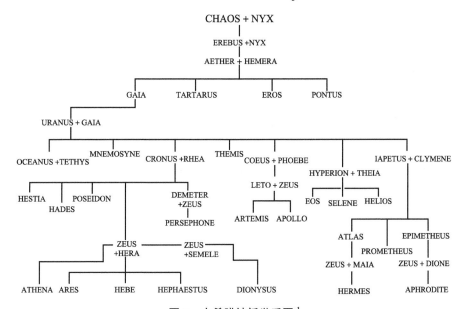

图 2　古希腊神祇世系图[1]

1　图片源自 "Greek Gods Family Tree"，https://www.talesbeyondbelief.com/greek-gods-mythology/greek-gods-family-tree.htm（2024年2月18日读取）。

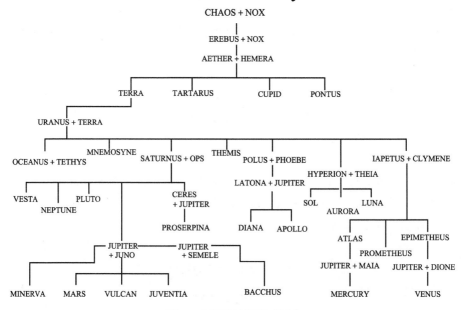

图 3 古罗马神祇世系图[1]

应用效果

ALL-IN合作式学习有机结合了文化知识学习、英语阅读和口语交际。课外完成的思维导图或概述锻炼了学生理解材料和精炼语言的能力，在获取文本信息的同时还提升了学生的阅读效能。课堂上的小组介绍和构建知识网络有效提高了课堂参与度，学生无论英语口语水平高低，都能参与信息交流。在小组介绍过程中，教师特别要求学生走出座位，自由选择地点，站立交谈，使学生置身于真正的日常交谈和讨论氛围中，课堂气氛非常活跃。在构建知识网络部分，学生围在讲台前，教师为学生近距离讲解神谱图，鼓励学生随时提问，不时请学生参与讲解某一人物。ALL-IN教学设计有效提升了班级活力。

（南开大学李玉平供稿）

---

1 图片源自 "Greek Gods Family Tree"，https://www.talesbeyondbelief.com/greek-gods-mythology/greek-gods-family-tree.htm（2024年2月18日读取）。

第十一招 小组合作采访法

课前自主学习，小组合作采访。

教师赋权学生，增能外语课堂。

妙招简介

小组合作采访法（Collaborative Group-Interviewing Activity）是指整个班级分工合作，通过学生自主学习、采访和课堂展示等方式对各部分的教学内容进行系统学习。这种教学设计基于赋权增能外语教育教学理路，以教师为主导、学生为学习主体，极大地提高学生课堂参与度。

适用范围

本妙招适用于大学高年级外语专业的文学和文化类课程，要求学生的阅读能力和理解力较强，英语语言表达能力较好，可以很好地总结相关教学内容，将阅读材料组织成篇章结构合理、逻辑性强的对话，在课堂上进行口头交流，班级规模适中。

活动目标

目标1： 践行"赋权增能"的外语教学理念，提高学生的课堂参与度，提升课堂内容展示效能。

目标2： 锻炼学生的阅读理解能力和篇章组织能力，同时通过小组合作采访提高口头交际能力。

实践步骤

下面以"英语国家概况"课程为例解读具体操作过程。这类课程的特点是教学内容涵盖面广，知识点繁多复杂。

第一步，分配任务。教师事先分配好章节内容，让两位学生在熟悉课本及教师提供的网站资料以后，将内容进行全面整理。以英国教育为例，内容可整理为：1）英国教育的目的；2）英国教育体系的划分；3）英国的学校类型及课程；4）英国的大学教育；5）英国的继续教育。

第二步，制作采访视频。在整理的框架内，这两位学生根据每个题目，分别找到班里的几位学生针对这五个方面的理解进行采访，每个部分至少采访两位学生，拍成视频，在课上热身时播放。

第三步，主要内容呈现。这两位学生再结合课本内容、相关材料和被采访同学的理解编写对话，对话内容要有逻辑性，与所整理的各部分内容相契合。对话稿件经任课教师修改后，由这两位负责的学生再联系各小组学生进行角色分配、课前排练，上课时以谈话类节目的形式呈现给全班学生。最后由这两位学生将每部分的主线通过幻灯片进行梳理。

应用效果

班级里的每位学生都能参与其中，在各个不同阶段参与话题的学习和课堂构建。教学内容有逻辑性，学生课堂投入度很高，课堂有活力。课堂内容展示有效率，系统性强。缺点在于耗时，学生和教师的投入精力很大。应用小组合作采访法时要注意稿件中的对话部分需要内容清楚，明晰易懂，没有特别晦涩的词。还需要引起学生的注意力，要有一定的幽默性。课堂各环节设计和连贯性也很重要，教师要在课前和学生进行沟通，要把关所有的素材。总之，教师组织一次这样的课堂活动像是导演了一场戏，累并快乐着；学生收获大但也不轻松，教师可根据每学期的教学安排酌情使用本妙招。

（商丘师范学院崔秀芬供稿）

第十二招　旅游产品推介会

外语（教育）研究方法过于抽象？
学生对较为陌生的研究方法兴趣不高？
"旅游产品推介会"让学生亲身体验科研，
给学生"赋权"，为学生"增能"。

妙招简介

2020年发布的《外国语言文学类教学质量国家标准》（简称《国标》）规定将"学术写作与研究方法"作为英语专业的核心课程开设。东北师范大学外国语学院英语系在英语专业的本科第五学期开设外语教育研究方法（面向公费师范生）和外语研究方法（面向非公费师范生的英语专业学生）两门课程。

作为多年讲授该课程的主讲教师，笔者发现由于缺少相关的课程铺垫和研究方法本身的抽象性、概括性等特点，学生容易产生畏难情绪和陌生感，影响课程的教学。基于此，笔者以杜威的"做中学"为指导，布置了"旅游产品推介会"的项目教

学活动 (Project-Based Tourism Product Popularizing Activity)。活动要求学生自由组合形成小组，成立自己的"旅行社"，根据要求准备3到5分钟的英文旅游产品推介。在前期准备过程中，学生需要采用"个人独立＋小组合作"相结合的方式系统地搜集推介产品的相关资料，并形成推介报告，在课上进行展示。展示后，回答"消费者"的提问，并展示活动流程。教师参与提问环节，并引导学生关注小组准备流程。在班级所有小组汇报技术后，由"消费者"进行网络匿名投票，选出前三名，并举行"颁奖仪式"，为获奖团队宣读"颁奖词"，请获奖团队代表发表"获奖感言"。

适用对象

本妙招适用于外语专业的"外语（教育）研究方法"课程，学生具备中级以上的外语水平，班级规模不宜过大。

活动目标

目标1：充分给学生"赋权"，通过教师的引导和讲解，提升学生的英语口语、写作等各种能力，达到"增能"的效果。

目标2：让学生在课内外的活动中"感受科研、体验研究"，拉近学生与科研之间的距离。

目标3：学生在活动中分工合作，提升完成活动的合作策略、查找资料的资源策略、设计方案的元认知策略、撰写方案的认知策略和写作策略以及在互相鼓励、互帮互助的情感策略的能力。

实施步骤

第一步，自由组队，领取方案。课程开始前一周，教师制定活动方案，并通过邮件发送给学生。活动以班级学生小组为单位完成主题为"旅游产品推介会"的同题项目为主线，要求教学班的学生自由组队（3到5人），成立"旅行社"，选出"经理"（组长）和推介会的主要"推介官"（一两人，"经理"可以兼任）。"旅行社"要从给出的17个国家中选择一个作为自己的主推国家，这17个国家是摩洛哥、保加利亚、克罗地亚、塞尔维亚、列支敦士登、马耳他、捷克、圣马力诺、斯洛文尼亚、黑山、爱沙尼亚、罗马尼亚、冰岛、拉脱维亚、波兰、德国、阿尔巴尼亚。选择这17个国家一方面是出于分组数量的考虑（有班级分组是13个），更重要的一点是这些国家都可能是学生很少甚至从未关注过的，他们要完成任务就必须要查找大量的资料。

第二步，小组合作，准备报告。采用"个人独立＋小组合作"相结合的方式完成推介报告的撰写、产品推介的发言（3到5分钟）准备（发言幻灯片和讲稿）。其中在产品推介的发言幻灯片最后要呈现本组准备活动的流程图。活动由各旅行社的"经理"负责协调，在上课前一天将小组的活动流程图发给教师。

第三步，代表推介，听众提问。每个旅行社有3到5分钟的时间推介自己的产品。在产品推介中，每个旅行社都根据自己所选目的地国家的特点，给旅行社起了独特的名字（如波兰旅行的"波兰壮阔旅行社"、德国旅行的"德道—得到"旅行社），并给推介的产品进行了有创意的命名（如摩洛哥旅行的"Lost in North Africa"，冰岛旅行的"Frozen Wonderland"）。汇报要求全英文进行，汇报后"消费者"就产品价格、路线等方面问题提问。

第四步，集体反思，体验科研。每个旅行社推介最后都要介绍准备推介的全过程，以幻灯片的形式呈现（该活动可以灵活掌握，比如也可以由教师统一展示）。各小组推介结束后，任课教师进行总结，并重点结合每小组的活动流程与做研究的关系进行实例剖析，即将研究的流程"提出研究问题→文献阅读→选择研究方法→收集数据→分析数据→转写报告"（Wen，2001：11）与小组活动的顺序"成立旅行社、领取任务"（选题）、"规划推介方案"（提出研究问题）、"找旅行资料、选择合适线路、制定合适价格"（研究方法的选择、收集数据）、"合作研讨推介报告、制作推介幻灯片"（分析数据）、"完成推介报告、现场推介"（撰写研究报告）相结合，组织学生集体反思，让学生反思这次小组活动，寻找初步的科研体验。

第五步，颁奖激励，增添动力。在第二次上课（也可以推后）的时候，教师组织简短的颁奖仪式，为获奖"旅行社"颁发特制的证书（见图1）。证书的设计由师生共同完成，学生完成打印和封装的任务。学生设计颁奖典礼的环节，并选出代表主持颁奖。主持人根据获奖团队的特点宣读颁奖词，并由教师来给学生颁奖，然后合影留念。获奖的团队将获得一份特制证书和教师提供的"神秘礼物"。没有获奖的团队，将由教师通过邮件的方式给团队专门颁发鼓励奖。

图1 学生自制的获奖证书

应用效果

　　旅游产品推介会是外语教育研究方法课程的"破冰之旅"，它的终极目的是让学生在活动中"感受科研、体验研究"，拉近学生与科研之间的距离，让学生体会到科研就在他们的生活中，消除他们的畏难情绪，提升学习动力，为后面的研究方法教学做准备。从活动筹划到颁奖仪式，学生承担了绝大部分的任务，扮演了不同的角色，有班级负责人的"协调员""颁奖主持人""颁奖词宣读人"的角色，有组长的"经理"角色，有组员的"推介官"角色，还有每位学生和我扮演的对旅游产品感兴趣的"消费者"角色。学生在活动中要用英文撰写3到5分钟时长的产品推介稿，这锻炼了他们的英语写作能力；活动中要用英文完成产品推介，这对学生在假期长时间休息之后英语口语的"恢复"起到了"热身"的作用。学生在活动中分工合作，提升了完成活动所需的合作策略、查找资料所需的资源策略、设计方案所需的元认知策略、撰写方案所需的认知策略和写作策略以及互帮互助所需的情感策略。教师在整个活动中是总体方案的策划者、协调员、推进者和课程内容的讲授者。在充分给学生"赋权"的同时，通过教师的引导和讲解，让学生在活动中形成和提升他们的多种能力，达到"增能"的效果。

　　在本次活动中，我选取的旅游国家不是英国、美国等传统英语国家，而是一些"小众国家"（如拉脱维亚、塞尔维亚、摩洛哥等），这对提升学生对多语世界的关注，形成"国际视野"（教育部高等学校外国语言文学专业教学指导委员会，2020）起到了积极作用。该活动为培养具有"人文与科学素养、创新精神和合作精神"（同上）的新时代英语专业优秀人才提供了助力！

（苏州大学刘宏刚供稿）

第十三招　共建共享语料库的研究式学习

共建小型"语料库"，组团"研究式学习"。
共同携手写论文，打造新型专业英语课堂！

妙招简介

　　共建共享语料库的研究式学习（Research-Oriented Corpus Building and Sharing Activity）是学生在教师指导下，共建共享小型语料库，通过自主选择研究课题，灵活运用已有的知识和技能进行研究式学习，在主动学习中发展信息检索能力、深度学习能力、研究能力、创新能力等科研能力。

适用范围

本妙招适用于英语专业词汇学课程教学，学生具有中级以上的外语水平和一定的自主学习能力，班级规模不宜过大。

活动目标

目标1：使学生亲身体验研究，拓宽研究视野，了解研究方法，提升专业自信，激发专业学习的动机和热情。

目标2：促使学生在主动学习中发展信息检索能力、深度学习能力、研究能力、创新能力等科研能力。

实践步骤

第一步，初识语料库。教师引导学生了解语料库的基本知识、创建原则、检索分析工具AntConc的基本功能，带领学生研读基于语料库的实证研究论文，学习语料库研究的基本方法，为学生进行基于语料库的词汇研究做好科研准备。

第二步，熟悉语料库。学生通过共建小型语料库熟悉语料库的建设。全班学生收集自己或其他学生写的英语作文，每人至少收集十篇，共建不同体裁或类型的若干小型语料库，例如记叙文语料库、议论文语料库、读书报告语料库等。之后，每三四位学生自由组成学习小组，各小组用具有特色的名称命名（如"平沙落雁""灯月交辉"等）。各组学生根据研究需求共享相应的语料库。

第三步，开展基于语料库的研究式学习。各组学生查找、筛选并精读英语词汇学的相关文献，确定本组基于语料库的英语词汇研究课题；运用AntConc工具对小型英语作文语料库中的连词、情态动词、程度副词、动名结构、短语动词等等进行分析，深入探讨英语专业大一学生英语写作中词汇使用的特点，撰写研究报告。

第四步，自行组织学术会议。期末，学生按照学术会议模式，自行组织"Second Language Corpus Research in the New Era"学术会议，各研究小组依次就文献综述、研究问题、研究方案、数据分析、所得结论等各个方面进行简明扼要的汇报。教师邀请校外专家和研究生担任嘉宾，对每一个主题发言进行点评。

应用效果

共建共享语料库的研究式学习是一种创新的教学尝试，对推进英语专业课程改革和提高教学效率大有裨益。学生纷纷表示，初次尝试学术研究和学术会议，最初是迷茫和紧张的，但经过教师的循循善诱，在摸索如何做研究的过程中逐渐以积极主动的心态想办法解决问题，逐步克服困难，唤起了研究热情，拓宽了研究视野，学习了研究方法，提升了专业自信。研究式学习任务对发展信息检索能力、深度学习能力、研究能力、创新能力等科研能力具有重要作用。

（四川大学左红珊供稿）

第十四招　秒懂音位、音子、音位变体的"酱茄子教学法"

用"酱茄子"做类比，

师生一起脑洞大开，

将抽象的语音概念具象化，

趣味分析音位、音子和音位变体！

妙招简介

区分音位、音子、音位变体三个概念是"英语语言学"课程的难点之一。"酱茄子"教学法（"Sauced-up Eggplant" Approach in Teaching Phoneme, Allophone and Phone）以"茄子"变为"酱茄子"的过程为类比来解读音位、音子、音位变体，使抽象的语音概念具象化，引导学生反复进行实例阐释，能够有效解决学生总是混淆这三个重要概念的难题。

适用范围

本妙招适用于大学英语专业的"英语语言学"课程，学生具有中级以上的外语水平，班级规模不限。

活动目标

目标1：把"英语语言学"课程中的抽象语音概念具象化，把各个概念之间的关系化繁为简，降低学习难度。

目标2：提升学生对抽象概念的理解深度和理论应用，增强语言学课堂的趣味性和学习效能。

实践步骤

第一步，教师讲解"酱茄子理论"。将音位（phoneme）比作"茄子"，语音环境比作"酱料"，茄子放入不同酱料中则产生不同口味的"酱茄子"。同理，音位在不同语音环境下呈现为不同变体，即音位变体（allophone），因而"不同酱味的茄子"又可以比作一个具体的音子（phone）。

第二步，学生实例分析练习。请学生用"酱茄子"方法阐释具体语音现象（参见图1、图2），互相讲解和纠正，举一反三，强化对重要概念的理解和应用。

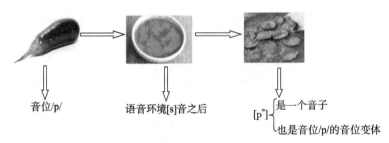

图 1 "酱茄子理论"示意图 1

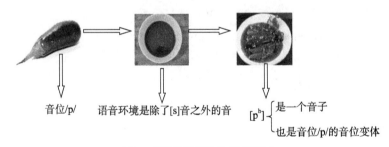

图 2 "酱茄子理论"示意图 2

第三步，实例分析。以/p/→[p˭]/[pʰ]为例，音位/p/放到[s]音之后就变成了不送气的音[p=]。根据"酱茄子理论"，我们可以将其解读为"茄子"/p/加入"沙拉酱"后成为"沙拉酱味茄子"[p=]。音位/p/是"茄子"，"[s]音之后"是"沙拉酱"，不送气的音[p=]是"沙拉酱味茄子"。进一步分析可得，"沙拉酱味茄子"是"酱茄子"的变体，类比后，[p=]是音位/p/的音位变体，也是一个音子。

同理，音位/p/放到其他语音位置（除了s音之后）时，都是送气的音位变体[pʰ]。可将其解读为"茄子"/p/放入"烤鸭酱"后成为"烤鸭酱味茄子"[pʰ]。音位/p/是"茄子"，"其他语音位置"是"烤鸭酱"，送气的音子[pʰ]是"烤鸭酱味茄子"。烤鸭酱味茄子是酱茄子的另一个变体，类比后，[pʰ]是音位/p/的音位变体，也是一个音子。

应用效果

区分音位、音子、音位变体的"酱茄子"教学法采用类比推理的方式，引导学生将抽象的概念对应生活中的实物，降低了认知困难，增加了学习乐趣，有利于学生对抽象概念的高效识记。学生在理论应用的过程中提升其理解和分析能力，应用效果良好。

（内蒙古民族大学秦毅供稿）

第十五招　文学教学"三境"法

悟境、析境、造境，
激发学生文学学习潜能，
让文学作品入脑入心。

妙招简介

文学作品里陌生的背景、复杂的人物、曲折的脉络、多变的语言让不少学生望而却步。文学教学"三境"法（Three-Scenario Building Approach in Teaching Literature）是指在引导学生阅读和鉴赏文学作品时，教师通过"悟境、析境、造境"使学生身临其境，用心体验，在不知不觉的临场感中掌握并熟练使用地道的语言表达方式，激发想象力和创造力。

适用范围

本妙招适用于大学英语专业和非英语专业的高级阅读课程和外国文学赏析课程，学生具有中级以上语言水平，班级规模不限。

活动目标

目标1：通过"悟境、析境、造境"使学生掌握并熟练使用地道的语言表达方式，既学习英语文学知识，又提升语言技能。

目标2：通过小组合作，鼓励学生发挥想象，重新演绎小说中的情境，锻炼学习自主性，提升英语文学教学的趣味性。

实践步骤

以英美小说赏析课程为例，"三境法"的具体操作步骤如下。

第一，悟境，即"感悟情境"。在阅读英美小说时，教师引导学生充分发挥想象力，融入小说描述的异域文化或者人物形象之中。或请学生惟妙惟肖地描绘小说情节，带领大家用心领略异国风情并感悟小说人物的一言一行、一颦一笑。

第二，析境，即"解析情境"。师生共同研讨小说的主要内容和主题思想，进行头脑风暴式讨论。比如，分析主要人物的行为特征及折射出的思想情感，对比小说中体现的中外文化异同，反思与作品所反映的问题相类似的当代社会问题等。

第三，造境，即"创造情境"。学生小组合作，展开想象，重新演绎小说，自主、自由地创造个性化的文学新情境。例如，学生把自己想象成作家，改写一段经典对白；把自己设定为导演，改编、排演一幕触动心灵的片段；变身为小说中的人物角色，结合自己现在的心境，进行内心独白，释放一份深藏在心底的秘密；等等。

应用效果

身体和灵魂并非总有一个在路上，亦可同行。文学教学"三境法"使学生在学习过程中既能身体力行，又可以释放自由想象和创造的灵魂，在英语文学课堂上共同深度体验一场身心健康的奥德赛之旅。

（青岛科技大学刘昱君供稿）

第十六招 "韩文姓名藏头诗"创作法

创作韩文藏头小诗，
踏上文学探索大路。

妙招简介

中韩两国同属汉字文化圈，文化中既有相通的部分，又有各自的特色。"韩文姓名藏头诗"创作法（Activity of Composing Acrostic Poem with Korean Surname）改编自两国文学领域中共有的藏头诗歌创作，即将所说之事分藏于诗句之首，表达特定的内容和思想。创作出的文学作品，在我国被称为"藏头诗"，在韩国则被称作"三行诗"（삼행시）。这种文学作品具有深刻的思想性和艺术性，其创作过程也颇具趣味性。在韩国，即便在电视娱乐节目中，也常借用这一文学创作方法来改编游戏。因此，将藏头诗歌创作引入韩语教学，不仅可以激活学生的母语文学背景，加深对目标语文化的理解，还可活跃教学氛围，增强学生的学习积极性。

适用范围

本妙招为韩语专业学生量身打造，适用于有一年左右语言学习基础的学生。可用于韩语文学课、精读和写作课堂，班级规模不限。

活动目标

目标1：通过激活学生的母语文学背景加深对韩语文化的理解，锻炼语言技能，感受文学创作的乐趣。

目标2：促使学生从被动的阅读者身份转变为主动的创作者身份，激发其学习热情，活跃教学氛围，增强学生的学习能动性。

实践步骤

第一步，翻译姓名。在教师的指导下，学生将自己的姓名采用与汉字一对一翻译的方式译成韩语。（注意：这一教学方法不适用拼音翻译方法）

第二步，创作藏头诗。学生自行创作藏头诗，将自己的姓名分别嵌入诗句首字。最终作品可有两种形式：1）每句诗都是一个完整的句子，例如学生名字为三个字，最终作品为由三个完整句子构成的诗歌（如图1所示）；2）每句诗都是一个短语，例如学生名字为三个字，最终作品为由三个短语构成的一个完整句子（如图2所示）。

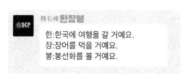
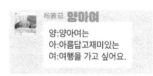

图1　学生作品范例1　　　　图2　学生作品范例2

第三步，作品展示。学生在班级群中展示和共享自己的创作，相互学习，彼此借鉴。作品还可作为线上作业的一部分纳入课程考核。

应用效果

在文学鉴赏的学习过程中，"韩文姓名藏头诗"创作法使学生从一贯的阅读者身份转变为创作者身份，激发其学习热情。通过动脑构思的创作经历，学生不仅锤炼了语言技能，更感受到文学创作的乐趣，进而能够更多地关注目标语的其他文学作品。不仅如此，该方法还可引导学生从关注名字的含义进而关注到汉字的文化内涵，实现课程思政的深层活动目标。

（原山东艺术学院亓文娟供稿）

第十七招　俄语习得之"善用构词法"

学用结合拓展词汇知识，
构词有法透视俄语文化。

妙招简介

俄语构词法（словообразование）是一门独立的语言学课程，也是俄语语言学理论的一个分支。该理论体系建成于20世纪40到50年代，奠基者为В. В. Виноградов、Г. О. Винокур、А. И. Смирницкий等语言学家。现阶段，国内外学界更多关注的是作为独立学科的构词法教学问题，即如何让学生了解俄语构词原理、类别、方法和功能。俄语习得之"善用构词法"（Deploying Morphology in Learning Russian）运用于基础俄语教学实践，不仅可以让学生了解俄语构词本身的特征，也可以提高单词记忆的效率，深入了解单词的词义内涵及语法结构，从词汇角度透视独特的俄罗斯文化及俄罗斯民族世界观。

适用范围

本妙招适用于俄语的初级课程，学生可以是俄语零基础，但是要具有初级以上的英语词汇和语法知识，班级规模不限。

活动目标

目标1：帮助学生了解俄语构词特征，提高记忆单词的效率，深入了解单词的词义内涵和语法结构，熟悉掌握俄罗斯文化和俄罗斯民族世界观。

目标2：引导学生通过降低词义学习和辨析的难度，以学用结合的方式增强零基础俄语专业学生学习俄语的兴趣。

教学实践

第一步，将构词法应用于单词记忆。俄语单词构成为"前缀+词根+后缀+词尾"。词根表示该词的基本词汇意义，前缀和后缀赋予词汇新的意义或构成该词的语法形式，词尾表示该词的语法意义。教师在引导学生背诵单词时，可以借助构词法降低单词记忆的难度。比如，如果学生单独背诵учительница（女教师）一词，由于该词字母较多，有一定的记忆难度，但是它的词根是уч（学习），加上ить后变成动词учить（学习，教），去掉动词词尾再加上名词后缀тель后变成учитель（教师，阳性名词），在"教师"一词的基础上添加后缀ница后形成учительница（女教师）。教师还可以继续纵向扩展一系列以уч为词根的单词，比如учеба（学习）、учебник（教科书）、ученик（学生）、ученица（女学生）等。也可以以后缀тель为切入点进行横向扩展，与动词连用表示从事该动作的人，比如учить–учитель（教–教师）、читать–читатель（读–读者）、писать–писатель（写作–作家）、создать–создатель（创造–创造者）等。这些名词后面均可以添加后缀ница来表示阴性形式。此外，俄语中还有相当数量的复合词，如Жизнерадостный（жизнь+радостный，生活+高兴=乐观愉快的）、Долголетие（долго+летие，长久+年=长寿）、Мореплаватель（море+плавать，海洋+航行=航海家）、Общежитие（общий+житье，共同的+居住=宿舍）等（孙尹楠，2021）。

第二步，将构词法应用于词义辨析。词义辨析，特别是动词词义辨析是俄语学习的难点，也是俄语教学的重点。构词法可以帮助解决这一问题。前缀в、вы、пере、от、до、при、раз、у等都有不同且固有的语义内涵：в（加入、入内）+писать（写）→ вписать（写入、列入），вы（离开、出来）+писать（写）→ выписать（摘录、注销），пере（改变方向、重新）+писать（写）→ переписать（抄写、重抄、改签），при（来到、连接）+писать（写）→ приписать（补写、添写），в（加入、入内）+идти（走）→ войти（进入），вы（离开、出来）+идти（走）→ выйти（出去、离开），пере（改变方向、重新）+идти（走）→ перейти（穿过、通过），при（来到、连接）+идти（走）→ прийти（到来）（Сун Иньнань，2021）。通过对比前缀来辨析词义，会让学生们更容易理解一系列同根动词之间的差别，也更利于记忆（曹光天，2003）。

第三步，将构词法应用于语法教学。教师同样可以运用构词法进行语法教学。比如，Сегодня（今天）是由 сей（古俄语：这个）的二格 сего 与 день（天）的二格 дня 构成的复合词，而俄语语法中表示日期时，日期与月份也要求全部使用二格形式。此外，像前缀 от 构成的动词，后面的接格关系往往是 от+二格，前缀 до 构成的动词后面往往要求 до+二格，前缀 при 构成的带 ся 动词后面往往要求 к+三格。

第四步，将构词法应用于俄语国情文化教学。教师讲解单词构成背后的文化内涵，可以增强学生对俄语学习的兴趣，加深他们对俄罗斯国情文化的了解，活跃课堂氛围。通过构词法可以从词汇本身透视俄罗斯的物质文化、社会文化与精神文化。举例来说，茶炊是俄罗斯人日常生活的必需品，但这对中国学生而言相对陌生。教师在讲解该词的时候，可以从构词法入手，该词由 сам（自己）和 варить（煮）两个词构成，самовар 意义为"自动煮水的工具"，所以茶炊即俄罗斯人的"烧水壶"。在俄语中，"火锅"可以译为 китайский самовар（中国的茶炊），可见，在俄罗斯人的认知中，他们将铜锅与茶炊进行类比，因为茶炊的形状、外观与中国的火锅类似。在社会文化方面，"嫁人"的俄语表达方式为 Выйти замуж за+кого。Выйти 的意思是从某一地方出去、离开，замуж（出嫁）由 за（在……后面）+муж（丈夫）构成，所以该短语译为"离开娘家，跟着丈夫的身后走"，可见古代俄罗斯社会是个男权社会，女子嫁人之后改随夫姓。再如，"谢谢"在不同的语言中有不同的表达方式，俄语为 Спасибо。该词最初的构成为 спаси（拯救的命令式）+Бог（上帝）→ спасибог（让上帝来拯救），后来随着时代与语言的发展，最后一个字母 г 便消失了，"谢谢"则变为 спасибо，但该词的文化内涵并没有发生改变，通过该词也可以窥视俄罗斯文化中的东正教因素。

应用效果

将构词法引入基础俄语教学的各个方面，可以增加学生的俄语学习兴趣，提高单词记忆的效率，降低词义辨析的难度，加深对俄罗斯国情文化的了解，丰富学生的俄语知识结构，活跃课堂气氛。

（南开大学宋胤男供稿）

第十八招　俄语习得之"英语参照法"

俄语学习入门难？语法变位困难多？
单词记忆负担重？发音词义易混淆？
用英语对比参照，请"老友"铺路架桥！

妙招简介

现阶段，大多数高校俄语专业学生为零基础，但绝大多数学生具有扎实的英语基础与良好的英语水平。俄语习得之"英语参照法"（English-referencing Approach in Learning Russian）以三语习得理论为指导，在培养学生建构俄语学习体系的过程中，用英语作为参照语，通过比较教学的方式，引导学生入门俄语学习，突出俄语语言特征。

适用范围

本妙招适用于俄语的初级课程，学生可以俄语的零基础，但是要具有初级以上的英语词汇和语法知识，班级规模不限。

活动目标

目标1：以英语作为参照语，引导学生入门俄语学习，培养学生建构俄语学习体系的意识。

目标2：通过比较俄语、英语两种语言，降低俄语学习的难度，由点及面，系统地学习俄语语言。

实践方法

第一步，字母与语音。初学俄语的学生经常会将俄语与英语字母混为一谈，特别是诸如字母М、Н、Т等。这对学生的俄语发音和单词记忆都产生负面影响。因此，教师在教学过程中需要重点强调。在语音方面，英语国际音标中的/a/、/v/、/s/、/z/等与俄语的а、в、с、з相似。此外，也可以通过对照英语来讲解俄语单词音节的划分和重音规则。

第二步，单词记忆与构词法。俄语中有相当一部分单词为英语外来词或与英语是同源词，这减轻了初学者背诵单词的负担，比如доктор-doctor、телефон-telephone、бизнес-business、класс-class、школа-school、чемпион-champion、опера-opera等。教师在教学过程中可以引导学生总结这些俄语外来词，提高单词记忆的效率。在构词法上，一些前缀、后缀也可以参照英语，比如 ист-ist（гуманист-humanist；коммунист-communist）、тель-er（писатель-writer; читатель-reader）、анти-anti（антимир-antiworld; антитела-antibodies）、пере-re（перевыбор-re-election; перерасчет-recalculation）等。

第三步，词义辨析。在辨析单词时，也可以借助英俄单词的对应关系进行区分。比如 собрание 和 конференция 两个单词都有"会议"的意思，但 собрание 一词源于动词 собрать（集合），而 конференция 是外来词，英语为 conference，因此可以用 meeting-conference 来解释 собрание-конференция。再如，单词表中将 кафе 和 кофейня 两词均译为"咖啡馆"，但 кафе 中也有简餐，而 кофейня 则以咖啡为主，区分这两个词意时，可以借助英语 cafe 和 coffee house 来辨别。

第四步，语法学习。与英语相比，俄语是典型的屈折语，有性、数、格的变化，而且动词需要变位，这是俄语学习的难点，特别是对于俄语入门学生而言更为复杂难懂。在语法教学过程中，同样可以借助英语作为参照物，比如在英语和俄语中，动词不定式均可做主语；英语动词有单数第三人称变化，俄语动词也要根据六个人称进行相应的动词变位；俄语中的前置词相当于英语中的介词，后面需要加名词或名词性结构，并且俄语中的前置词与英语中的介词可以有相应的对应关系（в-in、на-on、о-about、без-without 等）；英语中的基本句型为主谓宾，俄语则为主谓补，直接补语与间接补语的概念与英语中直接宾语和间接宾语概念相通。

应用效果

这种以英语为参照语的俄语教学法不仅可以帮助零基础的俄语专业学生更快入门，还能增强学生对俄语语言的亲切感。这种教学方法在帮助提高学生的俄语学习效能的同时，也能在英俄两种语言的比较中凸显出俄语自身的语言特色，提升俄语专业学生的学习兴趣，为以后进行深度俄语学习打下良好的基础。

（南开大学宋胤男供稿）

第五章
外语词汇和语法教学妙招

　　词汇是人类语言中所用词和固定短语的总称，是语言交流时必不可少的基本要素。在外语学习中，学生只有建构和习得一定的词汇量才能达到用外语进行交际的目标。因此，词汇教学是外语教学的重中之重。词汇教学的重点包括教师帮助学生认识到词汇的重要性，引导他们掌握单词的词义、用法和构成规则等知识，高效记忆单词，在实际的语言输出中正确使用所学词汇。

　　同样，语法也是外语语言学习的另一个重要因素。外语学生只有具备扎实的语法基础才能在交际中高质量、规范地使用语言，达到交际目标。语法教学在外语语言学习中，特别是在书面语言的使用中更是不容忽视。

　　然而，众所周知，语法规则众多，词汇浩瀚繁杂。因此，外语教师在教学中要引导学生通过运用合适的学习策略，合理搭配使用各类教学资源，灵活运用所学词汇和语法知识，让语法和词汇学习和课堂教学变得更高效。本章的教学妙招通过设计不同的词汇和语法教学活动，帮助学生摆脱枯燥，寓教于乐，有效构建词汇和语法知识体系，能够在口头和书面交际中输出符合社交语境和语用规范的语言。

　　本章共有21个词汇和语法教学妙招，这些教学妙招由一线外语教师在课堂实践中验证有效的课程设计，是基于语言学习理论设计出来的有特色、有新意且行之有效的教学活动，旨在帮助教师提高教学效能，引导学生脱离死记硬背的窠臼，使学生不仅能够更好地学习词汇和语法方面的事实性知识，还能在应用中使之转化为程序性知识，在语言输出中恰当使用。

第一招　Robust 单词活动设计及微型教学法

> Robust 单词活动设计，
> 三个角度，六项活动，
> 赋权学生，增能课堂！

妙招简介

Robust 单词活动设计及微型教学法（Robust Vocabulary Learning and Miniature-Teaching Method）受外籍教师 Dan Forman 的工作坊活动启示设计而成。该设计旨在使学生从单词发音、解释和使用三个角度，通过六项活动自主设计个性化的单词学习（Beck *et al.*, 2002），全面提升学生对单词的理解和运用水平。

适用范围

本妙招适用于高中以上学段的学生，适用于各种外语教学课型，特别是词汇教学相关的课程，班级规模不限。

活动目标

目标1：通过六项活动，教师鼓励和引导学生自主设计个性化的单词学习，全面提升学生对单词的理解和运用水平。

目标2：通过微型教学模式，检验单词学习和互动效果，激发学生的积极性和主观能动性。

实践步骤

第一步，教师示范。教师在课堂上示范"三个角度，六项活动"。三个角度包括单词的发音、解释、使用三方面。首先，划分单词的音节、重读和弱读音节，用不同大小的符号进行标识，然后用拍手法领学生读单词，重读音节手的位置高，拍得更响亮，一个音节拍一下（参见图1）。

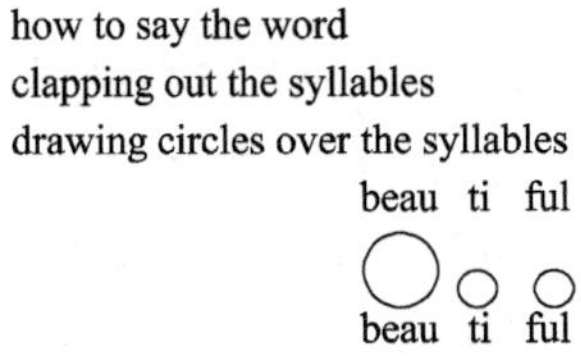

how to say the word
clapping out the syllables
drawing circles over the syllables

beau ti ful

○ ○ ○

beau ti ful

图 1　拍手法示意图

其次，利用词义、思维导图、图片、词族、词群等各种方式对单词进行解释。最后，通过六个活动使学生理解怎么使用单词，尽可能多地跟单词产生互动。活动重点在于让学生解释为什么（Say why）。六项活动包括以下六种：

1）区分单词的典型用例与非典型用例。例如，跟学生说：

Which would be easier to notice? Say why.

- A house alone on a hill or a house crowded in with lots of other buildings.
- A barking dog or a dog sleeping on grass.
- An ant crawling along the floor or a snake slithering along the floor.

2）关联造句练习，请学生尽可能在两个词之间建立联系。例如：

- PRECARIOUS and LADDER: using a ladder can be precarious because…
- IMPORTANT and VOCABULARY: vocabulary is important to learn because…

3）用 "Have you ever …?" 句式造句，增强体验感和互动性。例如：

- Have you ever been in a precarious situation?
- Have you ever been to a frigid place?

4）举例练习，请学生描述单词的主要特征或者相关例子。例如，问学生以下问题：

- What are 3 things a philanthropist does?
- What are 3 things that would be catastrophic?

5）写作练习。例如，在学习 precarious 和 philanthropist 时，可以请学生展开想象补全以下句子：

- The road is precarious because _____.
- John is a philanthropist because _____.

6）互助讲解习题。为同伴讲解词汇习题，并给出理由。

第二步，布置作业。学生每周选取一个单词，按照教师示范的模式设计该单词的学习活动。学生做完后，课上与同桌分享自己的设计。这样既方便教师在课堂上检查作业，还能使学生检验自己的活动设计是否有效，为期末的微型教学展示做好准备。

第三步，期末微型教学。期末学生以微型教学的形式展示，检验互动效果。可在学期的最后两次课进行展示，建议每位学生五分钟时间。

应用效果

本妙招在很大程度上激发了学生的积极性，他们会主动设计跟个人经历相关或有趣的活动，跟单词建立个性化的关联，这有助于他们更牢固地掌握单词。拍手法可以帮助学生掌握音节划分和重音位置，深受学生喜欢，甚至后来只要涉及单词发音，学生就会不由自主地拍手。在最后的班级展示环节中，学生积极互动，不亦乐乎。为了给学生更多互动机会，可以选取其中三个活动进行展示，还可以在下一届学生中开展该活动时，请上一届的优秀展示学生进行示范，形成激励效果。

（哈尔滨师范大学郝敏供稿）

第二招　词块记忆法

学好英语，犹如高屋起于平地，

词块记忆，夯实九层台之垒土。

妙招简介

外语学习注重记忆和积累的过程，而记忆单词是小学阶段英语学习中普遍遇到的一大难关。词块记忆法 (Lexical Chunk Memorizing Activity) 通过培养学生的词块意识，为他们搭建英语学习的脚手架，帮助他们提高记忆单词的效率，为今后的英语学习奠定良好基础。

适用范围

本妙招适用于小学阶段的英语课程，要求学生具有初级的英语词汇和语法知识，班级规模不限。

活动目标

目标1：通过培养学生的词块意识，帮助他们搭建英语学习的脚手架，提高记忆单词的效率。

目标2：有效减轻学生的记忆单词的负担，增强学生对外语学习的兴趣，产生良好的促学效果。

实践步骤

下面以情境对话的形式说明具体教学步骤。

第一步，介绍理论。例如：

教师：同学们，下面请你们把这篇优美的文章背下来。

学生：哇，文章这么长，怎么背呀？

教师：老师有一个方法，可以帮助你们突破这个难关，想不想试一试？

学生：想！

教师：其实这个方法不是老师发明的。有一位心理学家，他发现了一个规律，人的头脑短时记忆的广度平均值为7±2个，就如同有7±2个"格子"。记单词时，如果人们一个一个地单独记单词，一次只能记住±2个单词，也就是记忆力最差的能记住5个单词，记忆力最好的也只能记住9个单词。但是，如果你把几个单词滚成一团，那么你能记住的单词就会成倍增加了。这么神奇的事情，大家想不想试一试？

学生：想！

第二步，例句示范，小组讨论。例如：

教师：我们从课文里选一个句子出来，大家来体验体验"单词滚成块"的乐趣吧。例如，以下这个句子："He gave me a check-up and asked me to take this medicine three times a day for one week." 这是这篇文章最长的句子。大家数数看，这个句子一共有多少个单词？

学生：19个。

教师：你们可以立刻背诵下来吗？

学生：不行（哄笑）。

教师：老师觉得你们是可以的（得意地笑）。首先你们觉得哪几个单词是"好朋友"，可以"抱成一团"呢？四人小组讨论一下，把它们找出来。

教师：（小组讨论后）请大家说说看。

学生1：Gave me a check-up.

学生2：Take this medicine.

学生3：Three times a day.

学生4：For one week.

教师：你们都很有想法，不错。这些单词是"好朋友"，可以"抱成一团"，我们称之为"词块"。现在，大家认为我们可以把这个长句怎样"切割"才更容易理解和背诵呢？

学生5：我们可以这样"切割"：He / gave me a check-up / and asked me to / take this medicine / three times a day / for one week。

教师：这个方法好！大家还有别的"切割"方法吗？

学生6：可以把He 和gave me a check-up合在一起，就可以减少一"团"。

教师：你的想法也有一定道理。其实，"词块"是有一定的形式的，但是我们作为小学生，大家首先要知道"单词可以抱成团"这个概念，以后到了中学，我们可以继续深入学习具体"词块"可以有哪种形式。

教师：现在我们看看，按照学生5的"切割"方法，这个长句会占用我们脑袋里多少个"格子"啊？

学生：6个。

教师：好的。那现在大家试试看，能否把这个句子背下来？是不是没那么难了？

第三步，讨论练习。教师组织学生组成四人小组，进行观察、讨论，把文章里面的句子都按"单词滚成块"的方式组合，然后每个小组派代表发言。

第四步，巩固训练。教师请学生试着背诵文章，切实掌握词块记忆法。

应用效果

词块记忆法旨在帮助小学生掌握科学高效的语句记忆方法，可有效减轻学生的记忆负担，缓解其对外语语言输出的恐惧心理和畏难情绪，逐步增强小学生对外语学习的兴趣，产生良好的促学效果和课堂教学效能。

（广州市越秀区养正小学汤冬玲供稿）

第三招　拼图教学法

课堂教学没新意？学生上课不积极？
拼图教学法，提升学生合作学习效率，
增强课堂语言学习的交互性和趣味性！

妙招简介

拼图教学法（Jigsaw Teaching Method）是在拼图式课堂（Jigsaw Classroom）的基础上简化而成。拼图式课堂是由美国著名社会心理学家 Elliot Aronson 及其研究生于20世纪70年代提出的一种课堂组织方式（Aronson *et al.*, 1978），旨在促进学生之间的交流，增强合作。先将学生分成一级小组，小组成员各有一个编号，相同编号的成员再重新组成二级小组。授课教师负责向每个二级小组分配不同的学习任务，二级小组成员共同讨论，完成任务之后各自回到原一级小组中，轮流向其他组员传授所学知识。

适用范围

本妙招适用于本科阶段的"综合英语"等知识技能并重型课程，学生的英语语言能力最好处在中级或以上水平，班级人数宜在30人以内。

活动目标

目标1：通过拼图教学法促进学生之间的交流，提升学生合作学习效率。
目标2：充分调动学生的学习热情，提高课堂参与度，增强课堂活力。

实践步骤

第一步，建立小组。先将学生分成一级小组，根据所要学习的知识容量确定一级小组的成员数量和小组数量。以英语习语学习为例，一级小组设置为每组4人。将小组成员按顺时针顺序编号，编号相同的一级小组成员重新组成二级小组。

第二步，分配任务。授课教师给各二级小组分配不同的习语学习任务，小组成员通过讨论和合作学习，掌握所学习语的语义细节，做到在现实交际中灵活运用。

第三步，分享知识。二级小组成员返回各自所属的一级小组，依次将各自所学的习语知识传授给其他组员。

应用效果

拼图教学法注重学生之间的互助学习，通过精细分解任务及成员彼此共享的方式促进合作学习的效率。此妙招要求小组成员既要发表个人观点，也要倾听他人的观点，从而强化了生生互动。这一活动可以充分调动学生的学习热情，提高课堂参与度，真正体现了以学生为中心的理念（乔梦铎、金晓玲，2010）。

（黑河学院贯丽丽供稿）

第四招　猜词游戏法

课堂猜词游戏法，
提升学生参与度，
增强互动性与趣味性。

妙招简介

猜词游戏法（Word Guessing Game）是一项在外语教学课堂上用于知识测试、语言训练的互助游戏。这里所谓的"词"可为课堂的重点内容，比如所学的时间、人物、事件等。具体的游戏形式大致分为双人对战模式、同心协力模式以及自由竞猜模式三种。

适用范围

本妙招适用于外语词汇教学、阅读和写作课程，要求学生具有初级及以上的外语水平，班级规模不宜过大。

活动目标

目标1：通过课堂知识测试、语言训练的互助游戏，促进学生学习英语的积极性和学习效果。

目标2：强化以学生为主体的语言实践活动，促进对学生语言综合能力的培养和训练，整体提升学生的语言能力。

实践步骤

第一种，双人对战模式。教师将猜词题目提前录入幻灯片，然后将全班学生按照前后排分成两人一组，一组学生面向屏幕，负责比画和解释，一组学生背对屏幕，负责猜题。全班同步进行游戏，全程由教师负责计时并控制幻灯片播放。

需要注意的是，计时在游戏中非常重要。通过计时，学生可以知道哪组用时最短猜词最多，或是哪组猜出所有词语的用时最短，计时有助于营造竞争氛围，让学生感受到猜词学习的趣味性和紧张感。

猜词是一个学习和复习的过程。在游戏过程中，教师可以观察学生的表现，找出表现最好的两组。游戏结束之后，教师还可以邀请这两组到讲台前再玩一次，给全班做示范。

第二种，同心协力模式。与双人对战模式不同的是，这种玩法是将全班视为一组：教师先在头脑中想好某个词，然后学生轮流向教师提问，期间教师只能用"Yes or No"回答问题，大家根据提问获得的线索一起猜出教师想的是哪个词。这种模式不仅可以很好地检验学生的知识掌握程度和语言组织能力，还能"强迫"学生仔细聆听其他同学的问题和解释，因为轮到自己时需要在已有线索的基础上继续猜和问新的线索。

第三种，自由竞猜模式。自由竞猜模式是网课期间在微信群开发的新玩法。老师在微信群中发给学生词汇列表之后，对词汇进行解释，然后学生在以下四种方式中择一展开竞猜：1) 猜词并输入对应的序号；2) 猜词并语音作答；3) 争取解释权，选择列表中的词汇进行解释，邀请其他同学猜词；4) 教师指定学生猜词，或者赋予学生解释权，主导猜词游戏。

应用效果

猜词游戏法以学生为中心，以巩固英语知识为手段，促进学生学习英语的积极性，使外语教学化难为易。这种游戏注重对学生语言综合能力的培养和训练，强调以学生为主体的有意识的语言实践活动，为教学营造了轻松愉快、积极向上的学习氛围。

（哈尔滨师范大学郝敏供稿）

第五招　语块学习"四动"法

语块学习"四动"法，
帮助学生解读词句意义，
在写作和口语交流中输出地道的外语。

妙招简介

语块（Chunk）也称"词块"，是语言中的一种多词词汇现象，既包括固定搭配、俗语等相对固定的组合，也包括相对固化的短语框架以及惯常使用的句子框架。语块能力是衡量语言使用准确性、地道性和流利性的一个重要标志，是二语综合能力的一个重要指标（Pawley & Syder, 1983）。语块学习"四动"法（Four-Step Lexical-Chunk Learning Method）将呈现（动眼）、阅读（动脑）、口头交流（动口）与书面应用（动笔）巧妙地融合在一起，是一种借助小组合作，在真实的交际过程中不断复现新学的语块，从而强化对语块的理解、记忆与应用的教学方式。

适用范围

本妙招适用于外语词汇教学、阅读和写作课程，学生具有初级以上的外语水平，班级规模不限。

活动目标

目标1：通过小组合作使学生在真实的交际过程中复现新学的语块，强化对语块的理解、记忆与应用，提高英语学习效率。

目标2：通过语块学习提高学生语言产出的准确性、地道性和流利性。

实践步骤

教师选定一篇难易适中的文章，通过动眼、动脑、动口和动笔四种方式开展课堂活动。

第一步，呈现N个目标语块。教师呈现目标语块和段落语境，突显特定语块，比如在屏幕上加粗或者高亮，强化学生对语块的注意（动眼）。

第二步，限时阅读理解。教师依据需阅读文章的长度和难度，设定合理的阅读时间。学生在规定时间内完成阅读，注意目标语块的用法（动脑）。

第三步，分组讨论目标语块。学生以两人或多人为一组，交流目标语块的语义、语用特征（动口）。

第四步，依据目标语块，复原文章梗概。学生与其小组成员书面运用新学到的语块，添加文章应有内容，直至大体复原（动笔）。

应用效果

语块融合了语法、语义和语境的优势，具有特定的表达功能，从心理学角度看，语块可作为整体储存和提取，减少大脑处理信息时的认知负担。语块学习"四动"法有助于培养学生的语块意识，提高英语学习效率，也有助于提高语言产出的准确性、地道性和流利性。

（武汉纺织大学刘珊供稿）

第六招　词汇学习情境法

抛开"死记硬背"单词，
激发学生的联想和发散思维，
用词汇学习情境法有效促学。

妙招简介

　　词汇学习情境法（Contextualized Vocabulary Learning Method）是指教师鼓励学生通过发散思维、设定情境的方式来记忆单词的外语教学方法，主要通过在课堂上创设情境有利于帮助学生理解记忆知识，激发学生兴趣，提升学生参与度，提高课堂效率。

适用范围

　　本妙招适用于外语词汇学习、阅读和写作课程，学生具有初级以上的外语水平，班级规模不限。

活动目标

　　目标1：通过课堂创设情境帮助学生理解记忆知识，激发学生兴趣，提升学生参与度，提高课堂效率。
　　目标2：通过鼓励学生发挥想象，锻炼学生发散思维的能力，更高效的记忆英语单词。

实践步骤

　　第一步，词汇识记。教师引导学生自学词汇的语音、形态、意义以及例句，自主完成词汇识记任务。以测试题或口头问答的形式检查学生的自学情况，并就存在的问题给予一定指导。
　　第二步，情境创设。学生基本掌握了所要求的词汇后，设定一个具体情境，激发学生词汇应用兴趣。初期，教师可作为主要情境创设人，之后可放手交给学生。在创设的情境中，学生可以很好地理解词汇及其用法。

第三步，词汇知识扩充。在前两步的基础上，学生已经对于所学词汇比较熟悉，教师可补充重要词汇的词缀词源知识和相关文化常识，进一步提升学生词汇水平。

以学习bandwagon为例，学生自学后，教师将bandwagon拆解为band（乐队）和wagon（四轮马车），意思是"乐队花车"。教师开始通过创设情境讲故事介绍和解释"jump on the bandwagon"这一习语。在这个过程中，学生可通过生动的画面联想（尤其是故事主角为同班同学，再加上教师丰富的表情和肢体动作表演）对该词汇有了初步的印象，并通过思考与讨论加深对词汇的理解与记忆。

教学成果

想象是创新活动的源泉，联想使源泉汇合，发散思维使泉涌不竭。此妙招鼓励学生一起进行情境创造，能够激发学生的创造力，增强学生的兴趣，活跃课堂氛围，同时使学生加深对所学语言点的理解和记忆。

（天津医科大学徐娜娜供稿）

第七招　妙笔绘习语

妙笔绘习语，多模态英汉比较，
学海勤拾贝，跨文化深度学习。

妙招简介

英语中有超过25,000个习语，如何增强学生对习语的学习兴趣，加深对常见习语的学习和应用，是英语学习的重要组成部分。本妙招"妙笔绘习语"（Learning English Idioms through Drawing）强调在理解记忆习语时，通过绘画活动使学生思考语言的不同文化背景，关注其比喻含义。本妙招源于对教学问题的思考，在讲解中外习语差异、引导学习英汉习语含义时，避免单纯从字面推断，进行更深入的语言文化学习。

适用范围

本妙招适用于大学二年级学术英语课程中习语的讲授。授课对象建议为具备中上等语言水平的学生，擅长英语口语交流，有能力在课堂讨论中各抒己见。班级规模不宜过大，以25到30人为宜。

活动目标

目标1：通过绘画活动使学生思考语言的不同文化背景，关注汉英习语之间的差异，深入学习语言文化。

目标2：创建生动有趣的英语课堂氛围，提升学生的团队合作意识和英语学习兴趣。

实践步骤

课堂教学采用"展示—练习—产出"（Presentation-Practice-Production）的模式设计一系列课堂活动。

第一步，课前准备。教师给学生布置预习任务，学生须预习常见的习语，了解中外语言文化背景。

第二步，课堂教学。首先，学生掌握目标习语含义，明确如何对其进行翻译，对常见中外习语进行重点讲解，对比中外习语特点及区别。然后，教师通过若干图片，针对常见动物习语的含义向学生提问，如"rain cats and dogs""pigs might fly""smell a rat"等。强调理解习语时要关注其比喻义（figurative meaning），而非仅看到字面含义。通过举例对比国内外习语，引导学生从宗教信仰、地理环境、风俗习惯、社会文化等方面分析语言差异。最后，学生分为不同小组开展活动，比如1组、3组画一幅体现汉语习语的"抽象画"，2组、4组则为其创作一幅英语习语"抽象画"。课堂上，不同组别的学生分别展示各自的画作（见图1），各组组内讨论和推测想表达的习语含义。

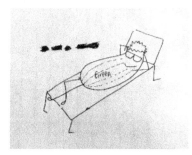 

(English idiom: as cool as a cucumber)　(English idiom：a cat may look at a king)

图1　学生习语画作范例

应用效果

"妙笔绘习语"这一教学活动能够有效避免习语学习中对逐字翻译的过度依赖。通过画笔呈现出比喻义的方法将习语的文化背景知识自然带入英语习语的学习中，促使学生自主探索发现中外习语特点及区别。课堂气氛更加活跃，学生的团队合作意识也得到提升。在教学实践中，有些绘画相对比较抽象，学生需要进行"深思熟虑"，具备"火眼金睛"，才能对习语含义进行正确且合理的解读。学生可以通过讨论进行英语口语练习，当能够通过绘画推测出对应的习语含义后，还可尝试将其运用到非正式文本写作或者口语交际中。

（西安交通大学附属中学兴庆校区王琦供稿）

第八招　词句配对法

词句连连看，做学用结合，
有趣、有用、有料、有效！

妙招简介

词句配对法（Matching-up Vocabulary Learning Activity）旨在帮助学生有效巩固所学的英语词汇，在教师和学生讨论学习每单元课文之后，将此单元的学习课件发送给学生。学生课下重温所学的重点词汇，课上将重点词汇填充到匹配的句子中，以便巩固和掌握所学知识。

适用范围

本妙招可用于大学低年级的外语阅读和词汇教学课程，要求学生具有初级以上的外语水平，班级规模中等。

活动目标

目标1：帮助学生有效地巩固所学的英语词汇，通过词汇匹配、翻译等练习提升其词汇理解和运用的能力。

目标2：通过有趣味的英语词汇学习活动，提升课堂活力，增强英语学生的自我效能感和学习兴趣。

实践步骤

词句配对法包括课前准备和课堂实施两个部分。课堂共有23名英语专业大一学生，教材为《综合教程1》（第三版）。具体操作步骤如下。

第一步，课前准备。教师选取一个单元课文的11个重点单词或词组编写11个句子，可结合课程思政编写具有教育意义的句子。用11页纸分别打印11个句子，并裁剪掉11个单词或词组。因为有23位学生，所以教师从课文的单词表中选取第12个单词或词组，打印出来。这样，12个单词或词组和11个空缺句子准备就绪。

第二步，课堂实施。12位学生每人抽取一个单词或词组，另外11位学生每人抽取一个句子。"词汇"与"句子"互相寻找配对。学生将单词或词组贴到句子空缺处，讨论并合作翻译配对后的句子（见图1）。教师可以留足时间使学生能够充分参与活动和消化句子。全部配对后，每组学生向全班展示自己的句子和翻译。学生要用"落单"的"词汇"造句。配对错误的学生需要接受"惩罚"，比如英语才艺展示。

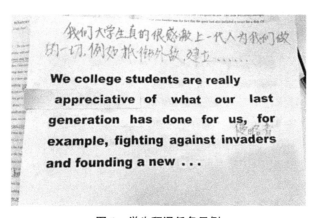

图1　学生翻译任务示例

应用效果

课上学生踊跃参与"词句配对"，课堂气氛活跃。"词句配对"不仅有益于加深学生对词汇的记忆和理解，有助于提升其词汇运用能力，还能潜移默化地将思政教育融入英语课堂教学。

（河南科技大学尚云英供稿）

第九招 "教 – 换" 单词学习法

单词记得不快忘得快，死记硬背行不通。
"教 – 换"学单词，在课堂互动中打造词汇高手！

妙招简介

本妙招改编自 Leah Jordano-Kudalis（2019）的文章"Teaching Techniques: Teach and Trade"。原来的教学设计是让学生在课上完成解释单词、画图和配文字的任务。鉴于课堂时间限制等因素，本妙招将原来的设计加以调适，改为"课前布置任务＋课上交换成果"的模式。"教 – 换"单词学习法（Teach-and-Trade Vocabulary Learning Activity）采用以学生为中心的教学理念、引导学生学习关键词汇，提高学生参与度，为学生搭建了同伴互学和互评的平台，也为教师提供了形成性评估的机会。

适用范围

本妙招适用于初中以上的英语课堂，要求学生具有初级及以上的词汇和语法知识，课型和班级规模不限。

活动目标

目标1：引导学生自主学习关键词汇，为学生搭建同伴互学和互评的平台，提高学生的课堂参与度和词汇学习效能。

目标2：增强英语课堂活动的趣味性，增加学生的交流机会和交流意愿，提高班级活力和凝聚力。

实践步骤

第一步，明确目标。教师选定关键单词范围。

第二步，课前布置任务。每位学生选择一个单词（可以重复），查词典后在半张A4纸上写上单词、词性、词义，画图并为图配上文字注释。

第三步，"教 – 换"促学。两人一组互相讲解自己掌握的单词，讲完后交换单词，继续找下一位同伴讲解和交换，全班同时进行。

第四步，课堂分享成果。全班互相讲解和交换完毕之后，教师请学生到讲台前面分享自己学到的一个新单词，并询问是否有单词需要进一步讲解。

第五步，教师评估讲解。教师收回所有的单词讲解设计，进行评估，对不准确的或不清楚的讲解进行更正或重新讲解，对优秀的讲解设计提出肯定和进一步推广。

应用效果

"教–换"单词学习法的整体教学效果很好，学生的投入度和学习热情很高，在走动中进行单词交换活动使英语课堂氛围更加活跃。但需要注意的是，有的学生可能无法正确判断对方的讲解词汇可能出现的错误，因此教师可以在课堂上来回走动，及时给学生提供反馈和帮助。

（哈尔滨师范大学郝敏供稿）

第十招 巧验词汇记忆的"限时递减"法

"限时递减"检验法，
教师检查词汇记忆效果，
课堂活动简单、灵活又有趣。

妙招简介

巧验词汇记忆的"限时递减"法（Timed Vocabulary Quizzing Activity）采用记忆限时由1分钟到30秒再到10秒依次递减的形式考察学生单词记忆效果，可应用于新课刚开始时检查上节课所学的重点词汇，也可用于下课前检验本节课新学词汇的记忆情况。

适用范围

本妙招适用于外语词汇教学、阅读和写作课程，要求学生具有初级及以上的外语水平和一定的自主学习能力，班级规模不限。

活动目标

目标1：通过"限时递减"的方法锻炼和提高学生的词汇记忆能力，调动学生学习词汇的主动性和积极性，提升词汇学习效能。

目标2：基于积极心理学理论，巧用学生的合作精神和竞争意识，创造活跃的英语课堂气氛，提升班级活力。

实践步骤

第一步，课前准备。教师在备课时将要考察的重点词汇（25个左右）随机输入到一张幻灯片上。根据实际教学需求和学生语言水平，可灵活调整词汇数量，也可在幻灯片上添加一些有助于学生快速回忆或记忆词汇的醒目设计，比如用不同色彩标记词汇、按照单词首字母或单词长度排列词汇等。

第二步，课堂活动。课堂上，学生两人一组，每人准备好笔和纸。在1分钟之内（教师也可灵活设定默记时间），学生只能用眼看、用心记幻灯片上显示的25个词汇，不能动笔写，1分钟之后不再显示词汇。每位学生随即写出自己刚刚记住的幻灯片上的词汇，然后结对的两位学生互相交流、比对和补充。接着，教师再次给出30秒时间让学生看幻灯片，重复上述过程。如果还没有学生写出全部词汇，教师就再用10秒时间显示幻灯片。只要有小组写出全部25个词汇，记忆环节即结束。教师请写出的学生朗读词汇，其余学生听写，将未写出的词汇补齐。如果时间充足，教师还可以请学生将听写的词汇写在黑板上，或请各组相互检查所写词汇的准确性。

应用效果

利用"限时递减"法检验词汇掌握情况能够锻炼学生的记忆力、词汇朗读和拼写能力以及合作能力。此妙招巧用学生的合作精神和竞争意识，既有助于营造适度紧张、激烈、活跃的课堂气氛，又能够在逐渐递减的有限时间内激励学生快速回忆或记忆重点词汇，调动学生学习词汇的主动性和积极性。

（天津商业大学刘艳霞供稿）

第十一招 巧用卡片记单词

英语单词卡片，
夯实词汇重点难点，
提升词汇知识运用熟练度。

妙招简介

"巧用卡片记单词"（Card-Game Vocabulary-Building Activity）采用每组2到4人的分组形式，利用英文单词卡片、星星或其他计分工具等教具，仿照纸牌游戏规则，可分别开展初阶、中阶、高阶三种英语教学活动，各个不同阶段的活动内容可根据学生的不同水平进行设计，通过游戏和奖励提升学生的学习兴趣，强化小学英语教学效果。

适用范围

本妙招适用于小学二到四年级的英语辅导课或者外语素质拓展课上，班级规模不宜过大，以30人左右为宜。

活动目标

目标1：巧用卡片以游戏方式帮助小学生有效率地记忆单词，将词汇的读音、语义和在句子中的使用融合在一起，深化英语词汇学习。

目标2：通过教师反馈和奖励能够有效提高小学英语学生的学习热情，活跃课堂，提升英语词汇课堂的学习效能。

实践步骤

第一步，课堂卡片活动。巧用卡片记单词活动可按具体情况设计初阶、中阶和高阶三种不同层次的英语教学活动。其中，初阶活动以熟悉课文内容为目的，中阶活动以熟练拼读核心单词、句式为目的，高阶活动以消化重点、难点单词、句式和语法为目的。

1）初阶活动。首先准备多套不同颜色的英文单词卡片，每张卡片上一个单词（区分大、小写），标点符号单独成卡。同一颜色的卡片可连成课文中的一个句子。然后每人选择一种颜色的卡片，将卡片连词成句，读出并翻译。重复此规则，直至所有人全部拼读所有卡片为止。

2）中阶活动。首先课前准备的英文单词卡片上主要以每单元课文中核心句式和词汇为主，尽量不过多地涉及重难点和易错点，可混入一些曾经学过但实际上此单元用不到的词和标点。然后将所有卡片打乱顺序，分成两份，其中一份依次分发给每位学生。每人查看自己的卡片，若已经可以成句，则排序、朗读、翻译。最后，每人按顺序从另一份卡片中抽取一张，需要就留下，不需要就展示给其他学生，展示时必须正确拼读出不需要的单词。其他学生如有需要可以领走卡片，多方需要则先给下家，都不需要按废卡处理。此后一直重复这一环节，直至所有卡片被抽取完毕为止。

3）高阶活动。首先，准备教具如英文单词卡片、按铃、计时器。每张词卡上为每单元课文中核心句式和词汇的易错点和难点。相同内容卡片可准备多张，以让学生通过大量练习和反复记忆夯实知识点。其次，设置一名裁判（可轮流担当），负责亮卡和撤卡，多位学生同时按铃时裁决优先回答权，为每位抢答学生计分，以及每次抢答时进行计时。然后裁判亮出卡片，每位学生观察桌面上的每一张卡片，当卡片上的单词能连成一句或出现错误拼写的时候，迅速按铃。反应最快的学生获得优先发言权。在30秒内进行拼句，指出句子中每一个单词，朗读并翻译；如果发现错误拼写，还要拼出正确单词、读出正确发音；如活动超时，裁判裁决停止作答，裁判或其他学生给出正确答案。裁判应及时将已经指出拼写错误和已经成句的卡片撤下桌面。

第二步，计分与评奖。根据每项活动实际情况，可参考如下规则进行计分与评比，分数最高者获胜：1）可按拼、读、翻译句子完全正确各得2分，读错、译错一个单词（或拼对读错）得1分，两个单词以上（或拼读皆错）错误不得分的规则计分；2）在高阶活动中，抢到纠正答错学生的机会得1分，视纠正情况酌情再加1分；3）每人每轮按自己的得分如实领取对应数量的星星，每颗星星可得1分。根据每项活动实际情况，还可设置以下相应奖项。

a）英语小能手：得分最高。

b）课文大王：课文朗读和翻译最熟练。

c）最细心奖：大、小写、标点都正确。

d）马小虎：小粗心最多。

e）拼读之王（中阶活动）：得分最低，一直没有找到合适的卡片。

f）神快手奖（高阶活动）：手很快，但是总答错。

g）拼写之王（高阶活动）：找到最多错误拼写。

h）女最公正裁判奖（高阶活动）：给予所有裁判的荣誉。

应用效果

本妙招通过不同层次的单词卡片教学活动，能够让学生全员参与课堂学习，通过多轮的生生互动增强学生的英语学习热情，将被动的词汇记忆和语言学习多元化，所学的词汇知识在应用中得到进一步深化；活动后的教师反馈和奖励能够有效活跃课堂，有效提高小学英语学生的学习动机和学习热情，进而提高英语词汇学习效率。

（天津市和平区中心小学王珋和张岐悦供稿）

第十二招　互联网＋词汇学习

互联网＋记忆词汇，
利用碎片时间，一起学单词。

妙招简介

学生由初中进入高中阶段，英语学习中词汇量剧增，大部分学生不适应高中词汇量的要求。"互联网＋词汇学习"（Internet Plus Vocabulary-Building Activity）的活动设计旨在引导学生在碎片时间利用记单词APP养成背单词的学习习惯，通过让学生在微信群中通过截图进行打卡背单词，以接龙的形式相互提醒，达到敦促学习词汇、拓展英语词汇量的活动目标。

适用范围

本妙招适用于高中阶段的英语课，要求学生具有一定的外语词汇基础，班级规模不宜过大，英语小班教学更佳。

活动目标

目标1：通过"互联网＋"的方式引导和敦促学生利用碎片时间进行课外词汇学习，保证学生对词汇学习的投入，提升英语词汇量，夯实词汇学习效果。

目标2：通过平时课堂上对所学词汇的考核和期末词汇竞赛，督促和激励学生记忆词汇，多种形式灵活运用所学词汇，保持英语词汇学习的效果。

实践步骤

第一步，准备阶段。教师首先向学生介绍记单词APP的使用方法和词汇学习的激励措施，包括平时考核和期末总结。然后建立一个英语群，指定班里学生轮流负责，每天提醒全班同学通过APP记忆单词，用手机将APP上的词汇学习结果截图，发到班级群里。

第二步，确定平时考核方式。教师提前告知学生，每周定期抽取5到10位学生默写单词，学生写好中文直接默写。

第三步，期末词汇竞赛。在期末进行小型英语词汇竞赛，对获奖学生进行相应的奖励。也可以开展其他词汇相关的班级活动，如英语词汇短剧展演、编写英语小故事、制作微视频等相关活动。

应用效果

"互联网+英语词汇学习"能够引导学生能养成平时背单词的好习惯，通过在微信群内接龙的方法能清楚地展现学生姓名和任务完成人数，使学生之间相互提醒和激励，教师可通过定期抽查的方式督促学生定时定量完成任务。这种线下线上相结合的方式开展英语词汇教学管理，便捷有效，能够有效提升学生的词汇量，提升整体英语学习的效能。

（北京市大兴区第一中学石忻平、北京市大兴区教师进修学校赵娟供稿）

第十三招　创写词汇教学法

创设真实语境，编写有趣故事。
创写词汇教学法，单元词汇全覆盖

妙招简介

创写词汇教学法（Vocabulary Building through Creative Writing）针对词汇学习零散化、碎片化的现状，把一个单元话题的词汇创造性地串联起来，编写成一个生动有趣的英文小故事，引导学生在具体语境中运用所学的英语词汇，掌握词汇的形式、语义和应用。创写词汇教学法可以整体把握学生的语言输入，激发学生英语学习词汇的兴趣，同时也有利于增强学生的英语篇章组织能力，提高学生的语言输出技能。

适用范围

本妙招适用于初中学段的外语词汇和阅读课程，学生具有初级及以上的外语水平，班级规模不限。

活动目标

目标1： 引导学生改善词汇学习习惯，通过在具体语境中学习和掌握所学词汇，巩固和内化所学的词汇和相关知识。

目标2： 通过构思和讲述英文故事培养学生的思维能力、语言能力、学习能力和文化意识。

实践步骤

以仁爱英语八年级上册Unit 3 Topic 2的单词教学环节为例，采用创写词汇教学法，创写出题为"What a great concert!"的小故事（见图1）。通过时间轴"Before the concert""During the concert""After the concert"，基于本话题中的重点语法，即感叹句，把本话题中的新词汇（红色字体）融入语篇中。

图1　学生作品范例

第一步，创写故事。在课堂展示之前，教师整体把握本单元的单词，根据本单元的主题"What a great concert!"，创设一个较为合理真实的语境，把整个单元的单词串联成一个小故事。故事创写的原则是"词不离句"，故事情境尽可能贴近学生的生活背景，便于学生的学习和理解。

第二步，课堂展示。教师带领学生在创写的故事情节中，探索文本内容，学习新词的形式、意义和应用，培养学生的记忆理解能力，提升其分析应用能力。

第三步，语言产出。引导学生根据自己的生活背景知识，基于本单元所学词汇，自主创写小故事。这是一个迁移创新的评价环节，可以检测学生的语言功底以及对本话题词汇的运用情况，真正做到用英语做事。

应用效果

创写词汇教学法增强了学习的趣味性，加深了学生对单词的印象。这样多维度的语言输入对以后的语言输出也会产生潜移默化的正面影响。

（贵州省兴义市第八中学/贵州兴义阳光书院李华供稿）

第十四招 词句学习混搭法

词句学习混搭法，
解决单词拼写错误问题，
改善英文写作的衔接和连贯。

妙招简介

词句学习混搭法 (Mix-and-Match Sentence Building Game) 通过让学生个人或小组合作把拆解的词句还原，提升英语词句学习的效果，增加学习趣味性。词句学习混搭法可依据适用学段与任务难易度需求，采取"组词素成词"（少儿英语）、"组单词成简单句"（小学英语）及"组句子成段落"或"进行创意写作"（初中及以上）等不同形式设计课堂活动。

适用范围

本妙招适用于小学和初高中英语教学，学生具备最初级的词汇和语法知识即可，班级规模不宜过大。

活动目标

目标1：通过词句拆分和组织帮助学生掌握词汇的构成，深入学习词汇的语义和相关的词法知识。

目标2：通过竞赛和奖励激发学生的学习兴趣，提升课堂活力，改善外语课堂生态。

实践步骤

下面以小学阶段为例讲解实践步骤。

第一步，句子拆解。准备若干口袋，将句子按单词逐个剪开，打乱顺序，每句装入一个口袋。若想增加难度，可以一次性剪开三个或更多的句子，打乱顺序后放入同一个口袋。

第二步，口袋分发。给每位学生或每个小组分发一个口袋。

第三步，还原组装。根据袋子里句子的数量给出限定时间，比如1分钟，请各位学生或各个小组开始还原、组装句子。可以给出提示，如句首单词。可以加上简要说明，如要组装三个完整句子，无剩余单词；还可以开展竞赛，激励学生尽快还原每个句子，以完成更多句子的组装。

第四步，总结奖励。在规定时间内，完成任务最快或最多的学生或小组获胜并获得相应奖励。

应用效果

词句学习混搭法能有效提高学生的学习兴趣和课堂参与积极性。在竞赛活动中，学生都跃跃欲试，怀着"这次输了，下次要赢回来"的竞争心态参与课堂活动，学习热情高涨，课堂氛围活跃。通过还原组装句子，学生将所学的词汇和句法知识付诸实践，不断提高英语水平。

（浙江工商大学丁仁仑供稿）

第十五招　五分钟小组比拼造句法

改变传统讲授，赋权小组合作。
培养英语思维，语法学习更有深度

妙招简介

"五分钟小组比拼造句法"（Five-Minute Competitive Sentence-Building Game）旨在引导学生以小组合作的方式练习造句，帮助学生在"声临其境"中加深对语法结构的理解，学好英语的语法结构，活学活用英语语法知识，为培养英语思维打下坚实的基础。

适用范围

本妙招适用于英语初学者及初中英语水平的基础语法教学，学生具有初级的外语水平即可，班级规模不限。

活动目标

目标1：改善传统语法教学课堂生态，调动学生学习语法的兴趣，帮助学生将所学到的事实性语法知识转化成为程序化知识。

目标2：通过口头造句、小组合作的方式将所学的语法知识付诸实践，进一步夯实语法学习效果。

实践步骤

第一步，课前准备。教师课前准备数张单词卡片，每张卡片上写有一个动词（如 shout），充当句中的谓语成分。

第二步，全班分组。全班学生分成若干小组，每组 5 到 8 人。

第三步，小组活动。首先，小组的第一位成员用卡片上的单词口头扩展成句子（如 "He shouts"）。之后，小组成员逐个在前一位成员所造句子的基础上添加单词或短语（如 "He shouts angrily" "He shouts at me angrily…"）。小组成员可互助完成，直至所有成员都无法为句子添加新成分，或时间超过 5 分钟时，该组活动结束。然后每组派一人将所造句子写到黑板上，留下记录。活动中实行小组淘汰赛制，每两个小组之间进行造句 PK 赛，每组接龙造句时间不超过五分钟。

第四步，小组评优。两个小组完成造句后，教师根据所造句子的完整性（主谓宾）和丰富性（定状补）评选出获胜组。优胜组进入下一轮，与新的小组 PK。每一轮 PK 所用单词卡片不同。PK 至最后一轮，最后选出最佳小组。

应用效果

本妙招帮助学生以循序渐进的方式巩固所学语法知识，加深对不同语法结构的理解，在课堂上通过口头造句、小组合作的方式构建活力课堂，将枯燥的、传统的讲解式语法教学和机械记忆语法知识变为学生自由探索、合作创新的实践学习，达到学生乐学、会学的学习效果，进而提升语法教学效能。

（贵州省兴义市八中教育集团阳光书院唐琪供稿）

第十六招 "言传身教"语法教学法

We are what we repeatedly do.
Excellence, then, is not an act, but a habit.
By Aristotle

妙招简介

"能力内生"是外语学习的最终目标。英语语法教学的困境之一是学生只是单纯地学习语法知识，而不能深刻地理解语法知识。本妙招"言传身教"语法教学法（Grammar Teaching by Words and Examples）引导学生深入参与到语法教学过程中，实施语法知识点讲解的任务，以"教"促学。本妙招包括两个任务，即语法演练和语法实战，帮助学生在亲身"教"语法的实践中增强语法意识，提高语法应用能力。

活动目标

目标1：通过"语法演练"促使学生深度学习和掌握英语语法知识，培养良好的语法学习和应用意识，提升语法学习效果。

目标2：通过"语法实战"使学生在实践中巩固和运用语法知识，增强语法学习的兴趣，提高语法课堂效能。

适用范围

本妙招适用于大学一年级学生。学生刚进入大学，还处于适应阶段和大学学习的起步阶段。该演练强度不大，有利于巩固旧知识，融入新知识。相较于语法演练，语法实战任务难度更大，建议安排在语法演练之后开展，比如大学一年级的第二学期，或者同一学期的下半段。

实践步骤

第一步，"言传身教"之语法演练。首先，两三位学生自愿组成"教学小组"，各组从教师列出的语法知识点中选取一个知识点（如表1），要求各组之间知识点选取不重复，然后演练准备和实施。各组对具体语法点开展集体"备课"，之后录制语法点讲解"教学视频"，视频时间视具体情况而定，比如可以为5分钟左右。最后进行班级分享和评比。在学期末用2个课时的时间组织学生在课堂上分享所完成的"教学视频"，然后评出两三个优秀小组。

表1　重要语法知识点列表

1	词素	2	主谓一致原则	3	集体名词做主语
4	基本句型	5	限定词搭配关系	6	名词的数
7	代词的格	8	非等级形容词	9	冠词用法
10	No more... than...	11	-ing 分词主动表被动	12	代词照应
13	否定转移	14	并列和从属的区别	15	不定式与形容词搭配关系

第二步，"言传身教"之语法实战。首先是组队和选取内容。同样采取自愿分组原则，两三位学生为一个"教学小组"。各组选择一篇英语文章，要求字数150—200左右，然后实战准备和实施。各组对文章讲解进行集体"备课"，主要是提取、分析文章中的语法重难点，以及预演课堂教学过程。最后进行班级展示和评比。每节课安排十分钟的时间邀请一个"教学小组"进行展示，师生从语法讲解的内容、形式和效果进行反馈和评价。

应用效果与建议

本妙招在教学实践中真正帮助了学生摒弃死记硬背学语法的观念，使他们在"教"语法的过程中切身体验到语法学习的乐趣，深入了解语法知识对于理解英语文章的重要性，也一定程度上提高了学生写作和翻译实践中语言的准确性和恰当性。

在教学实践中，特别注意如下三点。首先，建议教学小组人数不宜过大，可控制在两三人，确保学生的任务参与度。其次，语法演练任务中，关键在于教师对重要语法知识点的筛选，避免大而全，可把重点放在帮助学生克服学语法学习中的难点和痛点，提高演练效率。最后，语法实战任务中，最好让学生自主选取文章，调动学生积极性和兴趣感的同时，也锻炼学生的自主学习能力。

（天津理工大学原永康供稿）

第十七招 "找朋友"学从句

找朋友，乐学课堂有趣。
用语法，口述定语从句！

妙招简介

定语从句是中学英语语法教学的重点难点，其难度不但在于语言结构（例如who、that、which这些代词的用法），而且在于如何把定语从句真正用于语言输出，实现用语言做事。"找朋友"学从句（Teaching the Attributive Clause through "Finding a friend who …"）来源于 *500 Activities for the Primary Classroom: Immediate Ideas and Solution* （Read, 2007），经过适当调整后进行课堂实践，适用于中学定语从句教学。

适用范围

本妙招适用于初中以上的英语课程，学生具备基础的英语语法和词汇知识，能够用英语进行简单的口语交流，课型和班级规模不限。

活动目标

目标1：通过"找朋友"敦促学生在实践中巩固和应用所学的定语从句相关的语法知识，在师生互动和生生互动中增强英语语法课堂活力。

目标2：通过"学生自拟"活动赋予学生语法学习和应用的自主权，激发学生的学习兴趣，建设良好的语法学习课堂生态。

实践步骤

第一步，课前准备。教师准备"朋友"调查表（参见表1），打印好在课前发给学生。

表1 "朋友"的调查表

Find a friend who …	Name
watches CCTV news report every day.	
goes to bed at ten o'clock.	
likes to read cartoon/comic books.	
has a dream of becoming a diplomat in the future.	
can play piano or other musical instruments.	
has a great passion in reading 《三体》.	
has a pet at home.	
学生自拟	
学生自拟	

第二步，课堂示范。首先，教师和学生一起浏览调查表，确保学生理解每一句话。然后，学生依据自己的兴趣点，填写表格最后两行学生自拟部分，寻找和自己兴趣相投的朋友。之后，老师和一位学生做"找朋友"的活动示范，例如：

A: Hi, do you watch CCTV news report every day?
B: Yes, I do.

第三步，课堂"找朋友"。教师规定课堂活动时间。活动计时开始，学生离开座位，去找朋友填写表格。规定时间到，调查活动结束。

第四步，推介朋友。第二阶段主要是师生互动。期间教师可以提供语言辅助鹰架，在白板上写"The person who … is_____"。然后，老师提问："Who has found a friend who watches CCTV news report every day?"学生举手回答："I have found a friend who watches CCTV news report every day. The person who watches CCTV news report every day is Zhang Lanlan."。

应用效果与建议

本妙招通过课堂"找朋友"这一调查活动促进学生把定语从句用于真实交流中，既巩固了语法结构，又达成口头交际的目的。学生做活动时热情很高。有些学生在学生自拟部分，设计的一些问题超乎教师想象，公布出来后全班兴致高涨，非常有助于建设良好的语法学习课堂生态。

在应用此妙招时，注意如下事项：1）教师和学生撰写调查表时尽量使用之前所学的词汇表达；2）教师需要提前做好调查活动规则，比如声量控制、活动时间、注意隐私问题等；3）如果班级人数较多（20到40人）或者（40到80人），学生可以分组进行调查活动；4）本妙招可进行多方面拓展，不限于"找朋友"，不限于定语从句。教师在语法教学时可以设计类似的边学边用边做的教学活动，活学活，用语言做事。

（新加坡政府学校王宇航供稿）

第十八招　小纸条纠错法

小纸条助力语言纠错，
学生交流讨论激活语法课堂。

妙招简介

小纸条纠错法（Error-Correcting Activity through Small Notes）是指教师将含有目标语法错误的例句，打印并制成小纸条，每张纸条上一个句子，学生通过课堂交流和讨论的方式辨析语法错误、学习正确的语法知识。

适用范围

本妙招适用于外语语法、阅读和写作课程，学生具有初级及以上的外语水平，班级规模不宜过大。

活动目标

目标1：在外语语法课堂上实现"教师主导、学生主体"，促使学生积极主动参与课堂活动。

目标2：通过"小纸条"锚定句子中的语法错误，帮助学生理清语法使用中的模糊点，在交流和互动中深度学习语法知识。

实践步骤

以英语语法课为例，在讲授句子常见错误专题时，可按如下步骤利用"小纸条"开展课堂活动。

第一步，准备纸条。课前从原版教材或学生论文中挑选含有目标语法错误的例句，打印并制成小纸条，每张纸条上一个句子，确保每三位学生会拿到同一句子。

第二步，分发纸条。课上，把小纸条随机发给学生，并告知学生每个句子都有错误，且改正方法不唯一。请学生认真阅读纸条上的句子，并给出错句的改正方法。

第三步，匹配纸条。学生在教室中走动，寻找持有相同句子纸条的同学，交流改正方法。此时的课堂气氛活跃，学生兴高采烈地寻找自己的"有缘人"，针对错句展开讨论。

第四步，教师讲解、学生认领错误类型。教师逐一讲解各类错误的典型特点和改正方法，所举例句与纸条上给出的不同。在讲解完每一类后，请学生确认自己手中的句子是不是刚讲过的错误类型，并给出相应的改正方法。

应用效果

小纸条的使用让每位学生既要对自己拿到的错句负责，认真听老师的讲解，又因为有"同伙撑腰"而敢于大胆认领错误类型，课堂参与度大大提高。由于所选例句聚焦学生对语法错误的认识盲区，很多学生不能一次性成功地认领错误类型。但在不断确认、不断讲解、不断讨论中，学生对于某个语法错误的认识也逐渐从模糊到清晰再到深刻。学生怀揣对答题结果的期待，课堂气氛也随着每一次正确与错误认领掀起一个个小小的高潮。纸条虽小，却能强化教学内容与学习兴趣，激发学生的求知欲，使师生、生生联手共度一堂充实而愉快的英语课，语法纠错时不再"面红耳赤"，而是"满眼期待"。

（河北工业大学金燕供稿）

第十九招　限时拼句归纳法

"限时竞拼纳"，丰富语法教学，
创建妙趣横生的语法教学课堂。

妙招简介

限时拼句归纳法（Timed Sentence-Building and Classifying Activity）巧用学生的竞争意识，针对某个语法知识点，让学生分组依次进行限时"拼句"和"归纳"竞赛。既有助于活跃课堂气氛、激发学生的语法学习兴趣，又能够培养学生的归纳思维能力，可谓"学""乐"两不误。

适用范围

本妙招适用于外语语法、阅读和写作课程，学生具有初级及以上的外语词汇和语法知识水平，班级规模不限。

活动目标

目标1：通过"限时拼句竞赛"，利用学生的竞争意识，激发学生的语法学习兴趣，提高语法课堂活力。

目标2：通过"限时归纳竞赛"，激活学生的已有语法知识，在整合语法知识的过程中培养学生的归纳思维能力。

实践步骤

下面以英语条件式的教学为例说明具体操作步骤。第一步，课前例句准备。教师查找或编写若干既含有不同类型条件式又与学生日常学习、生活或社会热点密切相关的句子，并打印出来。将打印出的句子按词剪开，每句的所有纸片装入同一信封（参见图1）。每一类型句子用不同颜色的彩纸打印，屏幕上显示分类结果正确时可用同样颜色。

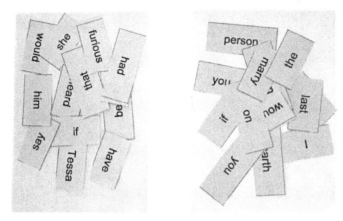

图 1　教学中使用的信封及纸片

　　第二步，限时拼句竞赛。学生按组各领取一个信封，合作拼出完整句子，转写在黑板上，再领取下一个信封继续拼句。在规定的时间内，所拼出句子既准又多的小组获胜（可设计为准确性优先，以避免学生盲目求快）。"拼句"看似容易，但由于教师在选择句子时充分考虑到其在长度和难度上的差异，并且挖一些小"坑"，在实际教学中，学生出错或者被难住的概率并不低。教师可预先准备一些小礼品作为奖励，以激励学生。

　　第三步，限时归纳竞赛。从上一环节句子中选取典型的八个条件式例句，每类（包括 factual、predictive、hypothetical、counterfactual）各两句，展示在屏幕上。学生分组讨论，在 5 分钟内将这些句子自由进行分类，并给出分类依据。针对学生陈述的分类理由，教师可适时进行提问或引导，以期最终总结出四类条件句的构成形式和功能。教师随后可带领学生进行口头和笔头操练，以巩固所学。

应用效果

　　限时拼句归纳法在教学实践中，学生既拼脑力，又拼速度；既动脑，又动手。学生既能盘活已有的语法知识，又可以进行创新思维和应用，使语法教学既有新意，又有深度；既有理论知识，还有课堂实践。

（南开大学王冬焱供稿）

第二十招　自组织小型英语语法线上研讨会

自组织、共谋划、分角色、齐研讨，
英语语法线上研讨会重磅来袭！

妙招简介

自组织小型英语语法线上研讨会 (Self-Organized Small-Scale Online Seminar on English Grammar Learning) 受南开大学张文忠 (2020) 提出的"赋权增能"外语教育教学理路和"八·五五"自运行课堂模式的启发，参照国外大学的小组研讨式学习方法，充分利用互联网时代的便利条件，倡导学生自发组织、自由分组、协商决定组内的英语语法研讨主题，自主承担组内各类角色，各组同时进行90分钟的小型线上研讨会。

适用范围

本妙招适用于各类外语课程，包括语法课程、阅读和写作课程，班级规模不限，学生具备一定的外语水平，以中级以上为宜。

活动目标

目标1：践行赋权增能外语教育教学理念，赋予学生更多的学习自主权，以小组合作学习和研讨的方式锻炼和夯实学生的语法知识运用能力、思辨能力和反思能力。

目标2：通过举办线上研讨会，小组成员各有分工，充分调动学生自主学习英语语法的积极性，提高学生课堂参与度，培养学生的科研意识。

目标3：通过组织学生开展线上研讨会，锻炼和提升其协调、沟通能力，在合作和分享过程中提高其口语表达和交际能力。

实践步骤

自组织小型英语语法线上研讨会分为两个阶段：筹备阶段和线上研讨会阶段。

第一阶段，筹备阶段。首先根据班级大小，学生自由组合为若干研讨小组，每组10人左右。每组挑选一位主持人。主持人与组内成员协商确定各自的研讨主题（比如英语语法中的非谓语结构）和各类角色的承担者（若干主讲人、提问员、学伴），确定研讨风格和安排研讨流程。小组成员出谋划策，力争让研讨会顺利进行且每位参与者有所收获。教师为每个研讨小组邀请一两名高年级的优秀学长/学姐做点评嘉宾给予反馈与点评。每组主持人提前申请某线上会议平台的会议号，告知组内成员、教师和点评嘉宾。主讲人提前准备并演练与研讨会主题相关的展示内容。

第二阶段，线上研讨会阶段。研讨会开始，主持人简要介绍点评嘉宾、主讲人、提问员、学伴，讲解研讨会流程，然后主持人邀请主讲人做展示。主讲人呈现、讲解、分析和评价已准备好的研讨会内容，例如主讲人结合语篇研讨某英语语法要点或难点，与参会者分享学习体会。提问员、学伴和点评嘉宾可按照本研讨小组商定的研讨风格和研讨流程对展示内容提问、补充或评析。因为若干研讨小组在不同的线上会议室同时进行90分钟的小型线上研讨会，所以教师在每个研讨会旁听20到30分钟，并进行观察记录。教师将感想、建议和评价随时或在研讨结束后发送到线上会议平台聊天框、微信群等，及时反馈给学生。小组的所有展示和讨论结束后，主持人邀请点评嘉宾给予评价或提出建议。最后研讨接近尾声，主持人做研讨小结。

应用效果

学生通过自组织研讨会在不同阶段锻炼不同的能力。在筹备阶段，主持人和小组成员商讨研讨主题和内容，共同确定研讨风格和流程，有助于锻炼和提升协调沟通能力。在研讨阶段，小组成员有序进行展示、提问、点评等，积极分享，深入研讨，互助互惠，有益于锻炼和夯实语言运用能力和思辨能力。英语语法线上研讨会可以充分调动学生自主学习英语语法的积极性，研讨气氛热烈，学生参与度高。在研讨结束后，学生仍意犹未尽，主动进行总结和反思，发现闪光点和不足之处，自我激励、相互鼓励的同时能够正确面对问题、解决问题。

（天津师范大学徐承萍供稿）

第二十一招 词汇-语法联合学习法

你先我后，有问有答记忆词汇。

一石二鸟，单词语法共同练习。

妙招简介

词汇–语法联合学习法（Vocabulary-Grammar Federated Learning Activity）是指学生通过联想一起记忆词汇和练习语法的小组活动，小组成员轮流说出联想到的单词，期间另一个成员可以询问原因"Why did you say ...?"（Wright *et al.*, 2006）。在这一问一答中，学生不仅能复习和运用所学词汇，还可以练习口语表达中如何正确运用动词的过去式，从而提高口语表达的准确度。

适用范围

本妙招适用于初中以上的英语课程，也可作为阅读和口语课程的热身活动，或者课堂学习结束前的总结活动。学生具备一定的语法和词汇基础，能进行基本的词汇应用和口头交流，班级规模不限。

活动目标

目标1： 帮助学生复习和巩固词汇和语法知识，改善学生口语表达中动词过去式的应用错误，提高口语表达的准确度。

目标2： 通过词汇–语法联合应用增强生生互动，增强外语课堂活力，提高学生的交际意愿和兴趣。

实践步骤

第一步，教师讲解示范。教师讲解词汇联想的方法（如图1），明确小组活动目的和要求。

Learner 1: *Water.*
Learner 2: *Tap.*
Learner 3: *Kitchen.*
Learner 4: *Grandma.*
Teacher: *Why did you say 'grandma'?*
Learner 4: *Because I thought of my grandma's kitchen.*
Teacher: *OK. Grandma.*
Learner 5: *Wolf.*
Learner 6: *Why did you say 'wolf'*
Learner 5: *Because of the story of Little Red Riding Hood.*

图1　词汇–语法联想方法实例（Wright *et al.*, 2006: 106）

第二步，学生课堂练习。学生分成不同的小组，根据示范进行词汇联想练习，同时特别注意口语表达中相关动词过去式的准确运用。

第三步，小组合成故事。如果时间允许，教师还可以让各个小组将用过的单词汇总成为一个故事，不用考虑是否符合逻辑，这样编成的故事往往有意想不到的喜剧效果，进一步增加活动的趣味性。

应用效果

词汇–语法联合学习法既可以用作外语课堂的热身活动，也可以作为阅读课后的词汇练习和复习。教师也可以要求学生在联想单词的同时，在问答中选择运用其他相关的语法结构（如"When I heard …""I thought of …"），高水平的班级也可以用更为复杂的结构（如"The reason why I thought of … is that …"），这样不仅把词汇放在特定的语境中练习，还在生生互动中将枯燥的词汇记忆变得有趣，从而进一步激发其外语学习的动机，有效地激发外语课堂活力。

（南开大学李玉平供稿）

第六章
外语课堂管理和学习妙招

在外语教学过程中，课堂管理的作用不只涉及语言学习的外部客观环境，还会影响到教师和学生的内在心理层面，是外语教学中不容忽视的部分。优秀的外语课堂管理不仅仅意味着为语言学习提供积极向上、各方合作协调发展的物理环境，还是建设良好课堂生态、提升语言学习效能的重要手段。课堂管理涉及人与人之间的互动（包括师生互动和生生互动）、课堂环境布局方式、人与周边环境的互动等诸多方面，比如课堂座位安排、教学教具和教学技术手段的使用、课堂活动安排、教师指令发布方式、学生反馈方式和教师纠错方法、课堂时间管理等。

外语学习的自身性质需要教师对外语课堂进行有效管理，对时间和课堂节奏做出合理安排，这不仅有助于提升语言学习的交互性，而且通过有效的课堂管理手段可以使学生积极参与小组和班级的课堂活动，提升其语言交际意愿和课堂效能。外语课堂管理一方面要靠教师日积月累的教学经验和各种新型教学技术手段的辅助，另一方面通过学习和借鉴其他经验丰富的教师提升课堂管理能力。

本章共有7个教学管理和学习妙招，涉及如何在外语课堂上聚焦学生的注意力、如何管理和优化学习过程和学习结果、如何在外语课堂高效地做笔记、如何进行小组任务分配等多个方面，帮助教师通过有效的教学管理妙招，协调班级组建小组、顺利完成团队任务，制定合理的评估规则，引导学生积极参加课堂活动，使师生和生生之间保持良性互动，有效提升课堂活力，进一步提高外语教学效果。

第一招　手抄报单元整体教学法

精心设计手抄报，
整合重组单元知识，
落实整体活动目标。

妙招简介

手抄报单元整体教学法（Unit Summarizing and Learning through Handwriting Paper）就是从单元整体出发，确定课堂教学主题，根据内容整合教材，完成单元目标，帮助学生进行有效的语言学习和输出。为检验单元整体应用效果，教师在一个单元的教学结束后，让学生根据所学内容将单元的各个板块串联起来，进行梳理、整合、加工、创新和拓展，制作成手抄报，与班级的其他成员分享，进一步夯实课堂学习效果。

适用范围

本妙招适用于小学、初高中学段的外语课程，可作为课后学习反思和总结活动，也可以作为外语课程形成性评估的一部分，要求学生具有初级外语水平，班级规模不限。

活动目标

目标1：帮助学生复习和巩固课堂学习内容，进一步强化外语课堂管理，保证课堂教学效果。

目标2：通过分享增强学生的学习外语的自信心和自我效能感，激励学生在外语学习中的时间投入和情感投入。

目标3：教师通过手抄报了解学生的课堂学习效果，根据具体情况给予适当的反馈和指导，调整下一步的课堂教学设计。

实践步骤

第一步，整理内容、划分版面。单元教学结束后，让学生根据单元主题在头脑里大致规划好16K纸的版面如何划分、编排，通过信息在头脑中的回放复习所学的单元知识，内化所学的语言知识内容。

第二步，书写文字、美化装饰。以横排或竖排的形式将整理好的文字内容填进各个板块，并用插图、尾花、插花等对手抄报进行美化。插图最好与主题相关，尾花和插花不宜过多、过繁，以免干扰主题，转移读者对内容知识的注意力（参见图1）。

图1　学生制作的手抄报

第三步，评阅、反馈。手抄报上交后，教师进行评阅，挑选创意比较好的学生作品进行展示，并且让学生分享创作想法。针对手抄报中反映出的学生未完全掌握的词句用法等，教师可进行统一讲解。如果学生的手抄报中是一个个孤立的知识点，说明其没有掌握单元整体主题或者运用能力较差，未做到融会贯通。教师应根据具体情况，调整自身教学设计或给予学生更多关注和指导。

应用效果

手抄报的创作和分享可帮助学生整合课堂所学内容，促进和提高学生英语综合运用能力，激发学生的学习兴趣，培养其创新意识和创造能力；同时，手抄报是学生学习智慧和学习效果的结晶，通过展示和分享可以增强学生的学习外语的自信心和自我效能感，激励学生在外语学习中的时间投入和情感投入，形成外语学习过程的良性循环。

（山东省菏泽市鄄城县富春镇初级中学苏晓丽供稿）

第二招　成长档案袋链接置顶法

成长档案袋，满载成长的能量。
传统与现代技术相结合，展现学习进展和学习效果。

妙招简介

"成长档案袋链接置顶法"（Learning through Establishing Online Growth E-Portfolio）参考美国学者巴克利和马霍的应用效果评价50法设计而成（Barkley & Major, 2016），是一种有效的传统与现代技术相结合的教学管理方法。教师将课堂教学和互联网技术相结合管理和监督学生的学习，通过建设一门线上课程平台，鼓励学生线上线下相结合建构终身成长档案袋，将课程平台与学生个人电子档案袋相结合，设置链接置顶，便于师生查看复习，了解学习进展和学习效果。

适用范围

本妙招适用于任何学段的外语教学，既可用于教师的课堂管理，也可以用来组织学生进行自主学习，班级规模和学生水平不限。

活动目标

目标1：通过线上平台与线下课堂相结合的方式，建立成长档案袋，管理和监督学生的学习，促进课程、学生和教师共同发展。

目标2：通过在线上平台分享学习内容和学习成果，培养学生的责任感和学习自主性。

实践步骤

第一步，建立平台。通过学习通建立一门课程平台，学生可在上面观看课程视频、自学课程内容、完成单元作业以及讨论学习心得等。

第二步，建立成长档案袋。鼓励并指导学生建立个人成长档案袋，记录学生大学校园生活及毕业后终身成长轨迹，内容包括个人经历、所学课程及成果、竞赛活动以及职业成长等。

第三步，档案袋平台分享。将学生成长档案袋链接放在课程平台并置顶，所有加入平台的师生均可见，亦可评论。

应用效果

本妙招结合具体的教学实际，经讨论、调整设计后，确立了成长档案袋链接置顶法。该方法融合全人教育思想和智慧教学手段，促进课程、学生和教师共同发展。教师还可定期将优秀学生案例置顶，使学生在自我展示和同伴欣赏中健康成长。

（青岛科技大学刘昱君供稿）

第三招　语言课堂"一线牵"

课堂结对子，小组做活动，
随机搭配"一线牵"，花式合作新体验！

妙招简介

"语言课堂'一线牵'"（Pairing of Language Partners through a Thread）是帮助学生进行合作式学习的课堂管理方法。外语教学课堂需要学生进行小组活动。"一线牵"给学生寻找语言伙伴的过程带来乐趣，可以有效热身，为打造充满活力的外语课堂建立良好的基础。

适用范围

本妙招适用于任何学段的外语教学，可作为课堂管理的辅助手段，也可以作为课堂上的热身活动，班级规模和学生水平不限。

活动目标

目标1：通过"一线牵"活跃课堂氛围，促进学生互相了解，增强班级凝聚力，为打造良好外语课堂生态打下基础。

目标2：帮助学生找到合适的语言学习伙伴，促进良性的生生互动，为课堂合作式学习搭建脚手架。

实践步骤

第一步，课前准备。教师准备5根毛线（也可就地取材，用细纸条代替毛线），放入一个漂亮的带盖杯子或者盲盒内，确保每根毛线的两端从杯子或盲盒露出来。

第二步，课堂活动。每一两周或一个月，教师课前随机让学生以10人为一组，分别抽拉毛线两端，牵拉到同一根毛线的两位学生自动成为某一教学阶段内的同桌和结对子活动的合作伙伴。座位临近的已结对的学生也可成为开展小组活动的合作者。

第三步，小组合作。特定的"一对一帮扶"结对子，或者有"组间同质、组内异质"、优势互补的小组进行合作。教师组织"一线牵"活动时，也可让同等语言水平的学生站在毛线的一端，不同语言水平的学生站在毛线的另一端。

应用效果

本妙招是笔者在科罗拉多州立大学访学时接触到的"一线牵"小妙招的基础上进行改编而成，在课堂教学实践中获得中国外语学生的广泛喜爱。在国内外语课堂上的使用也获得了很好的教学效果。通过一根毛线牵起一对学生，根根毛线串起整个班级。语言课堂"一线牵"妙招不但能够促进学生互相了解、相互学习，增进友谊，还能够增强班级凝聚力。

（商丘师范学院李洁供稿）

第四招　自助互助共建共享"线上错题本"

共建线上"错题本"，
共享别样"知识库"，
自助助人"新理路"。

妙招简介

在备考过程中，如何减轻学生负担，帮助学生从茫茫题海之中筛选出真正的易错题？如何精准地捕捉学生的难点痛点？如何最大限度地激发学生参与度？如何让学生在自主解惑的过程中也帮助别人，形成"自助-助人"的良性循环？笔者借鉴赋权增能外语教育教学理路（张文忠，2020），借助当前的共享办公技术，设计了自助互助共建共享"线上错题本"。

适用范围

本妙招适用于习题类课程（例如英语专业四级测试辅导课）或者其他的知识密集型课程，学生语言水平以中级或高级水平为佳，班级规模不限。

活动目标

目标 1：有效管理学生的课外学习，帮助学生高效应试备考，通过筛选易错题，精准定位其中的难点，提升课外自主学习效能。

目标 2：组织学生在自主学习过程中解惑，同时也帮助别人，在班级里形成"自助助人"的良好氛围，使班级互动形成良性循环。

实践步骤

第一步，模板搭建。由任课教师负责设计在线习题库标准格式，以便于后期排版（参见图 1 的学生共建题库）。需要注意的是，按题干内容排序很容易检索得到多人出错的高频错题，如表 1 虚线框所示。

第二步，任务分配。每位学生在共享文档里提交精心挑选的 10 到 15 道语法词汇选择题，按照模板做好编辑。

第三步，共享互助。教师开放编辑和下载权限，每一位学生都可以下载整个题库。由此，每位学生的错题本精华集结到一起，就汇聚成了全班学生的集体错题本。学生可以从其他同学的错题里吸取教训，在时间有限的情况下，优先练习这些易错题。

第四步，拓展应用。借助电子表格的数据排序和数据筛选功能，教师和学生可以轻松地筛出全班学生的高频错题，学生可以有针对性地复习，教师也可以有针对性地将这些易错题纳入日常练习或者考试。

应用效果

笔者曾在南开大学 2020 级、2021 级英语系本科生大二下学期应用该方法开展教学，取得了良好的效果。第一轮实验针对 2020 级本科生，作为线上教学平时作业的一部分，有效督促学生形成了积累和反思错题的习惯。该教学班取得了 80% 的专业四级优秀率（通过率 100%），显著高于往届水平。第二轮实验针对 2021 级本科生，将错题本作为线下教学平时作业的一部分，学生同样积极认真地完成了题库共建共享，也起到了不错的促学助学效果，专业四级优秀率达到 82.3%（优良率 100%）。

表 1　学生共建题库示例

学号	姓名	题目	选项A	选项B	选项C	选项D	答案	考点	解析【做对这道题的关键是什么? 干扰项、易错点在哪里? 为什么觉得这道题重要? 等等】	题目出处
xxx	XX	While waiting for a flight, we passed time with some newsstand paperback full of fast action and dialogue	A.nimble	B.agile	C.speedy	D.brisk	D.brisk	词汇	A表示行动灵活、头脑聪明; B动作敏捷; C迅速发生的、快速移动的; D标快麻利的、和dialogue搭配, 表示"轻快的对话"	2021-22
xxx	XX	Writers often coupled narration with other techniques to develop ideas and support opinions that	A.may remain	B.could remain	C.must have remained	D. might have remained	D. might have remained	虚拟语气	otherwise表示的是"要不然, 否则的话"。主句中的谓语动词是coupled, 过去时, 定语从句的内容应是与过去事	2019-14
xxx	XX	You must fire ___ incompetent assistant of yours.	A. the	B. an	C. that	D.whichever	C. that	双重属格所修饰名词的限定词	双重属格所修饰的名词可以跟this, that 等指示限定词连用。表示爱憎褒贬等感情色彩。一般不带定冠词, 也不带 whichever。	2017-20
xxx	XX	You must fire ___ incompetent assistant of yours.	A. the	B. an	C. that	D.whichever	C.that	双重属格所修饰名词的限定词	本题中must fire和incompetent表达了憎恶的情感。双重属格所修饰的名词由句意可知。说话人明显知道是哪个助理。所以排除代表泛指的BD。 the	2017-20
xxx	XX	You must fire ___ incompetent assistant of yours.	A. the	B. an	C. that	D.whichever	C.that	限定词	由句意可知。说话人明显知道是哪个助理, 所以排除代表泛指的BD。由	2017 20
xxx	XX	You must fire ___ incompetent assistant of yours.	A. the	B. an	C.that	D.whichever	C.that	限定词	干项干是一个双重所有格, 包含多个的意味。而the却有一定唯一"的意味。不合适。应排除。当双重修饰的名词前有格时, that等指示限定词连用。 this, 表示一定感情色。	2017-20
xxx	XX	You must fire ___ incompetent assistant of yours.	A. the	B. an	C. that	D. whichever	C. that	限定词	双重属格所修饰的名词可以跟this, that 等指示限定词连用。表示爱憎褒贬色彩; 双重属格所修饰的名词前不加	2017-20
xxx	XX	You must fire ___ incompetent assistant of yours.	A. the	B. an	C.that	D.whichever	C. that	限定词	双重属格所修饰的名词可以跟this, that 等指示限定词连用。表示爱憎褒贬色彩; 双重属格所修饰的名词不加 the	2017-20
xxx	XX	You must fire ___ incompetent assistant of yours	A. the	B. an	C.that	D.whichever	C	双重属格前的代词	the 后面不能加双重属格 that 在此可以表示一点"情绪"。	2017-20

应用建议

在实操层面，在应用时务必提前统一格式，以便对数十位学生共建的文档进行数据排序、筛选等操作。教师也可利用这一平台及时发现学生的疑难点，有针对性地给予讲解和支持。

在理念层面，共享错题本是共享知识库的一种形式。借助在线协同办公工具，还可制作共享笔记本、共享术语库、共享实验方法库等，从而将本妙招的应用场景拓展到其他课型，或者拓展到研究小组的内部组会。该方法不仅能够促进班级成员之间的知识交流，而且有助于培养学生的开放共享意识，帮助学生形成互助共赢的格局，这或许对于学生的人格发展有积极意义。

（天津师范大学侯典峰供稿）

第五招 "请为我签名"

教师设计编导，学生表格签名。
课堂调查采访，团队协作互动。

妙招简介

本妙招"请为我签名"（Elevating Class Dynamism through Signatures）的设计灵感来源于团建活动。教师以具体活动目标为导向、以学生为中心搭建脚手架，引导学生在课堂中进行互动。学生通过采访其他小组同学，找到符合表格各项描述的人，并请同学在相应的表格中签名，团队协作开展课堂互动，充分调动学生的参与度和积极性。

适用范围

本妙招适用于任何外语教学课型，还可用来辅助教师进行课堂组织和管理，学生水平和班级规模不限。

活动目标

目标1：通过签名活动为学生创建真实语境，提高学生的英语交际意愿，高效完成课堂任务。

目标2：通过团队协作完成课堂任务，提升学生的参与度和小组合作意识，打造充满活力的外语课堂。

实践步骤

第一步，设计任务单。学生设计任务单（参见表1），可依据不同的主题设计不同的问题。比如，以"爱情"为主题的课文可设计如下问题：

1. I know four Chinese romantic stories. (　　)

2. I am in a relationship. (　　)

3. I am the one who will take the initiative in a relationship. (　　)

4. …

表1　学生设计任务单示例

描述	签名
1. 我能说出 5 种课堂互动的活动方式。	
2. 我能说出 3 种小组活动分组方式。	
3. 我能说出 3 种教师在课堂活动中起到的作用。	
4. 我愿意分享一个我的课堂互动设计。	

第二步，"请为我签名"。学生课堂上拿着任务单找同学在后面签名的，用最快的速度使每个小格中都有签名，但表格内不能有重复的签名，表格中不能有自己小组成员的签名，而且必须实事求是。要求学生向为你签名的人致谢，并记住她或他的名字。该步骤限时5分钟，最后两名完成的小组将有趣味惩罚项目，比如用身体摆字母等。

第三步，课堂分享。教师请在这些签名的学生在课堂上分享，也可以让各小组去采访任务单上签过名的同学，获取详细信息，让每位学生都有机会参与交流。

应用效果

该课堂活动简单易行，可操作性强，能让学生在真实的任务中学习和使用英语。促使学生走出座位，培养学生在外语学习中的主体意识，有利于进一步开展"以学生为中心"的教学活动；通过扩大学生在课堂上的活动空间，使课堂真正地"活"起来，调动学生参与课堂活动的积极性，有助于学生在外语课堂上产生积极正面的情感体验，提升学生的外语学习兴趣和动机。

（湖北汽车工业学院叶慧供稿）

第六招　小组任务分配法

小组活动变成"一枝独秀"？其他成员参与度不够？
任务分配角色轮流，各小组相欢携手！

妙招简介

小组任务分配法（Group Work Distribution Method）基于David Nunan的任务型教学法，通过角色分配轮转来解决小组活动中出现的"一枝独秀"、某些小组成员"搭便车"等难题。在教学活动中，教师围绕特定的话题和交际内容，设计出一些具体的、可操作的任务，学生通过讨论、交流、合作等方式来完成这些教学任务，从而学习和掌握语言。任务分配法可使每个组员各司其职，使每位学生参与到活动中。

适用范围

本妙招适用于中小学英语教学中的"小组合作"教学，可以用于阅读、写作、口语各类课型，辅助教师课堂管理，学生需要具有基本的英语语言表达水平以及阅读、写作能力。班级规模不限。

活动目标

目标1：通过角色分配轮转确保班级成员人人都有任务，各司其职，提高小组合作学习效果，锻炼学生的学习自主性。

目标2：通过讨论、交流、合作等方式提高学生课堂活动的参与热情和积极性，增强课堂学习效能。

实践步骤

以人教版英语八年级下册第二单元"I'll help clean up the city parks"为例，在前一课时的听说课型中，教师设计一个小组活动情境：学校即将有一场大型会议，希望我校学生做好志愿活动。四人为一个小组，讨论如何为大会做好服务。任务角色可分配为：1）采访人（Interviewer），以对话提问的形式采访每个组员，形成完整对话；2）文书（Writer），将组员的讨论结果汇编成完整篇章；3）汇报人（Reporter），以汇报、演讲等形式将组内讨论结果完整呈现；4）协调员（Coordinator），可以作为每一活动程序的中介，帮助组员更加完美地完成任务，在活动中起督促、改进作用。

在平时的课堂中，教师可将小组成员进行编号，每次小组活动可指定某个编号学生承担某个角色，之后以推磨方式进行角色轮流承担。此外，还可以根据活动内容不同更改角色或增加角色。

应用效果

本妙招可以节省小组活动前学生自己的任务分配时间，将更多时间用于讨论交流。每位学生可以承担不同的任务角色，在完成小组活动中练习不同的语言能力，避免学生总是挑选自己擅长的任务或争抢最容易的任务；同时，学生参与活动的热情和积极性大大提高，每位学生都能找到自己的兴趣点，增强学习效能。特别是在中小学英语教学中，当教师要让学生通过小组合作完成某个教学任务时，例如小组合作讨论对某一热点问题的看法，小组合作对话演绎，小组合作完成海报、绘画、设计后汇报等，都可以在布置任务活动时，分配好每个组员的角色，有助于教学任务的顺利完成。

（郑州市第八十八中学邢莹供稿）

第七招　课堂笔记"黄金三分法"

记笔记"黄金三分法"，
抓取信息，敏于思考，
提炼要点，善于总结！

妙招简介

课堂笔记"黄金三分法"（Three-Golden-Section Note-Taking Method）基于高桥正史（2015）在《聪明人用方格笔记本》提出的信息整理理念设计而成，是指教师引导学生在做英语课堂笔记时，将知识、信息、想法整理在方格笔记本式的框架内，用以帮助学生做好要点式课堂笔记。课堂笔记"黄金三分法"有助于学生在课堂上短时间内抓住学习重点，课后回顾时一目了然。这种方法可以训练学生独立思考，助攻学生整理、提炼、概括每一堂课的内容，在理解的基础上内化所学内容，增强逻辑思维能力，提升有效记忆能力。

适用范围

本妙招适用于任何学段的外语课堂学习和课后复习，学生具有一定的自主学习能力，学生水平和班级规模不限。

活动目标

目标1： 通过"黄金三分法"训练学生整合、梳理和复习课堂内容的技能，提高课堂学习效果。

目标2： 通过高效做笔记锻炼学生的逻辑思维能力，提升有效记忆能力，提升独立思考能力。

实践步骤

"黄金三分法"采用方格笔记本式的框架，记录重点信息、整理和思考问题。整个框架被划分为三个区域：板书、发现和总结。第一部分"板书"是对课堂所学"要点"的梳理。第二部分"发现"是基于课堂所学的提炼和分析，记录所思所想。这也是学生发现问题、提出"疑问点"、查漏补缺的过程。第三部分"总结"是对一整堂课的概括，有助于解决"疑问点"，强化学习重点。这三个笔记区域可按两种方式排列，即横向排布（如图1）或纵向排布（如图2）。

◎ 题目	☞ 重点	
板书（事实）	发现（解释）	总结（行动）

图1　横向"黄金三分法"示例

发现点	板书
总结	

图2　纵向"黄金三分法"（康奈尔型）

应用效果

课堂笔记"黄金三分法"要求学生用笔在框架内分类记录学习重点，帮助学生对课堂学习内容进行有效梳理，及时回顾课堂所学内容，强化记忆学习内容。根据大脑的记忆规律，知识在大脑停留时间越长越容易被记住。因此，用"黄金三分法"整理课堂笔记有助于学生优化记忆方法，进行自主思考，有逻辑、有重点地记录课堂所学内容，提升学生的信息理解能力和信息抓取能力。

（北京市大兴区第一中学祁新雨和北京市大兴区教师进修学校赵娟供稿）

参考文献

Arevart, S. & Nation, I. S. P. (1991). Fluency improvement in a second language [J]. *RELC Journal*, 22: 84-94.

Aronson, E. *et al.* (1978). *The Jigsaw Classroom* [M]. Beverly Hills, CA: SAGE.

Barkley, E. F., & Major, C. H. (2016). *Learning Assessment Techniques: A Handbook for College Faculty* [M]. San Francisco, CA: Jossey-Bass.

Bartlett, F. C. (1932). *Remembering* [M]. New York: Cambridge University Press.

Beck, I. L., McKeown, M. G. & Kucan, L. (2002). *Bringing Words to Life: Robust Vocabulary Instruction* [M]. New York: Guilford Press.

Сун Иньнань. (2021). Проблемы обучения китайских студентов-филологов русскому словообразованию [J]. *Русский язык зарубежом*, 4.

De Jong, N. & Perfetti, C. (2011). Fluency training in the EFL classroom: An experimental study of fluency development and proceduralization [J]. *Language Learning*, 61(2): 533-568.

Dupont, A. (2020). Let's talk about it: Strategies for integrating writing and speaking in the classroom [J]. *English Teaching Forum*, 58 (4).

Gile, D. & Chai, M. (2011). *Basic Concepts and Models for Interpreter and Translator Training* [M]. Shanghai: Shanghai Foreign Language Education Press.

Goldberg, N. (2016). *Writing down the Bones: Freeing the Writer Within* [M]. Boston: Shambhala Publications.

Guo, Q., Feng, R., & Hua, Y. (2021). How effectively can EFL students use automated written corrective feedback (AWCF) in research writing? [J]. *Computer Assisted Language Learning*, https://doi.org/10.1080/09588221.2021.1879161.

Jordano-Kudalis, L. (2019). Teaching techniques: Teach and trade [J]. *English Teaching Forum*, 57(2): 26-30.

Kagan, S. & Kagan, M. (2009). *Kagan Cooperative Learning* [M]. San Clemente: Kagan.

Koltovskaia, S. (2020). Student engagement with automated written corrective feedback (AWCF) provided by Grammarly: A multiple case study [J]. *Assessing Writing*, https://doi.org/10.1016/j.asw.2020.100450.

Langan, J. (2014). *College Writing Skills with Readings* (9th Ed.) [M]. Beijing: Foreign Language Teaching and Research Press.

Lucas, S. E. (2007). *The Art of Public Speaking* (9th Ed.) [M]. New York: McGraw Hill.

Lyman, F. T. (1992). Think-Pair-Share, thinktrix, thinklinks, and weird facts: An interactive system for cooperative thinking [A]. In Davidson, D. & Worsham, T.(eds.). *Enhancing Thinking Through Cooperative Learning* [C]. New York: Teachers college Press.

Ma, Lijun & Montpellier (2019). *Intervention arstistique dans les interactions d'apprenants de FLE en contexte universitaire chinois – Exemple de la synchronisation du film pour une didactique des langues subjectivante* [M]. Montpellier: Université Paul-Valéry de Montpellier III.

Maurice, K. (1983). The fluency workshop [J]. *TESOL Newsletter*, 17 (4): 26-38.

Myint, M. K. (1998). Dictatory: A new method of giving dictation [J]. *Forum*, 36 (1).

Nation, I.S.P. (1989). Improving speaking fluency [J]. *System*, 17, 3: 377-384.

Neelands, J., & Goode, T. (2005). *Structuring Drama Work*: *A Handbook of Available Forms in Theatre and Drama* [M]. Cambridge: Cambridge University Press.

Nolan, J. (2005). *Interpreting: Techniques and Exercises* [M]. Clevedon: Multilingual Matters.

Norman, D. A. (1969). *Memory and Attention* [M]. New York: John Wiley.

Ogle, D. M. (1986). K-W-L: A teaching model that develops active reading of expository text [J]. *Reading Teacher*, 39 (6): 564-570.

O'Neill, R., & Russell, A. M. T. (2019). Stop! Grammar time: University students' perceptions of the automated feedback program Grammarly [J]. *Australasian Journal of Educational Technology*, 35(1): 42-56.

Pauk, W. & Owens, R. J. Q. (2010). *How to Study in College* (10th Ed.) [M]. Boston, MA: Wadsworth.

Pawley, A. & Syder, F. H. (1983). Two puzzles for linguistic theory native like selection and nativelike fluency [A]. In Richards, J. C. & Schmidt, R. W. (eds.). *Language and Communication* [C]. London: Longman.

Pearce, G., & Hardiman, N. (2012). Teaching undergraduate marketing students using "hot seating through puppetry": An exploratory study [J]. *Innovations in Education & Teaching International*, 49(4): 437-447.

Pierra, G. (2006). *Arts du langage construire une transversalité* [M]. Traverses (8). Montpellier: Presses universitaires de la Méditerranée.

Price, W. C. (2014). 4/3/2 in the 21st century: Formative assessment of fluency through digital recording [A]. Paper presented in Three Rivers TESOL 2014 Fall Conference, 25 Oct. 2014, Pittsburgh, PA.

Read, C. (2007). *500 Activities for the Primary Classroom: Immediate Ideas and Solutions* [M]. Oxford: Macmillan Education.

Seburn, T. (2016). *Academic Reading Circles* [M]. North Charleston: Create Space Independent Publishing Platform.

Spivack, E. (2013). The Origins of Wearing Your Heart on Your Sleeve, *Smithsonian Magazine* [EB/OL]. [2024-02-18]. https://www.smithsonianmag.com/history/the-origins-of-wearing-your-heart-on-your-sleeve-17471279/.

Ur, P. & Wright, A. (1992). *Five-Minute Activities: A Resource Book of Short Activities* [M]. Cambridge: Cambridge University Press.

Warfield, S. (2019). Read and Run: A communicative reading activity [J]. *English Teaching Forum*, 57(2): 31-34.

Wen, Q. (2001). *Applied Linguistics: Research Methods and Thesis Writing* [M]. Beijing: Foreign Language Teaching and Research Press.

Wright, A., Betteridge, D., & Buckby, M. (2006). *Games for Language Learning* (3rd Ed.) [M]. Cambridge: Cambridge University Press.

Xu, W. (2017). *An Integrational Linguistic Approach to Interpretive Theory* [M]. IEESASM: Atlantis Press.

Zhang, H. (2019). Teaching English literature through popular culture in China: Record and reflection [J]. *Psychology Research*, 9(3): 99-109.

曹光天. (2003). 俄语构词法的教学实践应用[J]. 内蒙古社会科学（汉文版），（S1）：124-126.

高桥正史. (2015). 聪明人用方格笔记本 [M]. 袁小雅，译. 长沙：湖南文艺出版社.

教育部高等学校外国语言文学专业教学指导委员会（编）. (2020). 普通高等学校本科外国语言文学类专业教学指南（上）——英语类专业教学指南 [S]。上海：上海外语教育出版社。

洁文老师工作室. (2018). 美国小学生必学的批判性思维训练工具——KWL表格格指南 [OL]. [2024-02-18]. https://www.sohu.com/a/233502977_99936292.

李方. (2011). 教育知识与能力 [M]. 北京：高等教育出版社.

李玉平. (2008). 英语习语及其文化源流 [M]. 天津：南开大学出版社.

李玉平，韩丽娜. (2010). 直观形象法的催化作用——以其修正英语口语输出中的他/她错误为例 [J]. 天津大学学报（社会科学版），(5)：477-480.

孟凡韶. (2009). 4/3/2教学技巧与提高英语口语流利性的实证研究 [J]. 解放军外国语学院学报，(4)：52-55, 78.

焦丽霞，韩小华（编）. (2015). 大学英语实验教程 [M]. 北京：北京邮电大学出版社.

罗少茜，张玉美. (2020). 阅读圈任务在英语学科核心素养教学与评价中的应用 [J]. 外语教育研究前沿，(3)：27-33.

孟凡韶. (2009). 4/3/2教学技巧与提高英语口语流利性的实证研究 [J]. 解放军外国语学院学报，(4)：52-55+78.

裴松. (2011). 问题链在高中英语阅读教学中的运用 [J]. 山东师范大学外国语学院学报（基础英语教育），(6)：75-79.

乔梦铎，金晓玲. (2010). 以语言学生为中心的合作学习技巧：拼图式教学策略 [J]. 中国应用语言学，(4)：113-125.

屈连胜，张慧珍，赵英俊，姜东霞，何杰. (2018). 论"拔钉子式"教学法的英语课堂效应 [J]. 长春工程学院学报（社会科学版），(3)：149-152.

王初明. (2012). 读后续写——提高外语学习效率的一种有效方法 [J]. 外语界，(5)：2-7.

王初明. (2016). 以"续"促学 [J]. 现代外语，(6)：784-793.

王初明. (2017). 从"以写促学"到"以续促学" [J]. 外语教学与研究，(4)：547-555.

王蔷. (2006). 英语教学法教程（第2版）[M]. 北京：高等教育出版社.

张德禄. (2015). 多模态话语分析理论与外语教学 [M]. 北京：高等教育出版社.

张莲，李东莹. (2019). CLIL框架下语言、思辨和学科能力的协同发展 [J]. 外语教育研究前沿，(2)：16-24.

张学新. (2014). 对分课堂：大学课堂教学改革的新探索 [J]. 复旦教育论坛，(5)：5-10.

张文忠. (2002). 4/3/2口语练习法之能为与不能为 [J]. 现代外语，(4)：418-422.

张文忠. (2020). 赋权增能教育理路 [P]. 中国版权，国作登字-2020-A-01075062. 2020-07-17.

郑剑委，范文君. (2018). 翻译思维、策略与技巧 [M]. 武汉：武汉大学出版社.

周爱洁. (2002). 论4/3/2活动对提高英语口语流利性和准确性的影响 [J]. 外语教学，(5)：78-83.

周爱洁. (2006). 有关4/3/2活动对英语口语产出之影响的进一步研究 [J]. 中国英语教学，(1)：12-20, 127.

附　录
妙招作者名录
（按姓名拼音排序）